Richter
Investitionsgütermarketing

D1620701

Hans Peter Richter

Investitionsgüter-marketing

Business-to-Business-Marketing
von Industrieunternehmen

Mit 126 Abbildungen und 65 Kontrollfragen

HANSER

Prof. Dr. rer. oec. Hans Peter Richter
Hochschule Anhalt (FH), Abteilung Bernburg, Fachbereich Wirtschaft

Bibliografische Information der Deutschen Nationalbibliothek
Die Deutsche Nationalbibliothek verzeichnet diese Publikation in der Deutschen Nationalbibliografie;
detaillierte bibliografische Daten sind im Internet über http://dnb.d-nb.de abrufbar.

ISBN 978-3-446-43904-7

Unveränderter Nachdruck der 1. Auflage
© 2001/2013 Carl Hanser Verlag München
http://www.hanser-fachbuch.de
Satz: René Barig, Berlin
Druck und Bindung: Books on Demand, Norderstedt
Printed in Germany

Vorwort

Die Theorie des Business-to-Business-Marketings und ihre praktische Anwendung haben in Deutschland und Europa erstaunlicherweise erst in den letzten Jahren einen bemerkenswerten Aufschwung erfahren. Dies überrascht umso mehr, als der Großteil absatzpolitischer Aktivitäten gerade zwischen Organisationen stattfindet, in der Mehrzahl Unternehmen der verschiedenen volkswirtschaftlichen Bereiche, wie Industrie-, Handels- oder Dienstleistungsunternehmen. Lange schon allgemein verbreitet ist jedoch die Erkenntnis, dass die komplizierten Absatz- und Beschaffungsbeziehungen zwischen Organisationen mit dem traditionellen, auf Konsummärkte und individuelles Verbraucherverhalten gerichteten Marketing, dem klassischen Marketing-Mix-Ansatz und seinen Instrumenten, nicht zu beherrschen sind. Dies trifft im Besonderen auf den durch die Technik- und Technologiedominanz geprägten Investitionsgütersektor zu, dessen absatzpolitische Spezifika seit den siebziger Jahren einen bis in die Gegenwart reichenden, wenn auch nicht übermäßigen, so doch stetig fließenden Strom von Publikationen über das Investitionsgütermarketing initiierten.

Wesentliche Impulse empfingen das Business-to-Business-Marketing und insbesondere das Investitionsgütermarketing von der auf die Neue Institutionenökonomik zurückzuführenden Transaktionskostentheorie und der in ihrem Rahmen verankerten Problematik spezifischer Investitionen und relationaler Verträge. Das vorliegende Buch stützt sich auf den Spezifitätsansatz, weil er geeignet ist, die sich im Investitionsgütermarketing vollziehenden Prozesse im Kontinuum von minimaler bis maximaler Spezifität optimal zu beschreiben und zu erklären. Der Relationalitätsansatz nimmt Bezug auf die sich unter Spezifitätsbedingungen herausbildenden besonderen Beziehungen zwischen Anbieter- und Nachfragerorganisationen, die durch spezifitätsbedingte Informationsasymmetrien (Agency-Ansatz) sowie spezielle Geschäftsbeziehungen und Vertragsgestaltung geprägt sind. Spezifität und Relationalität vollziehen sich auf organisationaler Grundlage, deren wesentlicher Inhalt das Absatz- und Beschaffungsverhalten in allen seinen Facetten ist (Prozeduren, Phasenabläufe, Entscheidungsprozesse und Entscheidertypologien). Aus diesen Ansätzen ergeben sich entsprechende Konsequenzen für das Investitionsgüterunternehmen in Bezug auf die Strategische Analyse, Marketingzielplanung, Strategiengenerierung und Geschäftstypologie sowie hinsichtlich der Auswahl und Kombination der Marketinginstrumente und der Marktforschung. Dies ist der Rahmen, in dem sich die Thematik dieses Buches bewegt.

Das vorliegende Lehrbuch beruht auf meinen im Hauptstudium Betriebswirtschaft und im Rahmen des International Business Program an der Hochschule Anhalt in Bernburg am Fachbereich Wirtschaft gehaltenen Vorlesungen sowie den in diesem Zusammenhang entstandenen Schriften "Investitionsgütermarketing" und "Business-to-Business-Marketing". Weitere Grundlage sind zahlreiche für Investitionsgüterunternehmen geschriebene und von mir betreute Diplomarbeiten, viele Kontakte zu Investitionsgüterunternehmen sowie im Zusammenhang mit langjähriger Tätigkeit auf internationalen Investitionsgütermärkten gewonnene Erfahrungen.
Das Buch wendet sich an Studenten der Betriebswirtschaft und des Wirtschaftsingenieurwesens von Fachhochschulen, Universitäten und Berufsakademien sowie gleichermaßen an Praktiker der Bereiche Marketing, Vertrieb, Forschung & Entwicklung, Einkauf sowie Controlling von Investitionsgüterunternehmen und deren Kunden.

Bei der Erarbeitung des Buches konnte ich mich auf kollegialen Rat sowie familiäre und freundschaftliche Hilfe stützen. In diesem Zusammenhang möchte ich den Kollegen aus meinem Bernburger Fachbereich, insbesondere den Herren Professoren *Large*, *Flemmig* und *Hofmann*, für interessante Diskussionen und Hinweise danken. Besonderen Dank spreche ich weiterhin Herrn Ingenieurassistent *René Barig* für dessen maßgebliche Unterstützung bei der Gestaltung des Layouts aus.

Dem Carl Hanser Verlag, insbesondere Herrn Dipl.-Phys. JOCHEN HORN, bin ich für die redaktionelle Unterstützung sehr verbunden.

Schließlich ist es mir ein besonderes Bedürfnis, meiner Frau *Ingrid*, meiner Tochter *Stefanie* und meinem Sohn *Kai-Christian* für ihr Verständnis und ständige praktische Hilfe bei der Fertigstellung des Buches zu danken.

Bernburg/Saale, Berlin,
Neuendorf a. Hiddensee, im Sommer 2000   *Hans Peter Richter*

Inhaltsverzeichnis

1 Vorbemerkungen

Investitionsgüter spielen in den Transformations- und Wertschöpfungsprozessen moderner Volkswirtschaften eine zentrale Rolle. Erst ihr Einsatz ermöglicht Konsum und Nutzung von Erzeugnissen und Dienstleistungen, indem Rohstoffe in einen konsumierbaren Zustand umgewandelt und Dienste erbracht werden, sei es, um technische Hausgeräte herzustellen und Lebensmittel zu produzieren, Werkstücke und Teile zu fertigen, die für die Weiterverarbeitung bestimmt sind, Güter zu transportieren oder Reinigungsdienste in einem Waschsalon anzubieten. Eines haben die zur Bereitstellung materieller und immaterieller Leistungen erforderlichen Produktionsmittel ganz offensichtlich gemein: Sie sind nicht Gegenstand des privaten Verbrauches, verkörpern im Vergleich zu vielen anderen Güterarten, z. B. Konsumgütern, einen wesentlich höheren Wert und werden von Organisationen (Unternehmen, Institutionen) zum Zwecke der Leistungserbringung eingesetzt. Das markanteste Charakteristikum – und das macht den grundlegenden Unterschied zu anderen Güterarten aus – ist jedoch, dass Investitionsgüter Medien von Technik und Technologie und demzufolge durch Technizität gekennzeichnet sind. Als Medien der **Technik** sind Investitionsgüter Mittel zur praktischen Nutzbarmachung der Naturgesetze, als Medien der **Technologie** Mittel der Fertigungstechnik zur Stoffumwandlung in Fertigerzeugnisse bzw. Mittel zur Erbringung von Dienstleistungen.

Mit der wissenschaftlich-technischen Entwicklung ging und geht ein fortlaufender Wandel des Investitionsgütermarketings einher (MCKENNA, 1991: 31). Ständige Fortschritte in Rechentechnik und Automatisierung, Verbesserung technischer Parameter, neue Verarbeitungs- und Dienstleistungstechnologien und neue Werkstoffe stellen eine permanente Herausforderung an eine dynamische Absatzpolitik der Investitionsgüterunternehmen dar. Seit Beginn der Neunzigerjahre ist, ausgehend von Industrie und Dienstleistungssektor, ein Paradigmenwechsel vom *Marketing-Mix-Marketing* ("*4 P's Paradigma*") zum *Beziehungsmarketing* (*Relationship Marketing*) zu beobachten (u. a. GRÖNROOS, 1993: 10 ff. bzw. 1994: 8 ff.; 1994: 347 ff.; DICHTL, 1998: 47 ff.).

Die wesentliche Ursache für den Wandel des Mix-Paradigmas zum Beziehungsparadigma liegt also in der raschen Entwicklung von Technik und Technologie begründet, welche die zunehmende Spezifität der Transaktionsobjekte bedingt, damit die Beziehungen und Abhängigkeiten zwischen Anbietern und Nachfragern verstärkt und adäquate organisationale Voraussetzungen, insbesondere bezüglich des Absatz- und Beschaffungsverhaltens der Unternehmen, erforderlich macht. *"Die Technik kommt zuerst, die Fähigkeit, sie zu vermarkten, folgt. ... Das Marketing entwickelt sich in dem Maß weiter, wie sich die Technik weiterentwickelt"* (MCKENNA, 1991: 30/31).

2 Investitionsgüter, Investitionsgütermärkte und Investitionsgütermarketing

2.1 Zielsetzung

Das einleitende Kapitel hat das Ziel, den konzeptionellen Ansatz des Buches zu erläutern. Dies betrifft

– die definitorische Bestimmung und die Darlegung des Aktionsbereiches des Investitionsgütermarketings, basierend auf den Kriterien dieser Güterart und ihrer Märkte

– die Einordnung des Investitionsgütermarketings in das Business-to-Business-Marketing

– die Kennzeichnung moderner Investitionsgütermärkte an der Jahrhundertschwelle

– die Darlegung der Bestimmungsfaktoren des Investitionsgütermarketings

  • Organisationalität als Grundlage des organisationalen Absatz- und Beschaffungsverhaltens

  • Spezifität in der konkreten Erscheinungsform der Technizität

  • Relationalität als Charakteristikum der verschiedenartigen Beziehungen zwischen Anbieter- und Nachfragerorganisation

2.2 Aktionsbereich und Begriffsbestimmung des Investitionsgütermarketings

Die Absatzpolitik der Investitionsgüter anbietenden Organisationen gegenüber Investitionsgüter nachfragenden, das Management der Beziehungen zwischen beiden durch den Anbieter, beschreibt ganz allgemein den Aktionsradius des Investitionsgütermarketings. Das Spezifikum der Investitionsgüter besteht darin, dass sie **von Organisationen angeboten und eingesetzt** werden. Ihr Einsatz erfolgt, um materielle Leistungen (Erzeugnisse) und immaterielle Leistungen (Dienste) für andere, sowohl organisationale als auch private Bedarfsträger zu erbringen. Hochleistungspressen zur Fertigung der Außenhaut von Personenkraftwagen (Motorhaube, Türen) sind in Automobilunternehmen eingesetzt. Lastkraftwagen, Gabelstapler und Hochregallager bilden die technische Basis für effektive Distribution und Lagerwirtschaft von Handelsunternehmen. Spezialmaschinen für Wäschereien oder Waschsalons ermöglichen ein breit gefächertes Angebot an Reinigungsdienstleistungen. Informationstechnik rationalisiert die Verwaltungsarbeit im öffentlichen Dienst. Moderne Verarbeitungstechnologien für Metall, Textil, Holz oder Nahrungsgüter sind die Voraussetzung für die Bereitstellung neuer und besserer Produkte der betreffenden Zweige. Allen angeführten Beispielen ist grundsätzlich gemein, dass sich in Bezug auf Investitionsgüterangebot und -nachfrage **Organisationen** gegenüberstehen. Organisationen können gewerbliche Unternehmen und nichtkommerzielle Institutionen sein. Eine weitere Gemeinsamkeit besteht darin, dass die Investitionsgüteranbieter **abgeleitete Nachfrage** zu befriedigen haben, die überwiegend im Bereich des Privatverbrauches ihren Ursprung hat, aber auch von anderen Organisationen ausgehen kann. So ist die Nachfrage nach Holzbearbeitungsmaschinen auf Möbelkäufe durch Konsumenten und Unternehmen zurückzuführen. Die Nachfrage nach Spezialwerkzeugmaschinen kann von der Hausgeräteindustrie oder von Zweigen des Verarbeitungsmaschinenbaus ausgehen. Schließlich ist bei der einleitenden Charakteristik von Investitionsgütern das wichtige Kriterium der **Technik- und Technologiedominanz** zu nennen, da Leistungserbringung für andere Bedarfsträger mittels Investitionsgütern technologische Konzepte zur Stoffumwandlung, -kombination und -bereitstellung voraussetzt.

Organisationalität, abgeleitete Nachfrage und Technikdominanz mögen zunächst als Charakterisierungskriterien des Untersuchungsgegenstandes "Investitionsgüter" ausreichen. Sie bestimmen maßgeblich Inhalt, Zielsetzung und Durchführung relevanter Absatzpolitik, des Investitionsgütermarketings.

In Marketingtheorie und -praxis herrscht keine Einheitlichkeit in Bezug auf die begriffliche Zuordnung des Investitionsgütermarketings als konstitutiver Bestandteil des organisationalen Marketings. So ist die Absatzpolitik für Investitionsgüter neben dem traditionellen "Investitionsgütermarketing" unter verschiedene Bezeichnungen gestellt worden, wie *Business-to-Business-Marketing, Business Marketing, Industriegütermarketing, Industrial Marketing* und *Kontraktgütermarketing.*

Business-to-Business-Marketing entstammt der amerikanisch-englischen Fachterminologie und umfasst alle relevanten Ausprägungen des organisationalen Marketings. Es bezeichnet die Absatz- und Beschaffungsprozesse anbietender und nachfragender Organisationen im Allgemeinen, also außer von Industrieunternehmen auch solche von Handels- oder Dienstleistungsunternehmen untereinander oder zwischen gewerblichen Unternehmen und öffentlichen Institutionen (s. dazu KLEINALTENKAMP et al., pass., insbesondere 1995: 135 ff.; ders., 1997: 753 ff.). In den USA findet man parallel dazu den handlicheren Begriff **Business Marketing** (RANGAN et al., 1995). – Eine Eingrenzung in Richtung auf die spezifischen Güter für industrielle Anwendung ist kürzlich von BACKHAUS in der neuesten Auflage seines Standardwerkes mit der Einführung des Terminus **Industriegütermarketing** vorgenommen worden (BACKHAUS, 1997). Hierbei sind also Business-Prozesse, die auf die Distribution an Letztkonsumenten gerichtet sind, wie z. B. die Vermarktung von Lager- und Wiegetechnik für Handelsunternehmen, ausdrücklich ausgeschlossen. Die angelsächsische Literatur verwendet im wesentlichen den synonymen Begriff **Industrial Marketing**. – Die von der Mikroökonomik begründete Transaktionskostentheorie, welche die Problematik der vertraglichen Übertragung von Verfügungsrechten in den Mittelpunkt ihres Forschungsansatzes stellt, hat weite Verbreitung im organisationalen Marketing gefunden. In diesem Zusammenhang wurde durch KAAS der Ansatz des **Kontraktgütermarketings** entwickelt (KAAS, 1992: 884 ff.; ders., 1995: 8, 24, 31 ff.). Es bezeichnet das Marketing für Güter, die komplex und wertintensiv sind, kundenindividuell erstellt werden und demzufolge zum Zeitpunkt des Vertragsabschlusses noch nicht real existieren, wie z. B. Fertigungstechnologien oder Industrieanlagen. Eine Besonderheit gegenüber den anderen Termini technici besteht darin, dass Kontraktgüter *auch* konsumtive Leistungen sein können, wie z. B. bei Reisebüros zu buchende Abenteuerreisen (KAAS, 1992: 884). In solchen Fällen verlässt das Kontraktgütermarketing das organisationale bzw. Business Marketing und tritt in den Aktionsbereich des allgemeinen Marketings ein (Abb. 2.1).

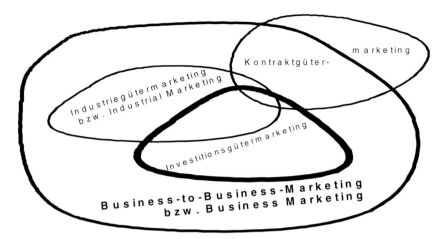

Abbildung 2.1 Aktionsbereiche des organisationalen Marketings

Etymologisch geht die Bezeichnung **Investitionsgütermarketing** auf den Begriff der *Investition* als betriebliche Anlagetätigkeit zurück (ursprünglich von spätlat. *investire, ausstatten, bekleiden* bzw. mittellat. *investitura, Einkleidung, Einsetzung*). Die Formulierung **Investitionsgüter** gelangte aus dem angelsächsischen Sprachraum zu uns. Die etwa seit Ende des 19. Jahrhunderts dort gebräuchliche Bezeichnung **Investment** (u. a. bei MARSHALL, 1890: 351 ff., 411f.) beschreibt die Kapitalanlagetätigkeit von Unternehmen. Diese zeitliche Einordnung findet eine Bestätigung dadurch, dass z. B. MARX in seinem in England entstandenen Hauptwerk "Das Kapital" (1867-1885), das sich schwerpunktmäßig mit der Rolle der Maschinerie als bestimmender Bestandteil des industriellen Kapitals beschäftigt, den Begriff **Investition** noch nicht verwendet. Der Terminus **Investitionsgütermarketing**, der konstitutiver Bestandteil des organisationalen Marketings ist und sich vom allgemeinen Marketing sowie vom Business Marketing abgrenzt, wurde in Deutschland in den Siebzigerjahren eingeführt. Seine theoretische Verankerung in der deutschen Marketinglehre erfolgte insbesondere durch SCHEUCH (1975), KIRSCH/KUTSCHKER (1978), STROTHMANN (1979) und ENGELHARDT/GÜNTER (1981).

Der Aktionsradius des Investitionsgütermarketings ist auch quantitativ, auf der Grundlage des Anteils seiner Hauptanwendungsgebiete an der Bildung des Bruttoinlandsproduktes Deutschlands, bestimmbar. Der Anteil des produzierenden Gewerbes als Einsatzgebiet von Investitionsgütern liegt bei etwa einem Drittel des Bruttoinlandsproduktes. Berücksichtigt man auch die Wirtschaftszweige Handel und Verkehr als Nachfrager nach Investitionsgütern, kann als gesamtes Aktionsfeld des Investitionsgütermarketings ein Bereich von fast 50 % des Bruttoinlandsproduktes genannt werden.

2.3   Investitionsgüter

2.3.1   Die Basiskriterien: Spezifität und Technik

Investitionsgüter bzw. Anlagegüter werden von Organisationen verkauft, beschafft und eingesetzt. Ihr Einsatz erfolgt auf der Grundlage **technologischer Konzepte** mit dem Ziel der Stoffumwandlung und Stoffkombination zur Schaffung materieller und immaterieller Güter (Erzeugnisse und Dienstleistungen), die in unendlicher Vielfalt sowie unterschiedlichem technisch-qualitativen Niveau und Kompliziertheitsgrad bereitgestellt werden. Investitionsgüter weisen somit einen jeweils aufgabenadäquaten **Spezialisierungsgrad** auf. Die Spezialisierung ist damit der konstitutive Bestimmungsfaktor für die **Spezifität** und den **Spezifitätsgrad** von Investitionsgütern und Investitionsgütertransaktionen.

Im Mittelpunkt der von der *Neuen Institutionenökonomik* im Zusammenhang mit der Transaktionskostentheorie entwickelten **Spezifitätsproblematik** (WILLIAMSON, 1990: 37 ff., 60f.; ders., 1979: 238 ff.; RICHTER/FURUBOTN, 1996: 522; KAAS/FISCHER, 1993: 688; PICOT/DIETL, 1990: 179) stehen dauerhafte, **transaktions** (= geschäfts-) **spezifische Investitionen** oder Ausgaben (*specific investments, asset specifity, specialized assets*). Allgemein formuliert besteht das Hauptkriterium der Investitionen darin, dass durch deren Verwendung in einer konkreten Geschäftsbeziehung (*coalition*) höhere Erlöse als außerhalb dieser Beziehung erzielt werden. Investitionen sind also für spezielle Transaktionen bestimmt. Dort verkörpern sie einen Wert, der höher ist als wenn sie in anderen Transaktionen eingesetzt wären (ALCHIAN, 1984 : 36 ff.). Mit anderen Worten: der Wert der Investition würde in anderer als der eigentlichen Verwendung um einen spezifitätsbedingten Betrag sinken. Der Spezifitätsgrad der Investition verhält sich somit reziprok zu ihrem Wert in einer anderen Verwendung: je höher der Spezifitätsgrad, desto geringer der Wert der Investition außerhalb der originären Bestimmung; je niedriger der Spezifitätsgrad, desto einfacher ihr anderweitiger Einsatz (s.a. PFOHL/LARGE, 1992: 22). So würde, um dies an einem Beispiel zu erläutern, der Ausrüstungslieferant A die speziell für die Produktion von Teilen eines neuen Modells des Autoherstellers B entwickelten Fertigungseinrichtungen im Fall, dass B den Vertrag einseitig aufkündigte, nur mit großem Verlust an Autohersteller C verkaufen können, wenn dies überhaupt gelänge. Andererseits wäre der Schaden für Produzenten D, der Universalwerkzeugmaschinen herstellt, vergleichsweise gering, wenn B die geordete Menge nicht abnimmt. Hohe Substituierbarkeit ermöglicht umgehende Orientierung auf andere Abnehmer. Die Beispiele machen neben der unterschiedlichen Spezifitätswirkung den unterschiedlichen Grad der Abhängigkeit der Geschäftspartner voneinander deutlich. Diese liegt durchaus nicht einseitig bei A. Die Orientierung von B an der Problemlösung von A entlässt B ebenfalls nicht kostenfrei aus der Beziehung.

Zusammengefasst lässt sich somit folgende Schlussfolgerung ableiten: Hohe Spezifität ist gleichbedeutend mit hohen Erträgen, niedrige Spezifität mit niedrigen. Andere bzw. nächstbeste Verwendungen erbrächten jeweils geringere Erträge. Die Differenz zwischen den Erträgen aus der eigentlich vorgesehenen und den Erträgen aus der nächstbesten Verwendung wird als **Quasirente** bezeichnet (RICHTER/FURUBOTN, 1999: 333, 520; WILLIAMSON, 1990: 64; MARSHALL, 1947 [1890]: 626). Mit zunehmender Spezifität wächst also die Quasirente. Hochspezialisierte, maximal kundenindividuelle Investitionsgüter werfen eine maximale Quasirente ab. Gleichzeitig bedeutet dies, dass die Kluft zwischen diesen Erträgen und denen aus der nächstbesten Verwendung zunimmt. Standarderzeugnisse erbringen geringe oder keine Quasirenten, die Kluft zwischen den Erträgen aus geplantem und anderem Einsatz ist aufgrund der Substituierbarkeit und müheloser anderweitiger Veräußerung gering oder tendiert gegen null.

> Mit **Spezifität** kann somit die Eigenschaft einer Leistung beschrieben werden, in einer konkreten Beziehung einem besonderen, eigentümlichen Zweck zu dienen und dabei höhere Erträge als in einer anderen Beziehung zu erzielen. (vgl. RICHTER/FURUBOTN, 1999: 522; MARSHALL, 1947 [1890]: 207)

WILLIAMSON weist auf verschiedene **Formen der Faktorspezifität**, die mit unterschiedlichen organisatorischen Konsequenzen verbunden sind, hin (1990: 108f.):

1) Standortspezifität: Aufeinanderfolgende Produktionsstufen haben den gleichen Standort und gehen miteinander eine lebenslange Beziehung ein.

2) Sachkapitalspezifität: Spezifische, für einen besonderen Zweck durchgeführte Investitionen in Sachkapital (Ausrüstungen), die in anderer Verwendung einen geringeren Ertrag abwerfen

3) Humankapitalspezifität: Spezifität aufgrund unterschiedlicher Fähigkeiten, die bei der Errichtung von Beschäftigungsverhältnissen eine Rolle spielen

4) Zweckgebundene Sachwerte: Zweckgebundene Investitionen im Interesse eines Kunden, deren Risiken in der Vertragsgestaltung berücksichtigt werden

Bezieht man den Spezifitätsbegriff ausschließlich auf die Objekte des Investitionsgütermarketings – die Investitions*güter* –, so impliziert er primär die **technischen Eigenschaften** als konkrete Ausprägungen der Technik- bzw. Technologiedominanz in Bezug auf Güter, Märkte und Marketing. Die Spezifität der Investitionsgüter ist technisch und technologisch definiert. Als Medium der **Technik** dienen Investitionsgüter der praktischen Nutzung der Naturgesetze, als Bestandteil von **Technologien** sind sie Mittel zur Herstellung von Erzeugnissen und zur Verrichtung von Dienstleistungen. Als Maß zusammengefasster technischer und technologischer Charakteristika kann der **Spezifitätsgrad *s*** herangezogen werden (BACKHAUS et al., 1994: 43 ff.). In einem durch die Grade s_{min} und s_{max} begrenzten Kontinuum wird so jede Investition in Gestalt von Investitionsgütern nach dem Grad ihrer technischen Eigenschaften, ihrem Spezifizitätsgrad, positionierbar. Das Kontinuum reicht von gering spezifischen, substituierbaren, breit und deshalb anderweitig leicht verwendbaren bis zu maximal kundenindividuellen Investitionen, wobei letztere, wenn überhaupt, nur mit sehr großem Wertverlust anderen Verwendungen zugeführt werden könnten (z. B. Verkauf an Neukunden, wenn der Erstkunde aus dem Geschäft aussteigt, auf dessen Bedingungen und Bedürfnisse die Investitionsgüter speziell zugeschnitten sind).

Das Kontinuum von s_{min} bis s_{max} zeigt die spezifitätsbedingte Zunahme der spezifitätsabhängigen Quasirente *QR(s)* als Differenz zwischen dem geplanten, aus ursprünglich vorgesehenem Einsatz angestrebten spezifitätsabhängigen Gewinn *G(s)* und dem spezifitätsabhängigen Gewinn *GA(s)* aus alternativer, nächstbester Veräußerung (BACKHAUS ET AL., 1994: 37 ff.; s. Abb. 2.2). Die Beziehungen können formalisiert wie folgt dargestellt werden (vgl. a.a.O.: 46 ff.):

Die Spezifität eines Investitionsgutes erbringt einen Gewinn *G(s)* aus erzieltem Umsatz *U(s)* und aufgewendeten Kosten *K(s)*.

$$G(s) = U(s) - K(s)$$

Der spezifitätsbedingte (geplante) Gewinn ist auch als Summe aus spezifitätsbedingter Quasirente und spezifitätsbedingtem Gewinn, der in anderer Verwendung erbracht werden würde, zu definieren. Die Quasirente ist dann die Differenz zwischen (geplantem, aus "eigentlicher" Verwendung resultierendem) Gewinn und alternativem Gewinn.

$$G(s) = QR(s) + GA(s)$$
$$QR(s) = G(s) - GA(s)$$

Bei Gleichsetzung der beiden Gewinnausdrücke erhält man die spezifitätsbedingte Quasirente $QR(s)$ als Differenz aus Umsatz und Kosten und alternativem Gewinn. Der alternative Gewinn $GA(s)$ ist dann der Umsatz abzüglich Kosten abzüglich Quasirente bzw. die Differenz zwischen Umsatz und der Summe aus Kosten und Quasirente.

$$U(s) - K(s) = QR(s) + GA(s) \qquad QR(s) = U(s) - [K(s) + GA(s)]$$
$$QR(s) = U(s) - K(s) - GA(s) \qquad bzw. \qquad GA(s) = U(s) - K(s) - QR(s)$$

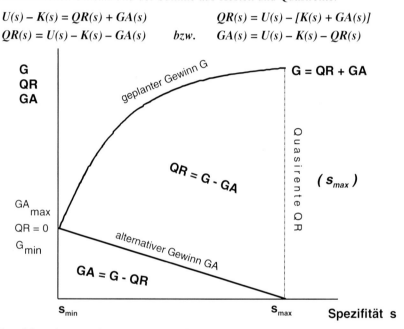

Abbildung 2.2   Gewinn, Alternativgewinn und Quasirente als Funktionen der Spezifität(nach Backhaus et al., 1994: 47)

Das ab $s > s_{min}$ bis s_{max} wachsende Spezifitätsmaß der Investitionsgüter ist begleitet von (Abb. 2.3, im Kontinuum links beginnend)

- zunehmender technischer Komplexität
- abnehmender Substituierbarkeit
- zunehmendem Wertvolumen je Transaktion
- abnehmender Absatzmenge (Stückzahl)
- zunehmender Intensität der Geschäftsbeziehungen
- abnehmender Anzahl anbietender Unternehmen
- zunehmender gegenseitiger Abhängigkeit der Transaktionspartner

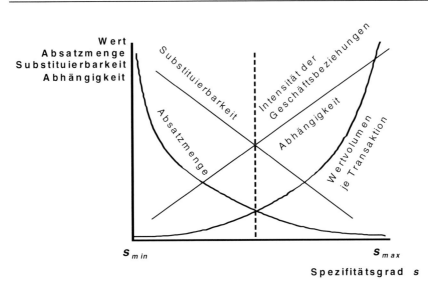

Abbildung 2.3   Schema der Wirkungen des Spezifitätsgrades von Investitionsgütern

2.3.2 Investitionsgüter – Merkmale und Definition

Der kommoditären Struktur nach zählen zu den Investitionsgütern

– Komponenten, wie Aggregate, Module, Werkzeuge und Normteile

– Einzelinvestitionsgüter, wie Maschinen, Nutzkraftfahrzeuge, Personalcomputer

– Systemtechnik, wie Fertigungs-, Ver-, Entsorgungs- und Informationssysteme

– Investitionsgüter als Ergebnisse kooperativer Entwicklungspolitik, wie von Anbietern und Nachfragern gemeinsam entwickelte Fertigungstechnologien und Erzeugnisse

– Industrieanlagen, wie Chemieanlagen und Walzwerke

– investive Dienstleistungen

Durch *Stoffumwandlung* von Inputs, wie Metall, Fasern, Holz usw., durch Investitionsgüter, wie Werkzeug-, Textil- oder Holzbearbeitungsmaschinen sowie entsprechende Systemtechnologien, werden materielle Leistungen hervorgebracht, wie Metallteile, die zu Maschinen, Autos und Kühlschränken kombiniert werden, oder Textilien und Möbel. *Güterbereitstellung* erfolgt durch den Einsatz von Transporttechnologien. Computertechnik wandelt unstrukturierten Dateninput in entscheidungsbereite Informationen. Spezielle Technik ermöglicht die effiziente Bereitstellung von Dienstleistungen für Reinigung, Hygiene, Gastronomie.

In der Literatur werden Investitionsgüter im wesentlichen übereinstimmend charakterisiert. Die einzelnen Definitionen sprechen vor allem Kriterien an, die ihren Standort im Vergleich zu den Konsumgütern bestimmen.

Ein grundsätzliches Merkmal von Investitionsgütern besteht darin, dass ihre Nachfrager **keine Letztkonsumenten** (Privatverbraucher) sind, sondern **Organisationen**, wie Industrie-, Handels- und Dienstleistungsunternehmen oder öffentliche Institutionen (MEFFERT, 1998: 1115). Organisationen können als arbeitsteilig tätige, an der Lösung gemeinsamer Aufgabenstellungen beteiligte Kollektive bezeichnet werden. Zu ihnen zählen damit sowohl Großkonzerne, staatliche Einrichtungen, mittelständische Unternehmen oder kommunale Institutionen als auch kleine, wenige Köpfe zählende Firmen, wie z. B. die in den "Silicon Valleys" bei Dresden und München ansässigen Softwareunternehmen. Organisationen setzen Investitionsgüter ein, um **Leistungen für andere Organisationen** zu erbringen.

Die Definition von BACKHAUS, der seit der Auflage seines Werkes von 1997 statt des Begriffs **Investitionsgüter** den der **Industriegüter** verwendet, stellt ausschließlich auf deren industrielle Verwendung ab und schließt Güter aus, mit denen Leistungen für Letztkonsumenten erstellt werden (BACKHAUS, 1995: 7, 1997: VII, 8). Dies bedeutet, dass die z. B. in Handelsunternehmen eingesetzte Technik, wie Rechentechnik, Lager- und Transportsysteme, Wägtechnik u. a., nicht als Gegenstand des Investitions- bzw. Industriegütermarketings angesehen wird. Die Definition lautet: *"Als Industriegüter werden also Leistungen bezeichnet, die von Organisationen beschafft werden, um weitere Leistungen zu erstellen, die nicht in der Distribution an Letztkonsumenten bestehen"* (BACKHAUS, 1997: 8).

Investitionsgüter werden auch als **Sachgüter des Anlagevermögens von Organisationen** (KLEINALTENKAMP et al., 1995: 141) und als **investiv verwendete Gebrauchsgüter** bezeichnet, die von Organisationen für die Erstellung von Leistungen zur **Fremdbedarfsdeckung** eingesetzt werden (ENGELHARDT/GÜNTER, 1981: 24; KLEINALTENKAMP ET AL., 1995: 145). Allerdings ist die Charakterisierung der Fremdbedarfsdeckung dahingehend zu relativieren, dass Investitionsgüter in nicht wenigen Fällen auch eigenbedarfsbestimmt eingesetzt sind. So verwenden Werkzeugmaschinenhersteller, besonders im spangebenden Bereich, ihre Produkte in ihrer eigenen Fertigung, z. B. CNC-Drehmaschinen des eigenen Verkaufssortiments bei der Bearbeitung des für ebendiese Maschinen bestimmten Teilesortiments. Gabelstaplerproduzenten nutzen die von ihnen angebotene Spezialtechnik für den eigenen innerbetrieblichen Transport. Vereinzelt tritt aus Wettbewerbsgründen sogar der Sonderfall ausschließlicher Eigenverwendung von Investitionsgütern auf, wie dies der Einsatz von Hochleistungswälzlagermaschinen des schwedischen Herstellers *Lidköpings Verktygsmaskiner* bei der Konzernmutter *SKF* oder die Verwendung von selbst entwickelten Fertigungsanlagen bei der amerikanischen *Gillette Co.* (DICHTL, 1998: 51) demonstriert.

Einen ähnlichen Ansatz legen BERNDT und FITZGERALD vor: *"Investitionsgüter lassen sich als Leistungen kennzeichnen, die von Organisationen (von Betrieben, nicht von Konsumenten) beschafft werden, um durch ihren Einsatz im Produktionsprozeß weitere Leistungen für die Fremdbedarfsdeckung zu erstellen"* (BERNDT, 1996: 111) und: *"Allgemein sind (es) jene wirtschaftlichen Güter, die zum Zweck der Produktion (im Sinne eines Produktivgutes) gewerblich gebraucht (Gebrauchsgut) werden"* (FITZGERALD, 1989: 5, in Anlehnung an WAGNER, 1978: 269-70).

NIESCHLAG ET AL. definieren das Investitionsgut als *"Gut, das von gewerblichen Verwendern für die Herstellung von Erzeugnissen oder die Erbringung von Dienstleistungen benötigt wird"* (NIESCHLAG ET AL.,1994: 34 und 1048).

Die folgende Definition, die den Aktionsbereich des Investitionsgütermarketings als Gegenstand dieses Buches umreißen soll, orientiert sich am erweiterten Investitionsgüterbegriff, welcher auch den Leistungsbereich, der auf die Distribution an Privatverbraucher gerichtet ist, und Elemente berücksichtigt, die in den Aussagen der zitierten Quellen enthalten sind:

> ***Investitionsgüter*** bzw. ***Anlagegüter*** sind investiv genutzte Gebrauchsgüter unterschiedlicher Spezifität, die in Verbindung mit Dienstleistungen von Verwenderorganisationen (Unternehmen, öffentliche Institutionen) auf der Grundlage technologischer Konzepte bei Hersteller- bzw. Anbieterorganisationen beschafft und mit dem Ziel der Durchführung verwendertypischer Tätigkeiten eingesetzt werden, die in der Lösung von Kundenproblemen unterschiedlicher Spezifität bestehen.

2.4 Investitionsgütermärkte

2.4.1 Organisationalität und Spezifität der Märkte

Investitionsgütermärkte zeichnen sich durch eine Reihe von Besonderheiten aus, die sie grundsätzlich von anderen Märkten unterscheiden, woraus das Erfordernis einer eigenständigen Absatzpolitik – des Investitionsgütermarketings – resultiert. Diese Besonderheiten werden zum überwiegenden Teil von technischen und technologischen Bestimmungsfaktoren dominiert, weshalb wir auch von der Technik- und Technologiedominanz auf Investitionsgütermärkten sprechen. Technik- und Technologiedominanz, kurz: die **Technizität**, ist die konkrete Ausprägung der **Spezifität** von Investitionsgütermärkten. In Abhängigkeit von der Spezifität jeweiliger Investitionsprobleme ergibt sich der technisch determinierte Spezialisierungsgrad der zu ihrer Lösung erforderlichen Investitionsgüter. Dieser wiederum beeinflusst die übrigen Kriterien der Investitionsgütermärkte.

Eine weitere Besonderheit der Investitionsgütermärkte – und dies trifft auch auf alle anderen Business-to-Business-Märkte zu – ist ihre **Organisationalität**. Der Markt kann ganz allgemein als Zusammentreffen von Angebot und Nachfrage definiert werden (LUGER/PFLAUM, 1996: 22). Auf Investitionsgütermärkten stehen sich nicht Anbieter und nachfragende Individuen oder Privathaushalte, sondern anbietende und nachfragende Organisationen (Unternehmen und andere Institutionen, wie öffentliche Einrichtungen u. a.) gegenüber. **Organisationen** als Kollektive, deren Glieder mit dem Ziel der Lösung gemeinsamer Aufgabenstellungen zusammenwirken, bilden aufgrund dieser Kollektivität und der inhärenten Multipersonalität spezifische Verhaltensweisen, so auch beim Absatz und bei der Beschaffung von Investitionsgütern, heraus. Dies betrifft insbesondere das Informations- und Entscheidungsverhalten, welches durch die kollektiven Aktivitäten hierarchisch, fachlich, soziokulturell und psychologisch geprägter Organisationsmitglieder gekennzeichnet ist.

Bei der Konstituierung von Investitionsgütermärkten kommt dem **Spezifitätsgrad** der Investitionsgüter eine dominierende Rolle zu. Je geringer dieser ausgeprägt bzw. je höher der Grad der Standardisierung der betreffenden Investitionsgüter ist, desto mehr herrschen klassische Marktverhältnisse vor, die von den Anbieterorganisationen durch die traditionellen Instrumente des Marketing-Mix beeinflusst werden können. Mit zunehmendem Spezifitätsgrad tritt die Zusammenarbeit zwischen Anbieter- und Nachfragerorganisationen zwecks gemeinsamer Lösung des Investitionsproblems immer stärker in den Vordergrund. Die Rolle des Marktes vermindert sich. Die Distanz zwischen Anbietern und Nachfragern nimmt graduell ab, und die dauerhafte Geschäftsbeziehung gewinnt immer mehr an Bedeutung. Es tritt schließlich schrittweise Marktversagen ein, dessen ausgeprägteste

Form die **vertikale Integration** ist, der Zusammenschluss der beiden autonomen Seiten. Dabei erfolgt eine Ablösung des Austausches zwischen autonomen Partnern durch Internalisierung der Transaktionen mittels deren Vereinigung zu einheitlichem Eigentum im Rahmen einer zentralisierten **hierarchischen Organisation** (WILLIAMSON, 1990: 18, 61; RICHTER/FURUBOTN, 1999: 72, 178; Abb. 2.4).

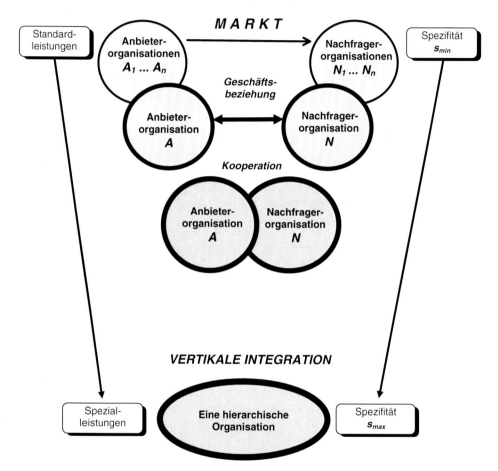

Abbildung 2.4   Organisationalität der Investitionsgütermärkte

Von **Investitionsgütermärkten** als Aktionsfelder des Investitionsgütermarketings kann überall dort gesprochen werden, wo autonome Partner miteinander interagieren, d. h. bis zur Ebene der Kooperation. Dabei erfährt das Marketing eine Wandlung von der auf den reinen marktlichen Austausch ausgerichteten Absatzpolitik (**Einzeltransaktions-Marketing**) zum **Beziehungsmarketing** (**Relationship-Marketing**). Das Einzeltransaktionsmarketing (PLINKE, 1997: 15) entspricht dem **Produktgeschäft** (BACKHAUS, 1997: 295 ff.) bzw. **Spot-Geschäft** (KLEINALTENKAMP, 1997: 757f.). Das Beziehungsmarketing (PLINKE, 1997: 15) korrespondiert mit dem **Zuliefergeschäft** (BACKHAUS, 1997: 296f., 641 ff.), **Customer-Integration-Geschäft** (KLEINALTENKAMP, 1997: 759 ff.) und Geschäften im Rahmen des **Kontraktgütermarketings** (KAAS, 1992: 884 ff.). Das marketingrelevante Kontinuum umfasst somit die Stufen Markt, Geschäftsbeziehungen und Kooperation, wobei die Rolle des Marktes als Ort des Zusammentreffens anonymer Anbieter und Nachfrager schrittweise abnimmt und sich demzufolge Zielsetzung und Inhalt des Marketings anpassungsbedingt wandeln.

2.4.2 Merkmale von Investitionsgütermärkten

Technik- und Technologiedominanz

Die den Verwenderbereichen für Investitionsgüter immanenten Probleme, wie Fertigungsaufgaben der verarbeitenden Industrie, Datenverarbeitung in der Informatik oder Diensteerstellung in den Dienstleistungsbranchen, sind nur durch den Einsatz von technischen und technologischen Mitteln lösbar, wie sie von Investitionsgütern verkörpert werden. Daraus folgt, dass diese Güter und ihre Märkte maßgeblich von der wissenschaftlich-technischen Entwicklung geprägt sind. Damit ist ein steter Wandel der relevanten Güter und ihrer Märkte gegeben, welchem sich die branchenspezifische Absatzpolitik – das Investitionsgütermarketing – permanent anpassen muss.

Der evolutionäre Techniktrend kann in zwei idealtypischen Formen als Funktion der Zeit modelliert werden. Dies ist einmal die den kumulativen Gesamtprozess aufeinander aufbauender technisch-wissenschaftlicher Fortschrittsbeträge darstellende Exponentialfunktion und zum anderen die s-förmige logistische Funktion, welche der Kennzeichnung von – ebenfalls kumulativen – technologischen Einzelprozessen (Expansion und Sättigung) dient. Letztere, als Verteilungsfunktion der GAUSS'schen Normalverteilung bekannt, ergibt dekumuliert, d. h. wenn die S-Kurve in ihre jährlichen Bestandteile aufgespalten wird, die (glockenförmige) Dichtefunktion der Normalverteilung, die zur Darstellung der Produkt- bzw. Markt-Lebenszyklen von Produkten herangezogen werden (Abb. 2.5).

a. Allgemeiner Techniktrend   b. Technischer Einzelprozess c. Marktlebenszyklus

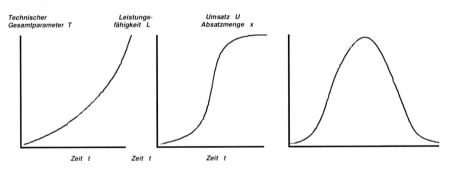

Abbildung 2.5   *Idealtypische Darstellung von Techniktrend und Produkt-bzw. Marktlebenszyklus*
a. Exponentialfunktion, b. Logistische Funktion, c. Gaußverteilung

Verkürzung der Produkt- und Marktlebenszyklen

Die Beschleunigung der wissenschaftlich-technischen Entwicklung ist von einer Verkürzung der Lebenszyklen der Investitionsgüter begleitet. Dabei wirken Wissenschaft und Technik in zweierlei Richtung: Einmal erhöht sich die wissenschaftlich-technische Fortschrittsrate bei der Entwicklung von Investitionsgütern selbst durch rechnergestützte Prozesse (Konstruieren – CAD, Fertigen – CAM). Zum anderen ergeben sich Beschleunigungseffekte durch Fortschritte in den von Investitionsgütern konstituierten Verarbeitungstechnologien in den Nachfragebranchen. Jedoch ist der Verlauf der Lebenszyklen in Abhängigkeit vom Spezifitätsgrad der jeweiligen Investitionsgüter zu relativieren. Kundenindividuelle Problemlösungen sind einmalig und einzigartig. Lediglich die jeweilige Technologiegruppe, die in sich eine heterogene Struktur aufweist, folgt dem Produkt- und Marktlebenszyklus-Konzept. Einzelproduktbezogen lassen sich Lebenszyklen vor allem mit abnehmendem Spezifitätsgrad der Investitionsgüter, bei Standardleistungen, nachweisen.

Tendenziell zunehmende Angebots-Nachfrage-Individualisierung und Spezifität der Transaktionen

Der durch den jeweiligen Problemlösungsauftrag der Investitionsgüter bedingte Einsatz technischer und technologischer Mittel und die dadurch hervorgerufene Technik- und Technologiedominanz auf Investitionsgütermärkten spiegeln einen unterschiedlichen Grad der Leistungsindividualisierung wider, der die jeweilige Transaktionsspezifität zum Ausdruck bringt. Als **Spezifität** bzw. **Spezifitätsgrad** wird das Ausmaß spezifischer Investitionen in einer Transaktion bezeichnet (s. Abschn. 2.3.1). Investitionsgütermärkte sind aufgrund kundenindividueller Nachfrage und Angebote vor allem durch im Allgemeinen hohe Sachkapitalspezifität (Investitionen in Ausrüstungen und Maschinen) gekennzeichnet (WILLIAMSON, 1990: 108; RICHTER/FURUBOTN, 1999: 143). Spezifität bzw. Spezifitätsgrad von Investitionsgütern bewegen sich in einem von Standardleistungen bis zu Spezialleistungen reichenden Kontinuum.

Spezifik der Dreiecks- bzw. Vierecksbeziehungen der Investitionsgütermärkte

Wie im allgemeinen Marketing, lassen sich auch Investitionsgütermärkte auf eine Dreiecks- bzw. Vierecksbeziehung reduzieren (Abb. 2.6).

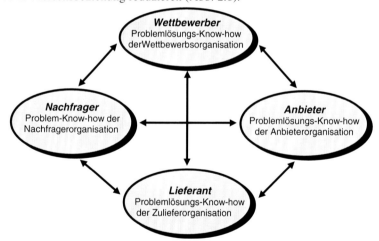

Abbildung 2.6   *Dreiecks- und Vierecksbeziehungen auf Investitionsgütermärkten (nach Kliche, 1991, und Backhaus, 1997)*

Es stehen sich Anbieter (Hersteller oder Händler), Nachfrager (Verwender, Verbraucher, Kunden) und Wettbewerber (Hersteller, Anbieter, Händler) gegenüber. Hinzu treten Lieferanten, die Inputs für den Anbieter bereitstellen. Die Besonderheit im Investitionsgütersektor besteht in der Konfrontation von Problemlösungs-Know-how der Anbieter, Zulieferer und Wettbewerber sowie des Problem-Know-hows der Nachfrager (vgl. BACKHAUS, 1997: 23).

Von der Konsumgüternachfrage abgeleitete Investitionsgüternachfrage

Der Nachfrage nach Investitionsgütern vorgelagert ist die Sphäre des privaten Verbrauches. Eine Ausnahme als Einsatzgebiet für Anlagegüter bildet die Rüstungsindustrie. So initiieren die Käufer von Wohnungseinrichtungen mit ihren Einkäufen Investitionstätigkeit der Möbel-, Armaturen-, Hausgeräte-, Textil-, Fernsehgeräteindustrie und weiterer Zweige. Damit bilden Investitionsgüternachfrage und Investitionsgüterverbrauch eine zweite Stufe nach der Konsumgütersphäre. Man spricht deshalb von **abgeleiteter (*derivativer*) Nachfrage** (Abb. 2.7).

Eine weitere Verzweigung findet innerhalb des Sektors selbst statt. Dort ist außerdem die Ebene derjenigen Investitionsgüter zu berücksichtigen, die zur Herstellung der eigenen Gattung sowie zur Produktion von anderen Investitionsgütern eingesetzt werden, so dass sich die abgeleitete Nachfrage in diesen Fällen über insgesamt drei Stufen bewegt. Es handelt sich um den Werkzeugmaschinenbau, dessen Fertigungsspektrum Einzelmaschinen verschiedener Komplexität, Flexible Fertigungszellen und Flexible Fertigungssysteme umfasst. Diese Fertigungsmittel produzieren die Teilesortimente, aus denen Verarbeitungstechnik für nahezu alle Konsumbereiche montiert werden. Wählt man als Beispiel für die dreistufig abgeleitete Nachfrage die Textilbranche, so liegt der Ursprung des Gesamtprozesses in der Nachfrage der Privathaushalte nach Konfektion und Stoffen. Der Prozess setzt sich über die Nachfrage nach Konfektionsmaschinen und Webstühlen fort, deren Produktion wiederum Nachfrage nach Werkzeugmaschinen hervorruft.

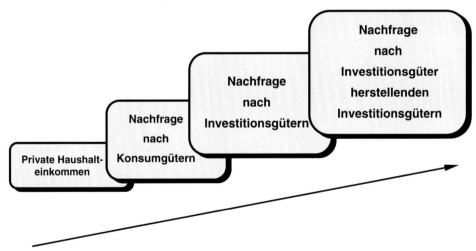

Abbildung 2.7   Stufen der abgeleiteten Nachfrage

Branchenrelevante Marktformen

Die in der Marketinglehre übliche Darlegung von morphologischen Marktformenschemata zur Charakterisierung der allgemeinen Anbieter-Nachfrager-Relationen (nach v. STACKELBERG, 1951: 235) bedarf wegen der relativen Überschaubarkeit der Investitionsgütermärkte (im Vergleich zu den Konsumgütermärkten stehen sich vergleichsweise wenige Anbieter und Nachfrager gegenüber), wegen des höheren Spezifitätsgrades der Investitionsgüter und der daraus resultierenden besonderen Beziehungen zwischen Anbietern und Nachfragern, der gesonderten Bewertung und der Erweiterung.

Die drei grundsätzlichen "klassischen", d. h. **Marktformen auf Konsumgütermärkten** sind das Monopol, das Oligopol und das Polypol (Abbildung 2.6). Ein Unternehmen ist/verfügt über ein **Monopol**, wenn es als alleiniger Anbieter oder Nachfrager den Markt beherrscht. Diese Marktform ist zunächst relativ selten und z. B. in der kommunalen Versorgung (Stadtwerke) und Entsorgung (Abfall, Straßenreinigung) vertreten (BERNDT, 1995: 166). Bei der Marktform des **Oligopols** stehen sich sowohl auf der Angebots- als auch auf der Nachfrageseite jeweils einige Marktteilnehmer gegenüber, z. B. wenige Anbieter vielen Nachfragern (Angebotsoligopol). Es charakterisiert als Teiloligopol im Wesentlichen die Situation heutiger Konsumgütermärkte: wenige große Unternehmen beherrschen den größten Teil des Marktes, der Rest entfällt auf viele kleine (SIMON, 1992: 21). Das **Polypol** steht für das Auftreten vieler Anbieter und Nachfrager, wie dies in Kommunen typisch ist. Dort existieren viele Konsumenten, die bei vielen Anbietern kaufen können, wie Bäckern, Fleischern oder Obsthändlern.

Marktteilnehmer auf **Investitionsgütermärkten** sind eine relativ überschaubare Anzahl von Anbietern und Nachfragern. Somit fällt zunächst einmal das Kriterium "viel" und damit die Marktform des Polypols fort. Die Besonderheit dieser Industriebereiche besteht darin, dass sich mit zunehmender Spezifität der erstellten Leistungen **monopolistische** Marktformen entwickeln. Das Angebot z. B. von konkurrenzlosen Hochleistungs-Offsetmaschinen macht den Druckmaschinenhersteller zum Monopolisten, d. h. der Anbieter hat einige (wenige oder mehrere) hochmoderne Druckhäuser als Nachfrager. Es liegt hier die typische Situation für ein stark eingeschränktes bzw. eingeschränktes Angebotsmonopol vor. Für die Investitionsgüterbranche ist das Auftreten weniger bzw. mehrerer Anbieter und Nachfrager exemplarisch (Oligopol- und Pleopolformen). Spezifitätsbedingt findet jedoch eine **fundamentale Transformation** statt, wenn sich die Anbieter-Nachfrager-Beziehungen, die *vor*vertraglich (*präkontraktual*) durch eine oligopolistische Wettbewerbersituation gekennzeichnet waren, *nach* Vertragsabschluss (*postkontraktual*) mit einem Anbieter in eine bilateral monopolistische Beziehung wandeln. Es stehen sich nunmehr ein Lieferant und ein Käufer gegenüber. Die Kontraktpartner sind voneinander abhängig, sie sind *"eingesperrt"*. (*Lock-in-Effekt*; WILLIAMSON, 1990: 14, 61, 70 ff., BACKHAUS ET AL., 1994: 38, RICHTER/FURUBOTN, 1999: 331).

In der Investitionsgüterbranche finden fundamentale Transformationen der Marktformen im gesamten relevanten Marktformenbereich statt (Abb. 2.8, schattierte Fläche). Dabei kann von unterschiedlicher Intensität des Lock-in-Effektes ausgegangen werden. Dieser verstärkt sich im morphologischen Schema in Abhängigkeit vom Spezifitätsgrad von rechts nach links bzw. von unten nach oben. Zunehmende Spezifität der Transaktionen geht im allgemeinen mit einer Abnahme der Marktteilnehmer einher und umgekehrt.

Anbieter / Nachfrager	einer	wenige	mehrere	Viele
einer	Bilaterales Monopol	Stark eingeschränktes Nachfragemonopol	Eingeschränktes Nachfragemonopol	Nachfragemonopol
wenige	Stark eingeschränktes Angebotsmonopol	Bilaterales Oligopol	Eingeschränktes Nachfrageoligopol	Nachfrageoligopol
mehrere	Eingeschränktes Angebotsmonopol	Eingeschränktes Angebotsoligopol	Bilaterales Pleopol	Nachfragepleopol
viele	Angebotsmonopol	Angebotsoligopol	Angebotspleopol	Polypol

Abbildung 2.8 Morphologisches Schema der Marktformen auf Investitiongütermärkten (umrandete Fläche); in Anlehnung an v. Stackelberg (1951: 235)

Hohe Markttransparenz

Das Marktformenschema (Abb. 2.8) demonstriert den hohen Grad der "Durchsichtigkeit" und Nicht-Anonymität der Marktteilnehmer von Investitionsgütermärkten. Im Gegensatz zu Konsumgütermärkten, deren Nachfrager anonym sind und wo die Verbraucherzielgruppe den Focus des Marketings bildet, sind jene transparent. Wie in allen Bereichen des Business Marketings, sind auch hier identifizierbare Organisationen, sowohl auf der Anbieter- als auf der Nachfragerseite, die Akteure. Dies betrifft nicht nur die bekannten Großunternehmen, sondern auch die Leistungen geringer Spezifität anbietenden Marktteilnehmer von Massenmärkten. Seien die betreffenden Firmen auch noch so klein oder in einem entfernten Winkel der Welt ansässig, es ist unter normalen Bedingungen stets die Möglichkeit der Identifizierung und Kontaktaufnahme unter Zuhilfenahme oder Bereitstellung von Informationen zuständiger Institutionen, wie Regierungsstellen, Industrie- und Handelskammern o. a., gegeben. Damit ist hohe Markttransparenz ein wichtiges Kriterium von Investitionsgütermärkten.

Ausgeprägte und differenzierte Konjunkturabhängigkeit

Das zyklische und periodisch verlaufende Auf und Ab der wirtschaftlichen Entwicklung von Volkswirtschaften und Industriezweigen wird als **Konjunktur** bezeichnet. Ihre Messung, d. h. die des Zyklus und seiner Phasen, erfolgt mithilfe eines Systems von Konjunkturindikatoren, wie Haushalteinkommen, Auftragseingänge, Industrieproduktion, Investitionstätigkeit usw. Infolge der Langlebigkeit von Ausrüstungen und abgeleiteter Nachfrage sind Konjunkturschwankungen auf Investitionsgütermärkten deutlicher ausgeprägt als auf Konsumgütermärkten. Die Volkswirtschaftslehre spricht deshalb vom Akzelerationsprinzip (Beschleunigungsprinzip) der abgeleiteten Nachfrage. Es wirkt in der Weise, dass Veränderungen im Bereich des individuellen Verbrauches über die Nachfrage nach Konsumgütern überproportionale Veränderungen der Nachfrage nach Investitionsgütern nach sich ziehen. So kann eine Umsatzerhöhung des Automobilbaus um x % eine Nachfrageerhöhung bei Kfz-Ausrüstungen von $(x + a)$ % bzw. x^{α} % bewirken, ein Nachfragerückgang den umgekehrten Prozess (KOTLER/BLIEMEL, 1999: 359f.). Bei dreistufig abgeleiteter Nachfrage, d. h. unter Berücksichtigung von Investitionsgütern zur Herstellung von Investitionsgütern (Werkzeugmaschinen, vgl. Abb. 2.7) erfährt die letzte Stufe einen zusätzlichen Akzelerationsschub.

Die Zunahme der Nachfrage nach Konsumgütern spiegelt sich im Umsatzwachstum gegenüber dem Basiszeitraum wider: $UK_1 > UK_0$. Prozentuale Umsatzänderung bei diesen und Akzelerationswirkung auf die Investitionsgüternachfrage NI können dann verallgemeinert in der Form von (1) und (2) dargestellt werden.

$$UK_t = UK_0 \left(1 + \frac{x}{100} \right) \quad (1)$$

$$NI_t = NI_0 \left(1 + \frac{x^\alpha}{100} \right) \quad (2)$$

Beispiel: Akzelerationswirkungen im Investitionsgütersektor

Eine 5-prozentige Zunahme der Automobilnachfrage wirke in gleichem Maße umsatzerhöhend. Nach (1) bedeutet dies, ausgehend von einem Umsatz der Automobilunternehmen im Basiszeitraum $UK_0 =$ 100, einen Zuwachs von $x = 5$ auf $UK_1 = 105$, nämlich $UK_1 = 100\ (1 + 5/100)$. Die Wirkung auf die Nachfrage der Automobilunternehmen nach Spezialausrüstungen, die einfachheitshalber im Basiszeitraum ebenfalls 100 betragen soll, sei durch den Akzelerator $\alpha = 2$ bestimmt. Nach (2) steigt sie um 25 % auf 125, und zwar $NI_1 = 100\ (1 + 5^2/100)$. Somit stehen sich relative Nachfragezuwächse bei Konsumgütern und Investitionsgütern von 5 % und 25 % gegenüber.

Konjunkturabhängigkeit von Investitionsgütern tritt in Abhängigkeit von ihrer Spezifität differenziert auf. Standarderzeugnisse, die einen relativ niedrigen Spezifitätsgrad haben, wie einfache Rechentechnik oder Standardwerkzeugmaschinen, ähneln in ihrem Konjunkturverhalten dem der Massenmärkte, die ausgeprägte Phasen des Aufschwungs und Abschwungs durchlaufen. Mit zunehmender Spezialisierung, die in längerfristige Geschäfts- und Vertragsbeziehungen eingebettet ist, werden Konjunkturauswirkungen auf den betreffenden Märkten eingeebnet bzw. gänzlich unwirksam.

Hohe Internationalität

Ausgeprägte Internationalität der Investitionsgütermärkte ergibt sich zunächst aufgrund der in den industriellen Weltzentren Nordamerika, Europa, Japan, Südostasien und Australien konzentrierten Wissenschafts- und Technikpotentiale sowie der zwischen den betreffenden Ländern herrschenden engen Handels- und technischen Kooperationsbeziehungen. Zum anderen bestimmen Produktionskooperationen und Investitionsgüterhandel zwischen Industrieländern und Ländern der Dritten Welt den hohen Internationalitätsgrad.

2.5 Investitionsgütermarketing

2.5.1 Transaktionen im Investitionsgütermarketing

In den Austauschbeziehungen zwischen Anbietern und Nachfragern erfolgt auf der Grundlage von Verträgen eine Übertragung von Verfügungsrechten an Gütern, so genannter **Property Rights**. Der Hersteller bzw. Verkäufer bietet ein Gut an und überträgt das Verfügungsrecht an diesem Gut im Rahmen eines Geschäfts auf den Kunden bzw. Käufer. Gleichzeitig erfolgt eine Übertragung des Verfügungsrechts an adäquaten Gütern, z. B. Geld, vom Käufer auf den Verkäufer (PLINKE, 1995: 8 ff.). Die Übertragung von Verfügungsrechten, aber auch der technische Vorgang der Übertragung eines Gutes oder einer Leistung über eine technisch trennbare Schnittstelle hinweg, wird als **Transaktion** bezeichnet (WILLIAMSON, 1990: 1; RICHTER/FURUBOTN, 1999: 47 ff., 523). Sie gilt in der *Neuen Institutionenökonomik (NIÖ)* als grundlegende Untersuchungseinheit ökonomischer Organisation (WILLIAMSON, 1990: 3, in Anlehnung an COMMONS, 1934). Werden Verfügungsrechte zwischen Marktpartnern übertragen, handelt es sich um **Markttransaktionen**. Drei kritische Dimensionen zeichnen Transaktionen aus: 1. Unsicherheit, 2. Transaktionsfrequenz und 3. das Ausmaß dauerhafter transaktionsspezifischer Investitionen (WILLIAMSON, 1979: 239).

Die auf Verträgen beruhenden Markttransaktionen – die Übertragung der Verfügungsrechten – verursachen Kosten. **Transaktionskosten** entstehen bei der Bestimmung, Übertragung und Durchsetzung der Verfügungsrechte (WILLIAMSON, 1990: 22; PICOT/DIETL, 1990: 178). Zu ihnen zählen Such- und Informationskosten, Verhandlungs- und Entscheidungskosten sowie Überwachungs- und Durchsetzungskosten (RICHTER/FURUBOTN, 1999: 51 ff.).

Transaktionskosten können auch entsprechend den Ablaufphasen von Transaktionen gegliedert werden (HOMBURG/WERNER, 1998: 984). Demgemäß beinhalten sie:

- Kosten der Geschäftsanbahnung

- Verhandlungs- bzw. Vereinbarungskosten

- Abwicklungskosten

- Kontrollkosten der Überwachung der Vertragserfüllung

- Anpassungskosten aufgrund nachträglicher Vertragsänderung

Aufgrund ihrer übergreifenden Bedeutung als Kriterien für Vertragstypen, die ihrerseits charakteristischen Markttatbeständen adäquat sind, wie z. B. spezifitätsbedingte Anbieter-Nachfrager-Beziehungen, werden *Transaktionskosten als Maßstab ökonomischen Handelns* herangezogen. Die NIÖ entwickelte als ihren konstitutiven Bestandteil die **Transaktionskostentheorie**. WILLIAMSON stellt seinem Standardwerk von 1985 "Die ökonomischen Institutionen des Kapitalismus" die folgenden Sätze voran:

"Die Transaktionskostentheorie formuliert das Problem ökonomischer Organisation als Vertragsproblem. Es soll eine bestimmte Aufgabe vollbracht werden. Dies kann auf mehrere, verschiedene Arten geschehen. In jedem Fall bedarf es eines ausdrücklichen oder impliziten Vertrages und entsprechender ergänzender Vorkehrungen. Wie hoch sind die jeweiligen Kosten ?" (WILLIAMSON, 1990: 22).

Auf **Investitionsgütermärkten** werden vom Anbieter Verfügungsrechte an Investitionsgütern auf den Nachfrager übertragen. Das Ausmaß der durch den jeweiligen Spezifitätsgrad der Transaktion bzw. der Leistung bestimmten Verfügungsrechte umreißt die Zielsetzungen und den Inhalt des Investitionsgütermarketings. Wird Marketing allgemein als kunden-, markt-, umwelt- und wettbewerbsorientierte Unternehmensführung aufgefasst und die Marketingkonzeption als programmatische Grundlage allen absatzpolitischen Handelns des Unternehmens anerkannt, so beruht es auf permanent und systematisch durchgeführter strategischer und Situationsanalyse und wird auf dieser Grundlage über die Konzeptions- und Entscheidungsebenen der Marketingziele und Marketingstrategien sowie des Marketing Mixes realisiert (Konzeptionspyramide von BECKER, 1998: 11 ff., 137 ff., 483 ff.).

Investitionsgütertransaktionen zeichnen sich im Vergleich zu Transaktionen des allgemeinen Marketings durch Spezifität in der konkreten Ausprägung der Technizität sowie durch Organisationalität aus: Güter unterschiedlicher technischer Spezifität sind Gegenstand von Transaktionen zwischen Organisationen. Die Übertragung von Verfügungsrechten dient im Rahmen von Investitionsgütertransaktionen im Wesentlichen der Lösung von Aufgabenstellungen der Nachfragerorganisation (des Kunden), die sich überwiegend aus dessen Leistungs- bzw. Fertigungsproblemen rekrutieren, durch die Anbieterorganisation (den Hersteller bzw. Verkäufer). Die Übertragung solcher Problemlösungen darstellender Verfügungsrechte, deren rechtliche Regelung durch vertragliche Übereinkunft zwischen diesen Organisationen erfolgt, ist Gegenstand von Investitionsgütertransaktionen. Die Investitionsgütertransaktion kann nach allgemeinem Sprachgebrauch auch als **Investitionsgütergeschäft** bezeichnet werden. Nach PLINKE beinhaltet es die Übereinkunft zwischen Anbieter- und Nachfragerorganisation *„über das jeweils zu Gebende und zu Erhaltende"*. Geben und Erhalten beruhen auf Austauschrelationen, welche durch das Verhältnis von Nutzen zu Aufwand (Kosten) bestimmt sind (vgl. PLINKE, 1995: 41).

Es kann zwischen drei grundsätzlichen Transaktionssituationen unterschieden werden (ROBINSON ET AL., 1967: 13 ff.; WEBSTER/WIND, 1972: 23 ff.):

Neugeschäft (New Task)

Wiederholgeschäft (Straight Rebuy)

Modifiziertes Wiederholgeschäft (Modified Rebuy)

2.5.2 Investitionsgütermarketing als Funktion der Investitionsgüterspezifität und der Organisationalität des Marktes

Investitionsgütermarketing ist komplexe Absatzpolitik der Investitionsgüter entwickelnden, fertigenden und verkaufenden Unternehmen. Basiskriterium von Investitionsgütern ist deren primär durch die **Technizität** bestimmte **Spezifität**. Allgemein bedeutet Spezifität die Eigenschaft einer Leistung, in einer konkreten Beziehung (z. B. in einer Geschäftsbeziehung) einem eigentümlichen Zweck zu dienen und dabei höhere Erträge als in einer anderen Beziehung zu erzielen (RICHTER/FURUBOTN, 1999: 522). Die Differenz zwischen den Erträgen der geplanten und einer anderen Verwendung wird als **Quasirente QR** bezeichnet (vgl. Abschn. 2.3.1). Ertrag und Quasirente in einer geplanten Beziehung sind demzufolge optimal. Beispiel: die aus den spezifischen Anforderungen des Möbelfabrikanten M_1 heraus vom Maschinenhersteller H entwickelte Holzbearbeitungstechnologie wirft nur in der Beziehung M_1 - H den höchsten Ertrag für H ab. Hier wird die Quasirente, die Ertragsdifferenz zwischen der geplanten und einer anderen Beziehung, voll realisiert . Wenn M_1 unerwartet als Abnehmer ausfiele, würde – wenn überhaupt – die entsprechende Anlage einem anderen Möbelfabrikanten M_2 nur unter finanziellen Einbußen verkauft werden können. Aus der Beziehung M_2 - H entsprängen für H – wenn überhaupt – geringere Erträge als aus der ersten. QR wäre geringer oder fiele ganz weg.

Spezifität tritt in verschiedener Intensität auf, die durch den **Spezifitätsgrad s** gemessen werden kann. Dabei bewegt sich s in einem von geringem Spezifitätsgrad s_{min} bis maximalem Spezifitätsgrad s_{max} reichenden Kontinuum. Im Falle von s_{min} ist die Eigentümlichkeit einer Leistung gering, sie wirft in anderen Beziehungen die nahezu gleichen Erträge ab. Es entsteht keine oder nur geringe QR. Wenn H, um bei unserem Beispiel zu bleiben, außer kundenspezifischen Technologien auch Universalmaschinen, wie Schleif- und Poliermaschinen für die Möbelproduktion fertigt und an M_1 verkauft, so stehen im Falle eines Ausscheidens von M_1 durch Rücktritt vom Vertrag viele andere potentielle Abnehmer M_n zur Verfügung. Die Differenz zu den jeweiligen nächstbesten Verwendungen (die jeweilige Quasirente) ist minimal oder gleich null. Geringe Spezifität bedeutet also geringe Erträge, geringe Quasirenten und geringes Risiko durch niedrigen Bindungsgrad der Geschäftsbeziehungen. Aus hoher Spezifität erwachsen hohe Erträge und Quasirenten, aber auch hohe Risiken durch den hohen Bindungsgrad zwischen Anbieter und Nachfrager.

Investitionsgüter niedriger Spezifität, wie einfache Personalcomputer, Universal-Werkzeugmaschinen, Standardgetriebe für Nutzkraftfahrzeuge usw., können mittels Einsatzes der klassischen Marketinginstrumente in der klassischen Kombination des **Marketing-Mixes** verkauft werden, ähnlich wie auf Konsumgütermärkten. Mit zunehmender Spezifität wandelt sich das Investitionsgüterangebot von Standardleistungen graduell zu Spezialleistungen. Das Angebot bewegt sich parallel zur Spezifität bzw. zum Spezifitätsgrad in einem von den beiden Leistungspolen begrenzten Kontinuum. Betrachtet man das **Investitionsgütermarketing als Funktion der jeweiligen Position von Investitionsgütern im Spezifitätskontinuum**, so muss sich notwendigerweise auch der jeweilige Einsatz von Marketinginstrumenten sowie deren spezifische Kombination ändern. Mit wachsendem Spezifitätsgrad erfolgt – im Kontinuum von links nach rechts fortschreitend – ein gradueller qualitativer Wandel bestehender sowie das Hinzukommen von neuen Instrumenten und Instrumentekombinationen.

Spezifität als Bestimmungsfaktor des Investitionsgütermarketings kennzeichnet die durch die Spezifität der Investitionsgüter bestimmte Gestaltung der Absatzpolitik der Anbieterorganisation. Der Spezifitätsgrad der Investitionsgüter erstreckt sich über ein von Standardleistungen (S_{min}) bis zu Spezialleistungen (S_{max}) reichendes Kontinuum, von welchem sich ein Kontinuum mit den Extrema "Mengengeschäft" und "Kooperationsgeschäft" mit entsprechender Auswahl, Gewichtung und Kombination von Marketinginstrumenten ableiten lässt. Die Spezifität steht in enger Wechselbeziehung zur Organisationalität des Investitionsgütermarketings.

Transaktionen mit spezifischen, insbesondere durch Technizität gekennzeichneten Leistungen, können nur unter adäquaten **organisatorischen Voraussetzungen** durchgeführt werden. Die Geschäfte erfolgen zwischen Anbieter- und Nachfragerorganisationen, deren absatz- und beschaffungspolitische Entscheidungen im Allgemeinen Kollektive, d. h. mehrere Personen, treffen. Die **Multipersonalität** der Entscheidungsprozesse als Variable der Organisationalität ist somit durch Organisationsstrukturen sowie eine Reihe von Persönlichkeitskriterien der beteiligten Individuen charakterisiert, wie Hierarchiezugehörigkeit, Psyche, Kompetenz, soziokulturelle und demografische sowie andere Faktoren. Multipersonalität ruft spezielles, organisationsbedingtes, dabei gleichzeitig individuell geprägtes Entscheidungs- und Informationsverhalten hervor. Konkreter Ausdruck hierfür sind zeitweilig tätige Entscheidungsgremien – auf der Nachfragerseite **Buying Center**, auf der Anbieterseite **Selling Center**. Weiterhin spielt in spezifitäts- und organisationsbedingten Entscheidungsprozessen der Zeitfaktor eine Rolle. Dieser äußert sich in **Phasenabläufen** von Beschaffung und Absatz.

Organisationalität als Bestimmungsfaktor des Investitionsgütermarketings bezeichnet die Tatsache, dass sich auf den Investitionsgütermärkten Organisationen als Anbieter und Nachfrager gegenüberstehen. Hieraus erwachsen die spezifischen Entscheidungsverhaltensweisen des **organisationalen Absatz- und Beschaffungsverhaltens**. Organisationalität ist absatz- und beschaffungspolitisch gekennzeichnet durch multipersonales Informations- und Entscheidungsverhalten von Individuen, die im Rahmen kollektiver Absatz und Beschaffungsentscheidungsprozesse tätig werden.

2.5.3 Die Relationalität des Investitionsgütermarketings

In Abhängigkeit von der Spezifität verändert sich der Charakter der Beziehungen zwischen Anbietern und Nachfragern. Die Beziehungen erstrecken sich von den relativ anonymen Verhältnissen auf den klassischen Märkten, deren Spezifität gering ist, beginnend bei s_{min}, bis zu intensiven Geschäftsbeziehungen mit dem Spezifitätsgrad s_{max}. Die Zunahme der Intensität der Geschäftsbeziehungen geht einher mit der Entwicklung von Kooperationsbeziehungen, deren höchste Form in der exklusiven Bindung zwischen zwei Partnern besteht. In diesem Prozess wird der Markt schrittweise außer Kraft gesetzt. Die nächste, jenseits des Marktes befindliche Stufe beinhaltet den Zusammenschluss beider Partner, die vertikale Integration. An die Stelle des Marktes tritt die Unternehmens-Hierarchie. Sie liegt somit außerhalb marktlicher Verhältnisse und ist auch nicht mehr Gegenstand des Investitionsgütermarketings. Das bis zum Beginn hierarchischer Strukturen reichende Kontinuum umreißt den Bereich der Beziehungen zwischen organisationalem Absatz und organisationaler Beschaffung und damit das Aktionsfeld des Investitionsgütermarketings.

Die Dynamik der Anbieter-Nachfrager-Beziehungen findet ihre Widerspiegelung in der Ausgestaltung entsprechender **Verträge**. Der Anwendungsbereich von Verträgen ist überall dort gegeben, wo Beziehungen zwischen gleichgestellten, autonomen Partnern zu regeln sind. Sie reichen von den relativ anonymen Anbieter-Nachfrager-Verhältnissen geringer Spezifität bis zu engen Partnerkoordinationen im Rahmen von Kooperationen, welche die gemeinsame Lösung hochspezifischer Aufgaben zum Ziel haben. Diese Beziehungen enden, wo aufgrund von Zusammenschlüssen *"der Tausch zwischen autonomen Partnern ... durch einheitliches Eigentum abgelöst wird (vertikale Integration)"* (WILLIAMSON, 1990: 61). An die Stelle des Marktes bzw. der Geschäftsbeziehung treten die hierarchischen Strukturen des Unternehmens.

Dementsprechend wird zwischen drei großen Vertragsbereichen unterschieden, die der Abfolge der Beziehungsintensität im Kontinuum zwischen niedriger Spezifität (Standardleistungen) und hoher Spezifität (Spezialleistungen) Rechnung tragen. Es sind:

• der Bereich der klassischen Verträge

• der Bereich der neoklassischen Verträge

• der Bereich der relationalen Verträge

Klassische Verträge regeln diskrete, d. h. vereinzelt auftretende, voneinander getrennte, punktuelle (*Spot-*) Transaktionen. Dabei werden alle Aspekte des Leistungsaustausches zwischen Anbieter und Nachfrager vertraglich berücksichtigt, wobei versucht wird, die Geschäfte durch *Vergegenwärtigung (presentation)* zukünftiger Effekte zu erleichtern

(MACNEIL, 1978: 856, 863; WILLIAMSON, 1990: 78, 1979: 248; KAAS/FISCHER, 1993: 689). Dies ist dann möglich, wenn der Vertragsgegenstand einen niedrigen Spezifitätsgrad aufweist (Standardleistungen) und eine Kontrolle durch den Markt gegeben ist (*Market Governance*). Aufgrund dessen können Leistung und Vertragspartner durch den Nachfrager unkompliziert substituiert werden.

Die auf MACNEIL zurückgehenden **neoklassischen Verträge** berücksichtigen die Tatsache, dass bei langfristigen Verträgen über Transaktionen mittleren bis hohen Spezifikationsgrades die *Ver*gegenwärtigung zukünftiger Vertragseffekte sehr teuer und schwierig, vielfach unmöglich ist. Die Ermöglichung einer solchen Transaktion und damit die Sicherung erforderlicher Flexibilität setzt entsprechende Kontrollmechanismen voraus, die bei Streitigkeiten aufgrund vorhandener Vertragslücken in der Einschaltung unabhängiger Drittparteien (Trilateralität durch Schiedsrichter oder *superintendents* [Oberaufseher]) bestehen. (MACNEIL, 1978: 865 ff.; WILLIAMSON, 1979: 249f., 1990: 78f.; KAAS/FISCHER, 1993: 689).

In dem Maße, wie neoklassische Verträge der zunehmenden Transaktionsspezifik, Komplexität und Fristigkeit der Geschäftsbeziehungen nicht mehr gerecht werden, treten an ihre Stelle langfristige Vereinbarungen, deren z. B. spezifitätsbedingte Lücken mittels außervertraglicher Einigung geschlossen werden. Diese **relationalen Verträge** sind informell, nicht rechtsverbindlich und lassen spätere Detailanpassungen zu. Die Beziehungen zwischen Anbieter- und Nachfragerorganisation beruhen auf glaubhaften Zusicherungen und Vertrauen. Sie sind vom gemeinsamen Bestreben getragen, das Vertragsziel zu beiderseitigem Nutzen bestmöglich und ohne opportunistische Vorteilsuche zu realisieren (MACNEIL, 1978: 886 ff.; WILLIAMSON, 1979: 249f., 1990: 78 ff.; KAAS/FISCHER, 1993: 689; RICHTER/FURUBOTN, 1999: 520f.). Ein sehr bekanntes Beispiel für relationale Vertragsgestaltung sind die Kooperationsbeziehungen zwischen Auto- und Autozulieferindustrie.

Das mit dem Spezifitätskontinuum von Transaktionsinvestitionen einhergehende MACNEIL'sche Vertragsspektrum, dessen Inhalte mit dem Investitionsgütermarketing korrespondieren, wird von WILLIAMSON in den Dimensionen *"Investitionscharakteristik"* und *"Transaktionsfrequenz"* dargestellt (Abb. 2.9 und 2.10; Williamson, 1979: 247, 253, 1990: 82, 89).

Häufig-keit		Investitionsgütercharakteristika		
		unspezifisch	**gemischt**	**hochspezifisch (ideosynkratisch)**
	gelegentlich	Kauf von Standardausrüstung	Kauf kundengerechter Ausrüstung	Errichtung einer Industrieanlage
	wiederholt	Kauf von Standardmaterial	Kauf von kundengerechtem Material	Standortspezifischer Transfer von Zwischenprodukten

Abbildung 2.9   Beispiele für Markttransaktionstypen (WILLIAMSON, 1979: 247)

Überträgt man die kontraktualen Ansätze und deren transaktionskostenökonomische Kontroll- und Überwachungssysteme auf die spezifischen Geschäftsbeziehungen im Investitionsgütermarketing, so kann dies als relational charakterisiert werden Die Relationalität tritt in gradueller Ausprägung eines von geringen Geschäftsbeziehungen bis zu Kooperationen reichenden Kontinuums auf. Die konkrete Ausprägung des Investitionsgütermarketings erscheint dann als eine Funktion der **Relationalität**. Marketinglehre und -praxis haben der überragenden Bedeutung der Geschäftsbeziehungen in der modernen Absatzpolitik durch die Entwicklung des **Beziehungsmarketing** bzw. **Relationship Marketing** Rechnung getragen (u. a. HALLÉN et al., 1993: 63 ff.; GRÖNROOS, 1994a: 4 ff., 1994b: 347 ff.; KAAS, 1995: 24f.; PLINKE, 1997:15; HOMBURG/WERNER, 1998: 979 ff.).

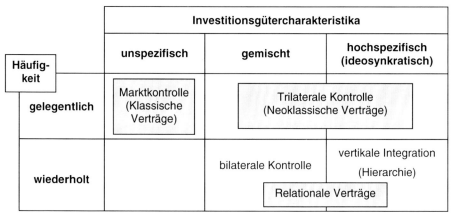

Abbildung. 2.10   Anpassung der Kontrollstrukturen an die Markttransaktionstypen
(Williamson, 1979: 253)

Neben der Investitionsgüterspezifität und der marktlichen Organisationalität ist somit die Relationalität von Investitionsgütertransaktionen die dritte Säule des Investitionsgütermarketings. Als Maßstab für die spezifitäts-, organisationalitäts-, und relationalitätsbestimmten Marketinginhalte können die relevanten Transaktionskosten herangezogen werden. Letztere sind als abhängige Variablen eine Funktion der unabhängigen Variablen Spezifität und Relationalität. Ursprünglich allein auf der Investitionsspezifik basierend (WILLIAMSON, 1991: 284f.; PICOT, 1993: 732/33), wurde ein Beziehungsgeflecht entwickelt, das später um weitere transaktionskostentheoretische Aspekte (beschränkte Rationalität, Unsicherheit, Transaktionshäufigkeit) und geschäftstypische Gesichtspunkte ergänzt worden ist (HOMBURG/WERNER, 1998: 985).

Das von HOMBURG/WERNER weiterentwickelte **Transaktionskosten-Variablen-Modell** von WILLIAMSON kann zur Kennzeichnung des Wirkungsspektrums des Investitionsgütermarketings außerhalb des Anlagengeschäfts herangezogen werden (Abb. 2.11). Letzteres findet in diesem Modell aufgrund hoher Spezifität bei geringer Relationalität (kundenindividuelle Leistung ohne Geschäftsbeziehungen) keine Berücksichtigung. Auf der Abszisse befinden sich die Spezifitäts- und Relationalitätskontinua, so dass die gesamte Achse der Variablen *v* die Abfolge von **Spezifitäts- und Relationalitätsgraden** enthält. Sie unterteilt sich in drei grundsätzliche Bereiche.

Der Bereich mit den geringsten Transaktionskosten ist die **Zone des relativ anonymen Marktes**; "relativ" deshalb, weil Investitionsgüter – im Vergleich zu Konsumgütermärkten ungleich transparenter und die Marktteilnehmer grundsätzlich identifizierbar sind. Es ist die Zone der Standard-Investitionsgüter und damit niedrigen Spezifitätsgrades, diskreter (einmaliger, punktueller), so genannter Spot-Geschäfte und damit klassischer Verträge, wenig oder gar nicht ausgeprägter Geschäftsbeziehungen und damit geringen Relationalitätsgrades. Diese Zone wird durch die Punkte $a_1 = 0$ bzw. v_0, A und v_{krit1} begrenzt. Hier erfolgt der Austausch mithilfe der absatzpolitischen Instrumente der vier "klassischen" Marketing-Instrumentalgruppen Produkt-, Kontrahierungs-, Kommunikations- und Distributionspolitik und deren gewichteter Kombination, des **Marketing Mixes**. Die bei v_{krit1} erreichte Schnittstelle A wird durch Gleichsetzen der Transaktionskostenfunktionen der klassischen Marktform T_1 und der niederen hybriden (gemischten) Marktform T_2 bestimmt. Die Darstellung der Beziehungen erfolgt einfachheitshalber linear.

$$T_1 = b_1 v \quad ; \quad T_2 = a_2 + b_2 v$$
$$b_1 v_{krit1} = a_2 + b_2 v_{krit1}$$
$$v_{krit1} = a_2 / (b_1 - b_2)$$

a_1 ist gleich null, denn an diesem Punkt findet kein Marktaustausch statt. Demzufolge fallen aufgrund nicht vorhandener Spezifität und Relationalität keine Transaktionskosten an.

Mit zunehmender Ausprägung der Variablen, insbesondere des Spezifitätsgrades, und mit Überschreiten der ersten Schnittstelle A bei v_{krit1} wird die durch v_{krit1} und v_{krit3} begrenzte **Zone hybrider (gemischter, zwitterhafter) Marktformen** erreicht. Deren Zwitterstellung ist durch einen mittleren bis hohen Relationalitätsgrad aufgrund entsprechender Spezifität charakterisiert. Individuelle Problemstellungen der Kunden und deren Lösung durch die Hersteller verursachen wachsende Nachfrager-Anbieter-Bindungen und -Abhängigkeiten. Zwischen $v_{krit\ 1}$ und $v_{krit\ 2}$ bzw. den Schnittpunkten A und D herrschen bilateral pleopolistische bis eingeschränkt monopolistische Marktformen vor, d. h. es stehen sich mehrere bis wenige Anbieter und Nachfrager gegenüber. Zwischen v_{krit2} und v_{krit3} bzw. den Schnittpunkten D und F findet die fundamentale Transformation von marktlichem Wettbewerb zu bilateral monopolistischen Beziehungen statt. Die Geschäftsbeziehung zwischen zwei Partnern unter Bedingungen sehr hoher Spezifität ist hergestellt.

Anstelle des konventionellen Marketing und des Marketing Mixes treten ab v_{krit1} bzw. Schnittpunkt A den neuen Bedingungen **angepasste absatzpolitische Instrumente und Instrumentalkombinationen**, welche den Erfordernissen wachsender Spezifität und daraus resultierender intensiver Anbieter-Nachfrager-Kommunikation Rechnung tragen. Zweckmäßigerweise sollte deshalb aus praktischen Erwägungen des Investitionsgütermarketings und in Ergänzung von Williamson's Modell die hybride Marktform unterteilt werden, in unserem Fall aus Einfachheitsgründen in zwei Funktionen. Die erste der beiden Funktionen ist $T_2 = a_2 + b_2 v$ und steht für modular aufgebaute Systemtechnik, z. B. Flexible Fertigungs- bzw. Verarbeitungssysteme und Fertigungszellen, $T_3 = a_3 + b_3 v$ für kooperativ von Anbietern und Nachfragern entwickelte Problemlösungen. Spezifität und Relationalität erreichen nach Passieren der Schnittstelle D beim Variablenniveau v_{krit2} eine neue Qualität: die Individualisierung von Leistungen gewinnt immer mehr an Gewicht, Geschäftsbeziehungen wandeln sich zur Kooperation und neoklassische Verträge werden von relationalen abgelöst.

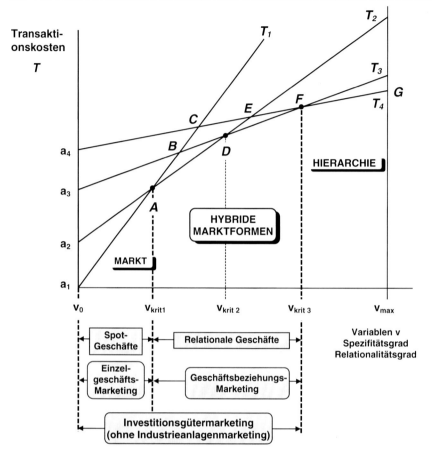

Abbildung. 2.11 Investitionsgütermarketing und Transaktionskosten außerhalb des Anlagengeschäftes (in Anlehnung an WILLIAMSON [1991, 284] und HOMBURG/WERNER [1998, 985])

Das der Schnittstelle **D** beider Transaktionskostenfunktionen hybrider Marktform entsprechende Variablenniveau v_{krit2} wird wiederum durch Funktionengleichsetzung und Umformung bestimmt.

$$V_{krit2} = (a_3 - a_2) / (b_2 - b_3)$$

Der Wirkungsbereich des Investitionsgütermarketings endet, wo die Transaktionskosten ein Ausmaß erreichen, welches den Zusammenschluss der Transaktionspartner zu einheitlichem Eigentum angeraten sein lässt. Anstelle autonomer Partnerschaft tritt Unternehmenshierarchie. Damit ist die **Zone der Hierarchie** erreicht und die vertikale Integration vollzogen. Dies geschieht an der Schnittstelle **F** beim Variablenniveau v_{krit3}.

Der optimale Gesamtverlauf der Transaktionskosten bewegt sich entlang den Punkten a_1, **A, D, F, G**.

Einen Spezialfall bilden **Industrieanlagengeschäft** und **Anlagenmarketing**. Industrieanlagen, wie Zementanlagen, Milchhöfe oder Stahlwerke sind Leistungen, die auf die Lösung von speziellen Kundenproblemkomplexen mittels Einsatzes komplexer Hardwarebündel bzw. Hardware-Software-Bündel gerichtet sind (vgl. BACKHAUS, 1997: 427). Das Anlagenmarketing ist entsprechend den Geschäftsbesonderheiten zu organisieren. Es sind Einzelkundengeschäfte hoher Spezifität, großen materiellen und immateriellen Umfanges sowie hoher Wertvolumina, deren Realisierung komplexitätsbedingt langfristig erfolgt. Das Transaktionskostenniveau, insbesondere durch Anbahnung, Koordinierung, Abwicklung und Kontrolle bedingt, liegt sehr hoch. Industrieanlagengeschäfte sind nicht Gegenstand des Geschäftsbeziehungsmarketings, da der Relationalitätsgrad wegen der Einmaligkeit des Geschäfts niedrig ist. Industrieanlagenmärkte sind zwar hybriden Marktformen zuzurechnen, Relationalität und Spezifität sind jedoch an unterschiedlichen Polen angesiedelt. Der hybride Charakter ist besonders hinsichtlich des Lock-in-Effektes der Anbieterabhängigkeit extrem ausgeprägt. Dies zeigen Beispiele von Anlagenexporten nach unbekannten Überseemärkten.

Der dritte Bestimmungsfaktor des Investitionsgütermarketings – Relationalität – wird wie folgt definiert:

Relationalität des Investitionsgütermarketings kennzeichnet die Beziehungen sowie den Intensitätsgrad der Beziehungen zwischen Anbieter- und Nachfragerorganisationen und erstreckt sich über ein Kontinuum, das vom Extrem "Einzeltransaktion" (diskrete Transaktion; r_{min}) über Geschäftsbeziehungen wachsender Intensität bis zum Extrem "Kooperative Geschäftsbeziehung" (r_{max}) reicht. Der Relationalitätsgrad ist im Allgemeinen spezifitätsdeterminiert, eine Ausnahme stellt das Komplexgeschäft mit Industrieanlagen dar (s_{max} - r_{min}).

2.5.4 Investitionsgütermarketing – Definition, Faktoren und Variablen

Investitionsgütermarketing wird im Allgemeinen mit dem gleichen Grundtenor beschrieben: als *"Management von komparativen (vergleichbaren) Konkurrenzvorteilen (KKV's)"* (BACKHAUS, 1997: 37) oder *"Feld der absatzgerichteten unternehmerischen Entscheidungen und Handlungen der Hersteller bzw. Anbieter von Gütern des betrieblichen Gebrauchs"* (FITZGERALD, 1989: 4). Ziel ist *die "Erringung wettbewerblicher Vorteilspositionen"* und *"marktorientierte Umsetzung geschaffener Erfolgspotentiale"* (KLICHE, 1991: 140). Der Wettbewerbsvorteil ist die *"zentrale Orientierungsgröße für die marktorientierte Führung des Geschäfts schlechthin"* (Plinke, 1995: 87).

Investitionsgütermarketing ist auf Nachfragerorganisationen gerichtete, problemlösungs-, und wettbewerberorientierte Absatzpolitik von Investitionsgüter unterschiedlichen Spezifitätsgrades anbietenden Organisationen mit dem Ziel der Befriedigung investiver und produktiver Bedürfnisse der Nachfrager sowie der Realisierung eigener Wettbewerbsvorteile. Es umfasst alle strategischen und operativen Entscheidungsprozesse und Aktivitäten der Akquisition, Entwicklung und Bereitstellung von Investitionsleistungen. Dem Charakter der Geschäftsbeziehungen entsprechend ist Investitionsgütermarketing Einzelgeschäftsmarketing oder Geschäftsbeziehungsmarketing. Die Bestimmungsfaktoren des Investitionsgütermarketings sind somit Organisationalität, Spezifität und Relationalität, die in engen Wechselbeziehungen zueinander stehen und durch entsprechende Variablen gekennzeichnet sind.

Die Bestimmungsfaktoren des Investitionsgütermarketings und ihre wichtigsten Variablen können wie folgt zusammengefasst werden (Abb. 2.12):

Variablen der Organisationalität des Investitionsgütermarketings

– Investitionsgütermarketing ist Bestandteil des Business-to-Business-Marketing und als solches auf die Austauschbeziehungen zwischen Organisationen gerichtet. Austausch als Einheit von Absatz und Beschaffung der anbietenden bzw. nachfragenden Organisation bestimmt adäquates, d. h. **organisationales Absatz- und Beschaffungsverhalten.**

– Die Entscheidungs- und Realisationsprozesse im Investitionsgütermarketing sind durch **Multipersonalität** und damit hierarchisch bestimmte, psychische, kompetenz-bezogene und andere Persönlichkeitsvariablen gekennzeichnet.

– Verkaufs- und Kaufentscheidungen erfolgen **direkt**, d. h. **in persönlichem Kontakt** zwischen Beauftragten des Anbieters und des Nachfragers

– Die Transaktionen werden in Abhängigkeit von Umfang und Komplexität des Transaktionsgegenstandes in unterschiedlicher Zeitdauer realisiert, sie unterliegen damit spezifitäts- und organisationsbedingten **Phasenabläufen.**

Variablen der Spezifität des Investitionsgütermarketings

– Hauptcharakteristikum der Spezifität des Investitionsgütermarketings ist die **Technizität**, deren Grad sich im Kontinuum zwischen Standard- und Spezialleistungen bewegt.

– Abhängig vom Spezifitätsgrad verkörpern die Investitionsgütertransaktionen **hohe Wertvolumina** je abgesetzter bzw. nachgefragter Leistungseinheit.

– Die **Quasirente** ist Ausdruck der bei gegebenem Spezifitätsgrad der Investitionsgüter vorhandenen Abhängigkeit zwischen den Transaktionspartnern; mit zunehmender Spezifität erzielt der Anbieter wachsende Gewinne und Quasirenten, jedoch fallende Alternativgewinne bei unerwartetem Transaktionsabbruch.

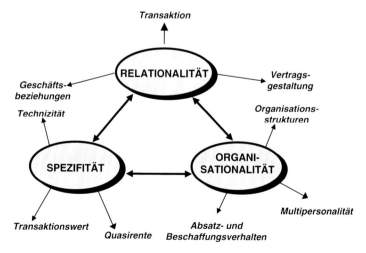

Abbildung. 2.12   Bestimmungsfaktoren und wichtige Variablen des Investitionsgütermarketings

Variablen der Relationalität des Investitionsgütermarketings

– Hauptcharakteristikum der Relationalität des Investitionsgütermarketings sind die spezifitätsbedingten **Geschäftsbeziehungen**, die sich von losen Lieferanten-Abnehmer-Beziehungen über traditionelle Geschäftsbeziehungen bis zu gemeinsamen Entwicklungskooperationen erstrecken.

– Absatz und Beschaffung erfolgen im Rahmen von **Transaktionen** (von Geschäften) und von Interaktionen, d. h. transaktionsbezogenen Kontakten zwischen mindestens zwei Personen, z. B. bei Verhandlungen.

– Entsprechend dem Spezifitätsgrad und der Intensität der Geschäftsbeziehungen werden die **Vertragsbeziehungen** zwischen Anbieter- und Nachfragerorganisation gestaltet; es werden klassische Verträge (Einzeltransaktionen geringer Spezifität), neo- klassische Verträge (Langfristigkeit bei mittlerer bis hoher Spezifität) und relationale Verträge (langfristige Vereinbarungen bei hoher und höchster Spezifität) abgeschlossen.

2.6 Kontrollfragen

1. Welche Merkmale haben Investitionsgüter und Investitionsgütermärkte?

2. Worin besteht der grundsätzliche Unterschied zwischen dem Investitionsgütermarketing und dem Konsumgütermarketing?

3. Erläutern Sie den Bestimmungsfaktor Spezifität des Investitionsgütermarketings!

4. Was versteht man unter der Quasirente spezifischer Leistungen?

5. Erläutern Sie den Bestimmungsfaktor Organisationalität des Investitionsgütermarketings und das organisationale Beschaffungsverhalten der Nachfragerorganisation!

6. Erläutern Sie den Bestimmungsfaktor Relationalität des Investitionsgütermarketings!

7. Was unterscheidet klassische, neoklassische und relationale Verträge aus Marketingsicht voneinander?

3 Das Investitionsgütergeschäft

3.1 Zielsetzung

Ziel des dritten Kapitels ist es,

- die Beziehungen zwischen Absatz und Beschaffung darzustellen
- die Spezifik der Austauschprozesse auf Investitionsgütermärkten zu charakterisieren
- Nutzen und Aufwand von Investitionsgütertransaktionen sowie die erzielbaren Wettbewerbsvorteile zu charakterisieren
- den Phasenablauf des Beschaffungsprozesses darzulegen und die wesentlichen Kriterien der Beschaffungsphasen zu erläutern
- den Phasenablauf des Absatzprozesses darzulegen und die wesentlichen Kriterien der Absatzphasen zu erläutern

3.2 Absatz und Beschaffung

Die Transaktion im Investitionsgütermarketing – das Investitionsgütergeschäft – ist Einheit von Absatz der Anbieterorganisation und Beschaffung der Nachfragerorganisation. Beschaffungsprozesse sind die Kehrseite des Absatzes und damit Gegenstand der Marktforschung, der Zielplanung, der Strategie und der operativen absatzpolitischen Aktivitäten des Investitionsgüterherstellers bzw. -anbieters. Absatz des Anbieters ist gleichzeitig Beschaffung des Nachfragers. Der Lieferant stellt im Rahmen der Transaktion die Beschaffungsobjekte mit dem Ziel der Verfügbarkeit für das beschaffende Unternehmen bereit (LARGE, 1999: 18). Somit ist die Beschaffungspolitik der Nachfragerorganisationen die wichtigste Bestimmungsgröße des Investitionsgütermarketings. Damit ist auch die Beschaffung organisational, spezifitätsbestimmt und relational definiert.

Voraussetzung für erfolgreiches Investitionsgütermarketing ist die Kenntnis und Einbettung der beschaffungsrelevanten Merkmale der Nachfragerorganisation in die Marketingkonzeption und die operative Absatzpolitik der Anbieterorganisation. Dies betrifft

- die unternehmensdemografischen Merkmale (Branche, Größe, Umsatz, Standort)
- das allgemeine und geschäftsspezifische Beschaffungsverhalten sowie die Beschaffungsprozeduren
- den organisationstypischen und spezifitätsbedingten Zeitablauf der Beschaffungsprozesse (Beschaffungsphasen)
- die organisationale Entscheidungsproblematik (Buying-Center-Problematik)
- die differenzierte Rolle der hierarchisch, kompetenzmässig, psychisch, soziokulturell und demografisch charakterisierten Entscheider (Entscheidertypologien)
- das Informationsverhalten der Organisation und der Entscheider
- verschiedene spezifische Aspekte der Anbieter-Nachfrager-Beziehungen (Geschäftsbeziehungen, Abhängigkeiten, Informationsasymmetrien)

Die Wertschöpfungsprozesse beider Organisationen berühren sich in Abhängigkeit von den Spezifitäts- und Relationalitätsgraden. Bei niedriger Spezifität interagieren Beschaffung und Fertigung des Nachfragers mit Marketing/Vertrieb und Service des Anbieters. Im Bereich hoher Spezifität beginnen die Interaktionen bereits in der Forschung und Entwicklung (Abb. 3.1).

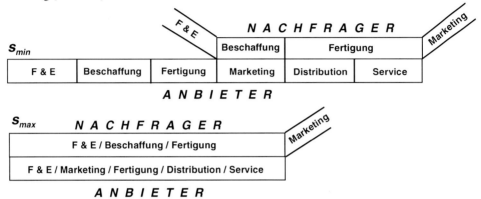

Abbildung 3.1   Spezifitätsabhängige Interaktionen der Wertschöpfungsstufen von Anbieter und Nachfrager

3.3   Austauschprozesse auf Investitionsgütermärkten

Austausch auf Investitionsgütermärkten erfolgt auf der Grundlage von Verträgen mittels Übertragung von Verfügungsrechten an Gütern (*Property Rights*) zwischen Investitionsgüter anbietenden und Investitionsgüter nachfragenden Organisationen. Der Austausch umfasst alle Maßnahmen zur Vorbereitung, Realisierung und Kontrolle dieser Übertragung (PLINKE, 1995: 5 ff.). Verfügungsrechte im Investitionsgütergeschäft sind durch unterschiedliche **Spezifität** gekennzeichnet und werden in entsprechenden Verträgen rechtlich verankert (s. Abschn. 2.5.3). Homogene, austauschbare Leistungen geringen Spezifitätsgrades sind im Allgemeinen Gegenstand klassischer Verträge. Mit zunehmender Spezifität finden neoklassische Verträge Anwendung. Die Transaktionskosten bei hochspezifischen Leistungen wären im Falle adäquater rechtlicher Ausgestaltung unangemessen hoch. Es werden deshalb relationale, d. s. Rahmenverträge, herangezogen, deren spezifitätsbedingte Lücken mittels außervertraglicher Einigungen auf der Grundlage gegenseitigen Vertrauens geschlossen werden.

Der Austausch von Verfügungsrechten im Rahmen von Investitionsgütertransaktionen geschieht im Allgemeinen dergestalt, dass die Nachfragerorganisation N mit einem technischen **Problem** konfrontiert ist, z. B. dem Erfordernis höherer Fertigungsflexibilität aufgrund differenzierterer Marktnachfrage, und die darauf spezialisierte Anbieterorganisation A eine kundenindividuelle Verarbeitungstechnologie entwickelt und an N verkauft. Die Verfügungsrechte bestehen a) an der Verarbeitungstechnologie, die von A auf N übertragen wird und b) an Geld, welches N auf A überträgt. Mit dem Austausch erfolgt ein zeitweiliger Ausgleich von Inkongruenzen, die zwischen A und N bestehen. N wendet außer dem Kaufpreis Informations- und Kommunikationskosten auf, d. h. Transaktionskosten für die Anbahnung, Vereinbarung, Kontrolle und Anpassung des Austausches (PICOT,

1990: 178), um das Verfügungsrecht über eine Leistung zu erlangen, die er selbst nicht erbringen kann. *A*, der ebenfalls Transaktionskosten aufwenden muss, gibt das Recht über eine Leistung ab, über welche er verfügt, und erhält dafür Geld, über das nicht er, sondern *N* verfügt. Es stehen sich also im Investitionsgütergeschäft im Allgemeinen Partner mit unterschiedlichem Know-how gegenüber (vgl. Abschn. 2.4.2). Die Nachfragerorganisation verfügt über das **Problem-Know-how**, also das Wissen über ihr Leistungsangebot; sie kennt weiterhin die diesem Angebot zugrunde liegenden Bedürfnisse ihrer Nachfrager bzw. Zielgruppen. Das Problem des Nachfragers stellt sich als eine zu überwindende Ist-Soll-Inkongruenz dar, nämlich zwischen der bestehenden Ist-Situation und einem angestrebten Soll-Zustand (Übereinstimmung mit der wissenschaftlich-technischen Entwicklung, verbesserte Wettbewerbssituation durch höhere Fertigungsflexibilität, höhere Produktivität, größere Kapazitäten, bessere Kostensituation, Umweltschutzmaßnahmen usw.). Die Domäne der Anbieterorganisation hingegen besteht im Wissen über die Lösungswege zur Bewältigung der Probleme, das **Problemlösungs-Know-how**.

Austauschprozesse auf Investitionsgütermärkten finden also zwischen Nachfragerorganisationen, die sich in einer Problemsituation befinden und unter Problemlösungsdruck stehen, und Anbieterorganisationen, die über das erforderliche Problemlösungs-Know-how verfügen, statt. Sie beinhalten alle Aktivitäten zur Vorbereitung und Durchführung der Übertragung von Verfügungsrechten über Güter des Anbieters/Verkäufers (Problemlösung) auf den Nachfrager/Käufer und von Gütern des Nachfragers/Käufers (Geld) auf den Anbieter/Verkäufer. Die Summe aller Tätigkeiten zur Beseitigung eines Problems, d. h. zur Überwindung einer Ist-Soll- bzw. einer Ist-Plan-Inkongruenz wird als **Problemlösung** bezeichnet.

Ziel des Austausches ist die Schaffung von Voraussetzungen und Bedingungen für Wertschöpfung mittels Einsatzes von Gütern, die der Leistungserbringung dienen. Dabei steht das Verhältnis des bei den Austauschpartnern entstehenden Nutzens zum jeweiligen Aufwand (Kosten) im Mittelpunkt der Austauschbeziehungen.

Als **Nutzen** des Austausches auf Investitionsgütermärkten kann das Maß der Befriedigung von Bedürfnissen sowohl des Anbieters als auch des Nachfragers durch Verkauf und Einsatz von Investitionsgütern bezeichnet werden. **Bedürfnisse** kennzeichnen allgemein Zustände sowohl objektiver als auch subjektiv empfundener Mängel.

In der Verbraucherverhaltensforschung werden Bedürfnisse mit Motiven bzw. Motivationen gleichgesetzt (KROEBER-RIEHL, 1990: 140 ff.). Ist-Soll-Inkongruenzen beim Investitionsgüternachfrager erzeugen **investive Problemlösungsbedürfnisse**, die sowohl objektive als auch subjektiv empfundene Defizite signalisieren, wie in Bezug auf Modernisierung, Rationalisierung und Erweiterung der Produktionsanlagen, Kostensenkung, Imageverbesserung usw. **Bedürfnisse des Anbieters** sind in der konkreten Austauschbeziehung mit dem Nachfrager vom Streben nach Gewinn, Umsatz, Kundenzufriedenheit, dauerhaften Geschäftsbeziehungen und Marktgeltung geprägt. Der Nutzen als Maß der Bedürfnisbefriedigung und Zweck des Austausches ist damit wesentlich durch die subjektive Interessenlage von Anbietern und Nachfragern bestimmt, welche sich aus Erwartungen und Empfindungen hinsichtlich einer bedürfnisbezogenen Besserstellung durch Austausch ergibt.

Dem Nutzen von Austauschprozessen steht ein **Aufwand** als Summe der austauschbezogenen Kosten gegenüber. Beim Investitionsgüteranbieter sind dies Aufwendungen für

Forschung und Entwicklung, Konstruktion, Fertigung und für Marketing, insbesondere Transaktionskosten (Informations- und Kommunikationskosten; PICOT/DIETL, 1990, 178). Der Aufwand des Nachfragers ergibt sich aus dem an den Anbieter zu entrichtenden Entgelt, den Transaktionskosten und Kosten der Sicherung der aufgabenbezogenen und organisatorischen Einsatzbedingungen des Investitionsgutes.

Es kann zwischen einfachem, erweitertem und komplexem Austausch unterschieden werden. Beim Grundmodell des **einfachen** (auch dyadischen, d. h. zweiseitigen) **Austausches** (PLINKE, 1995: 5 ff.) stehen sich ein Anbieter bzw. Verkäufer und ein Nachfrager bzw. Käufer mit dem Ziel der maximalen Nutzenserlangung bei minimalem Aufwand gegenüber. Es erfolgt die gegenseitige Übertragung von Verfügungsrechten über Güter (Investitionsgüter, Entgelt).

Durch Hinzutreten von Wettbewerbern ergibt sich das Modell des **erweiterten Austausches** (PLINKE, 1995: 31 ff.; Abb. 3.2). Dabei wird zwischen Verkäufer- und Käuferwettbewerb unterschieden. Im **Verkäuferwettbewerb** wetteifern mehrere Anbieter aufgrund vorhandener Angebotsüberhänge um den Auftrag des Nachfragers. Es liegt somit ein **Käufermarkt** vor, da das Angebot größer als die Nachfrage ist ($A > N$). Anbieter bzw. Verkäufer sind austauschbar. Diese Situation ist typisch für homogene Massen-Investitionsgüter geringen Spezifitätsgrades, wie Universalmaschinen, Personalcomputer, Normteile, Wälzlager o.ä. Der Relationalitätsgrad ist hier ebenfalls gering, Geschäftsbeziehungen haben einen niedrigen Stellenwert. Rechtliche Regelung ist durch klassische Verträge möglich. **Käuferwettbewerb** besteht im Falle von durch Gütermangel bzw. Angebotsdefizite verursachten Nachfrageüberhängen. Unter diesen Bedingungen herrscht ein **Verkäufermarkt**, da das Angebot kleiner ist als die Nachfrage ($A < N$). Beispiele finden sich in stark nachgefragten, mitunter quasi-monopolistischen Güterbereichen, wie der Computerteileindustrie oder bei Güterangeboten mit hohem Spezialisierungs- bzw. Individualisierungsgrad.

Der erweiterte Austausch wird im klassischen Marketing als so genanntes Marketing-Dreieck mit den wechselseitigen Beziehungen zwischen Anbietern, Nachfragern und Wettbewerbern dargestellt.

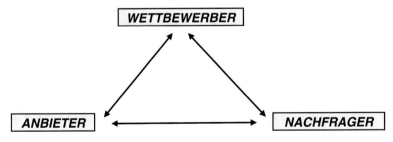

Abbildung. 3.2   Das Marketing-Dreieck des erweiterten Austausches

Das Modell des **komplexen Austausches** als Abbildung moderner Investitionsgütermärkte stellt eine Ergänzung des erweiterten Austausches dar (PLINKE, 1995: 36 ff.). Es besteht aus mehreren Marktpartnern sowie den Wechselbeziehungen zwischen ihnen (Abb. 3.3). Merkmale komplexer Austausche sind mehr oder weniger stark ausgeprägte interorganisationale und intraorganisationale Wechselbeziehungen, die analog als interorganisationale bzw. intraorganisationale Netzwerke bezeichnet werden.

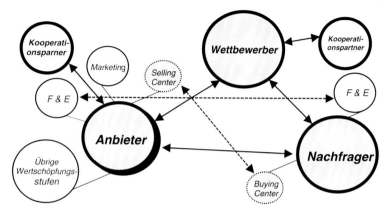

Abbildung 3.3   *Das Marketing-Dreieck des komplexen Austausches (in Anlehnung an Kliche, 1991: 156, und Plinke, 1995: 38)*

Interorganisationale Netzwerke werden durch die Beziehungen zwischen den einzelnen, zueinander externen Austauschpartnern gebildet. Sie bestehen auf der Angebotsseite z. B. aus den Beziehungen zwischen Herstellern bzw. Anbietern, Kooperationspartnern und Sublieferanten, auf der Nachfrageseite z. B. aus den Beziehungen zwischen Nachfragern bzw. Anwendern und Konsultanten, sowie zwischen den Austauschpartnern und dritten Partnern (Wettbewerbern des Anbieters bzw. potenziellen Partnern des Nachfragers).

Intraorganisationale Netzwerke umfassen die in den Austausch involvierten internen Organisationseinheiten der Austauschpartner und die ihnen zugehörigen Personen. Dabei handelt es sich zunächst um die mit dem Absatz befassten Gremien und Bereiche der Anbieterorganisation. Hierzu gehören das **Selling Center** als zeitweiliges und transaktionsspezifisch formiertes Gremium sowie beteiligte Organisationseinheiten der verschiedenen Bereiche, wie Marketing, Vertrieb, Forschung und Entwicklung, Fertigung u. a. Das Einkaufsgremium der Nachfragerorganisation, das **Buying Center**, setzt sich aus kompetenten Mitarbeitern zusammen, die über den Kauf des Investitionsgutes zu entscheiden haben. Sie kommen aus den zuständigen Bereichen des potenziellen Käufers, wie Forschung und Entwicklung, Einsatzbereich des Investitionsgutes, Beschaffung u. a.

3.4   Das Investitionsgütergeschäft

3.4.1 Nutzen und Aufwand des Investitionsgütergeschäftes

Die Übertragung von Verfügungsrechten an Gütern bzw. die Übertragung von Leistungen über eine technisch trennbare Schnittstelle hinweg (WILLIAMSON) wird in der Neuen Institutionenökonomik als **Transaktion** bezeichnet (s. dazu Abschn. 2.5.1). Sie verursacht Transaktionskosten, bestehend aus Geschäftsanbahnungs-, Verhandlungs-, Abwicklungs-, Kontroll- und Anpassungskosten. Die Transaktion ist eine von einer Vielzahl von unabhängigen Variablen (Variablen der Leistung, der Absatzpolitik, des Marktes, des Wettbewerbes) abhängige Variable. Sie ist somit Gegenstand und Resultante des Marketings. Verfügungsrechte, die Marktpartner einander übertragen, bilden den Inhalt der Markttransaktion. Die Übertragung von Rechten an Problemlösungen auf den Investitionsgüternachfrager durch den Investitionsgüteranbieter und im Gegenzug die Übertragung von

Rechten am entsprechenden Entgelt vom Nachfrager auf den Anbieter ist der Inhalt von Investitionsgütertransaktionen. Die Transaktion wird im allgemeinen Sprachgebrauch als Geschäft und somit die **Investitionsgütertransaktion** als **Investitionsgütergeschäft** bezeichnet. Im Investitionsgütersektor besteht das letztendliche Ziel aller absatzpolitischer Bemühungen – des Marketings der Anbieterorganisation – in der Realisierung von Geschäften zum Erhalt von Entgelt. Ziel der beschaffungspolitischen Bemühungen – des Beschaffungsmanagements (LARGE, 1999: 23) bzw. -marketings (KOPPELMANN, 1995, 1997) der Nachfragerorganisation – ist die Realisierung von Geschäften zum Erhalt von Problemlösungen als Voraussetzung für Geschäfte mit *deren* Nachfragern zum Erhalt von Entgelt (Abbildung 3.4).

Das Investitionsgütergeschäft ist durch die drei Bestimmungsfaktoren des Investitionsgütermarketings gekennzeichnet. Diese sind

- die **Spezifität**, d. h. die Transaktion hängt von der Besonderheit, der Technizität des Transaktionsgegenstandes ab (s. Abschn. 2.3.1)

- die **Organisationalität**, d. h. die Marktteilnehmer sind Organisationen (s.Abschn.2.4.1)

- die **Relationalität**, d. h. der Grad bzw. die Intensität der Geschäftsbeziehungen bestimmen Inhalt und vertragliche Ausgestaltung der Transaktion (s. Abschn. 2.5.3)

Investitionsgüteranbieter und -nachfrager streben nur dann ein Geschäft an, wenn ihnen daraus ein über ihrem Aufwand (den Kosten) platzierter Nutzen erwächst. Der **Nutzen** kann allgemein als das Maß der Befriedigung von Bedürfnissen definiert werden, der **Aufwand** als Summe von Kosten zur Erzielung eines Nutzens. MARSHALL spricht vom Gesetz des befriedigbaren Mangels bzw. des sich vermindernden Nutzens (MARSHALL, 1947: 93).

Der Nutzen **eines Investitionsgütergeschäftes** sind das Maß der Befriedigung von Bedürfnissen der Nachfragerorganisation nach Problemlösung und Bedürfnisse der Anbieterorganisation nach Umsatz, Gewinn, Image, Kundenbindung, Kundenzufriedenheit, Referenzen und Marktwissen. Er ergibt sich für den Nachfrager aus den vertraglich erworbenen Verfügungsrechten an der Problemlösungsleistung des Anbieters und aus Know-how-Zuwächsen (PLINKE, 1995: 41 ff.). Bedürfnisse des Investitionsgüternachfragers sind Ausdruck von im Vergleich zum Wettbewerb empfundenen Defiziten in Bezug auf Gewinn, Umsatz, Kosten, Image sowie Qualität, Produktivität, Flexibilität usw.

Der **Aufwand des Investitionsgütergeschäftes** ist zunächst die der **Nachfragerorganisation** entstehende Kostensumme und ergibt sich aus dem Kaufpreis für den Erwerb des Verfügungsrechtes am Investitionsgut bzw. an der Problemlösung (Preis bzw. Entgelt) sowie den Kosten, die durch die Bestimmung, Übertragung und Durchsetzung von Verfügungsrechten in Form von Kommunikations- und Informationskosten im Zusammenhang mit der Anbahnung, Vereinbarung, Kontrolle und Anpassung der Leistungsbeziehungen entstehen – den Transaktionskosten (PICOT/DIETL, 1990: 178; HOMBURG/WERNER, 1998: 984). Weiterhin entstehen Kosten im Zusammenhang mit der Inbetriebnahme, dem Einsatz und der Herausnahme aus dem Fertigungsprozess infolge Überalterung durch Verschleiß oder infolge der technischen Entwicklung. Schließlich sind die nicht unbeträchtlichen Kosten zu nennen, die sich in Abhängigkeit von der Spezifität des Investitionsgutes und der damit verbundenen Bindung an den Anbieter bei Folgekäufen für den Nachfrager ergeben.

Der Aufwand der **Anbieterorganisation** ergibt sich aus den Kosten für Forschung & Entwicklung, Beschaffung und den Transaktionskosten. In Abhängigkeit von der Spezifität und Komplexität der Transaktionsobjekte können erhebliche Angebotskosten entstehen, deren genaue Analyse ein wichtiges Entscheidungskriterium für die Teilnahme an der Transaktion darstellt (HEGER, 1988: 2 und passim). Weiterhin sind Folgekosten in Erwartung weiterer Aufträge zu berücksichtigen, wie Bereitschafts- oder Kooperationskosten (z. B. Lagerkosten für Ersatzteile, Kulanzkosten; PLINKE, 1995: 46).

Das Verhältnis zwischen Nutzen und Aufwand (Kosten) ist somit konstitutive Geschäftsvoraussetzung. Sie wird auch als **Austauschrelation** bezeichnet (PLINKE, 1995: 41 ff.). Geschäftsvoraussetzung ist ein Verhältnis von Nutzen zu Aufwand von größer 1 (*V / K > 1*). Dies gilt für Anbieter und Nachfrager gleichermaßen. Der Widerspruch, dass *beide* eine Nutzen-Aufwand-Relation > 1 erzielen, ist nur ein scheinbarer, da die Transaktionspartner jeweils von ihren Gewinnzielen und subjektiven Bedürfnissen ausgehen (vgl. PLINKE, 1995: 48). So liegt das Geschäftsinteresse eines Anbieters von Investitionsgütern hohen Spezifitätsgrades bei einem Nutzen, der sich aus hohem Entgelt, Imagenutzen und Festigung der Geschäftsbeziehungen ergibt. Der Nachfrager ist primär am maximalen Problemlösungsnutzen interessiert, der seine Umsatz- und Gewinnziele bestimmt. Die Höhe des von ihm zu entrichtenden Kaufpreises ist für ihn im Vergleich zum Kardinalnutzen, den er gegenüber *seinen* Abnehmern erzielt, nur von untergeordneter Bedeutung. Durchgeführte Erhebungen der einkaufsbestimmenden Determinanten im Investitionsgütergeschäft haben eine in Abhängigkeit von zunehmendem Spezifitätsgrad geringere Gewichtung des Preises gegenüber der Problemlösungsqualität ergeben.

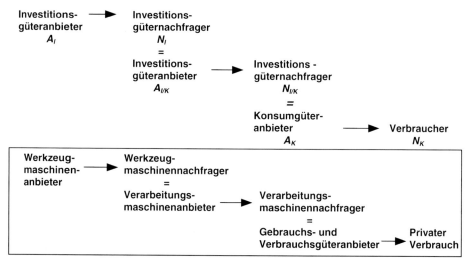

Abbildung 3.4   *Anbieter und Nachfrager in Investitionsgütertransaktionen*

Geschäfte werden abgeschlossen, wenn sowohl bei Anbieter *A* als bei Nachfrager *N* die **Nutzen-Aufwand-Relation VKR** größer als 1 bzw. die Differenz zwischen Nutzen *V* und Aufwand *K* positiv ist. In der Praxis gilt als Transaktionsvoraussetzung die Erzielung eines Mindestnutzens *V_{mind}*.

$$VKR_A = \frac{V_A}{K_A} > 1 \quad \text{bzw.} \quad VKR_N = \frac{V_N}{K_N} > 1 \quad \text{bzw.} \quad VKR_{A;N} = \frac{V_{A;N_{mind}}}{K_{A;N}} = (1+x)$$

$$V - K = positiv$$

Der Nutzen sowohl von Anbieter *A* als auch von Nachfrager *N*, ausgedrückt in den Relationen $V_{A;N}$ / $K_{A;N}$ > *1*, ergibt sich also aus der unterschiedlichen Interessenlage der Transaktionspartner. Investitionsgüteranbieter *A* ist an Gewinn und Marktgeltung interessiert, welche er durch die Lösung eines Problems des Investitionsgüternachfragers *N* anstrebt (Fertigungs-, Informationsproblem usw.). *N* strebt nach Gewinnen, die er durch Nutzung der von *A* bereitgestellten Problemlösung zur Leistungserstellung für seine Nachfrager erzielen möchte.

Beispiel:

Fa. Continental AG Berlin kauft bei **Fa. Müller Maschinenbau Chemnitz** zwei numerisch gesteuerte Bearbeitungszentren (NCMC) für die Herstellung von prismatischen Metallteilen zum Preis von je 650000,- DM = 1300000,- DM. **Continental** erwartet bei fünfjährigem Einsatz der NCMC folgende Gewinnentwicklung aus Verkäufen an ihre Kunden:

Jahr	t_1	t_2	t_3	t_4	t_5
Gewinn G_t	400.000	500.000	600.000	400.000	400.000

Der Nutzen des Anbieters *A* besteht im Entgelt von 1300000,- DM, abzüglich den dafür entstandenen Entwicklungs-, Produktions- und Transaktionskosten, sowie in Imagegewinn und gefestigten Geschäftsbeziehungen. Der Nutzen des Maschinenkäufers *N* ergibt sich aus seinen erwarteten Gewinnen in Höhe von insgesamt 2,3 Mill. DM sowie Image- und weiteren immateriellen Gewinnen.

Das Beispiel macht deutlich, dass der Nutzenumfang aus der Investitionsgütertransaktion für *A* und *N* unterschiedlich ist. Der Nutzen V_N des Investitionsgüternachfragers *N*, ausgedrückt durch den Gewinn zuzüglich weiterer Vorteilen aus der Transaktion, liegt im Allgemeinen über V_A des Investitionsgüteranbieters *A*:

$$V_N > V_A$$

Die Bewertung des Nutzens *V* und der Nutzen-Aufwand-Relation **VKR** einer Geschäftsbeziehung durch den Nachfrager *N* geschieht nicht isoliert, sondern stets im Vergleich zu anderen Geschäftsbeziehungen. Die komparative Betrachtungsweise im Marketing beruht auf Erkenntnissen der Gruppenpsychologie, die das **Vergleichsniveau CL (Comparison Level)** eingeführt hat. Als **CL** wird der Standard bezeichnet, an welchem eine Person die Vor- und Nachteile einer gegebenen Beziehung misst (THIBAUT/KELLEY, 1969: 21). Das **alternative Vergleichsniveau CL$_{alt}$** ist das niedrigste Ergebnisniveau, das jemand im Vergleich zu verfügbaren alternativen Möglichkeiten akzeptiert (THIBAUT/KELLEY, 1969: 21).

In Ableitung vom Vergleichsniveau **CL** wurde in der Marketinglehre das **ergebnisbestimmte Vergleichsniveau CL** entwickelt (= *Outcomes Given Comparison Level*; ANDERSON/NARUS, 1984: 66; PLINKE, 1995: 51). **CL** ist die Bewertung der Ergebnisse aus einer Partnerschaft durch ein Unternehmen (Entgelt minus Kosten) im Vergleich mit Erwartungen, die sich auf gegenwärtige und vergangene Erfahrungen mit ähnlichen Beziehungen stützen. Dies schließt auch das Wissen von Beziehungen ein, die andere Firmen unterhalten (NARUS/ANDERSON, 1995: 30 und ANDERSON/NARUS, 1990: 44).

Vergleiche können durch den Nachfrager *N* auf zweierlei Wegen vorgenommen werden. Zunächst sind sie durch die von Wissen und Erfahrung geprägten kognitiven Strukturen von *N* möglich. Wichtigste Vergleichsgrundlage stellen die Nutzen-Aufwand-Relationen der anderen Anbietern dar. Das Geschäft wird durchgeführt, wenn das Verhältnis von Nachfragernutzen zu Nachfrageraufwand größer ist als der mittels Wissen und Erfahrung sowie komparativer Anbietervergleiche gewonnene Bewertungsmaßstab des Nachfragers CL_N oder wenn mindestens Gleichheit herrscht:

$$\frac{V_N}{K_N} \geq CL_N$$

Das folgende Beispiel zeigt, dass N das Geschäft mit Anbieter A_2 abschließt, wenn der aus dieser Geschäftsbeziehung in der Planungsperiode t erwartete Gewinn G_{A2} größer ist als der Gewinn aus der Beziehung G_{A1}.Wenn beide gleich sind, ist für N das Geschäft mit beiden Partnern attraktiv. Die Ungleichungen bzw. Gleichungen lauten

$$\sum_{t=1}^{n} G_t^{A_2} \geq \sum_{t=1}^{n} G_t^{A_1} \quad \text{bzw.}$$

$$CL_{N/A_2} \geq CL_{N/A_1}$$

Beispiel:

Fa. Meyer Technik Dresden bietet ein Bearbeitungszentrum an, das aufgrund leistungsfähigerer Steuerung höhere Gewinne des Nachfragers $G_t(1 + 0.01\vartheta_t)$ verspricht. Der gewinnrelevante technische Wirkungskoeffizient ϑ_t (*Theta*) wird für den Fünfjahreszeitraum $t_1 \,.....\, t_5$ mit jeweils +6 %, +8 %, +10 %, +6 % und 6 % auf den erzielbaren Gewinn bei Einsatz der Maschinen der **Fa. Müller Maschinenbau Chemnitz** eingeschätzt. So beträgt z. B. der erwartete Gewinn im Jahr t_2 G_2 = 500000 mal (1+0,01 mal 8) = 540000 DM. Es ergibt sich folgender Vergleich der durch den Gewinn repräsentierten Nutzenentwicklungen:

Jahr	t_1	t_2	t_3	t_4	t_5
G_{A1} (Fa. Müller)	400.000	500.000	600.000	400.000	400.000
G_{A2} (Fa. Meyer)	424.000	540.000	660.000	424.000	424.000

Das durch **Fa. Meyer** unterbreitete Angebot A_2 verspricht für den Fünfjahreszeitraum einen höheren Nutzen (Gewinnals das Angebot A_1 von **Fa. Müller**, d. h. $G_t^{A_2} > G_t^{A_1}$.

3.4.2 Die Spezifik der Wettbewerbsvorteile auf Investitionsgütermärkten

Der Wettbewerbsvorteil eines Unternehmens ergibt sich einmal aus dessen im Vergleich zu seinen Konkurrenten vorhandenen (relativen) Stärken in Bezug auf alle Leistungspotenziale der Wertschöpfungskette (F & E, Beschaffung, Fertigung, Marketing, Personal, Infrastruktur). Zum anderen bestimmen die Marktchancen die Unternehmensposition im Wettbewerb (KREILKAMP, 1987, 232 ff.).

Wettbewerbsvorteile, die dem Investitionsgüteranbieter entstehen, schließen Kundenvorteile und Anbietervorteile in sich ein (PLINKE, 1995: 82 ff.). **Kundenvorteile sind Nutzenvorteile des Investors** gegenüber dessen Wettbewerbern, die durch die Problemlösung des Anbieters geschaffen werden. **Anbietervorteile bestehen in Kostenvorteilen des Anbieters** im Vergleich zu dessen Konkurrenz. Der Wettbewerbsvorteil, den ein Investitionsgüterunternehmen gegenüber seinen Mitbewerbern hat, lässt sich somit als Dichotomie von Nutzenvorteil und Kostenvorteil definieren.

Der Nutzenvorteil *dV* für den Nachfrager *N* (Nutzendifferenz des Nachfragers zwischen Anbieter- und Wettbewerberleistung) ergibt sich, indem er vom Anbieter *A* eine Leistung (Problemlösung) erhält, die im Vergleich zum Wettbewerb *W* einen höheren Nutzen *V* hat und geringere Kosten *K* erfordert.

$$dV = V_A - V_W$$

Der Kostenvorteil des Anbieters *A* ist die im Vergleich zum Wettbewerb *W* negative Kostendifferenz – *dK* :

$$- dK = K_A - K_W$$

Bei positiver Differenz (+ *dK*) liegt ein Kostenvorteil des Wettbewerbers vor.

Die positive Differenz zwischen dem durch den Anbieter *A* und dem durch den Wettbewerber *W* verursachten Nettonutzen des Nachfragers *N* bezeichnet PLINKE als **Nettonutzendifferenz** bzw. **Nettonutzenvorteil** des Anbieters (PLINKE, 1995: 78f.). Der Nettonutzenvorteil $dN_{A/W}$ ist die Zielgröße von Anbieter *A* (Abb. 3.5).

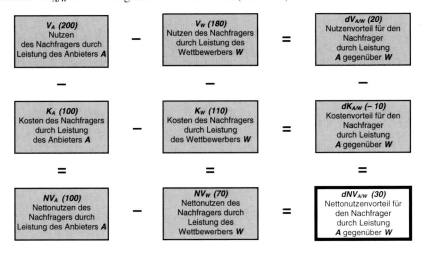

Abbildung 3.5   *Bildung (und Beispielrechnung) des Nettonutzenvorteils (in Anlehnung an* PLINKE, *1995: 78)*

Das Beispiel erläutert den Nettonutzenvorteil, den der Nachfrager *N* durch die Leistung des Anbieters *A* erhält, als Summe des durch *A* vermittelten Nutzen- und Kostenvorteils. Zusammengefasst ergeben sich folgende Beziehungen:

$$V_A > V_W = \text{Nutzenvorteil durch } A \qquad V_A - V_W = dV_{A/W}$$

$$- \quad - \qquad + \qquad\qquad\qquad\qquad - \quad - \quad -$$

$$K_A < K_W = \text{Kostenvorteil durch } A \qquad K_A - K_W = (-)dK_{A/W}$$

$$= \quad = \qquad = \qquad\qquad\qquad\qquad = \quad = \quad =$$

$$NV_A > NV_W = \text{Nettonutzenvorteil durch } A \qquad NV_A - NV_W = dNV_{A/W}$$

3.5   Absatz- und Beschaffungsphasen des Investitionsgütergeschäftes

3.5.1 Phasenmodelle der Investitionsgüterbeschaffung

Die Dimensionen des Investitionsgütermarketings sind durch das hohe Wertvolumen der einzelnen Transaktionen, räumliche Distanzen zwischen Anbieter- und Nachfragerorganisation und mehr oder weniger ausgeprägte Zeitdehnung der Transaktionsperiode gekennzeichnet. Zeitdehnung besagt, dass zwischen Initiierung und Abschluss der Transaktion eine Zeitspanne liegt. Diese Zeitspanne ist durch die Spezifität des Transaktionsobjektes und den Transaktionstyp (New Task, Straight Rebuy oder Modified Rebuy) bestimmt und kann in *ablaufspezifische Phasen* aufgespalten werden. Ein entscheidendes Differenzierungskriterium ergibt sich aus der Position der Transaktionsteilnehmer, d. h. ob man die Transaktion vom Standpunkt des Anbieters oder des Nachfragers betrachtet. Aus der Sicht des Anbieters handelt es sich um Absatzphasen, aus der Sicht des Nachfragers um Beschaffungsphasen.

Für das Investitionsgütermarketing der Anbieterorganisation ist die Identifizierung der Beschaffungsphasen in der Nachfragerorganisation von sehr großer, den Geschäftserfolg maßgeblich beeinflussender Bedeutung. Dies betrifft insbesondere Phasen, in denen grundsätzliche Entscheidungen in Bezug auf die Transaktion und den Transaktionsverlauf getroffen werden, wie Beschaffungsinitiierung, Lieferantenvorauswahl und Finalentscheidung. Aufgrund ihrer Bedeutung wurde eine Reihe von Phasenmodellen entwickelt, mit deren Hilfe Licht in den zeitlichen Ablauf der Entscheidungsprozesse des Nachfragers bzw. potenziellen Kunden gebracht werden sollte. Die Modelle gehen auf den klassischen Ansatz von ROGERS zurück, der 1962 im Rahmen agrarsoziologischer Diffusionsforschung fünf Adoptionsphasen von Innovationen formulierte (zit. KLICHE, 1991: 76; Abb. 3.6).

* **Awareness (Bewusstwerdung)**
* **Interest (Weckung von Interesse)**
* **Evaluation (Bewertung)**
* **Trial (Versuch)**
* **Adoption (Übernahme)**

Abbildung 3.6   Adaptionsphasen nach ROGERS (zit. nach KLICHE, 1991: 76)

Bezogen auf den Kaufprozess der Nachfragerorganisation entwickelten ROBINSON/ FARIS/WIND (1967: 14) ein aus acht Stufen (*Buyphases*) bestehendes Phasenmodell, das von der Problemwahrnehmung bis zum Leistungs-Feedback die relevanten Abschnitte der Beschaffung umfasst und seitdem als idealtypischer Ansatz gilt (Abb. 3.7a).

Die mit den Beschaffungsphasen (*BUYPHASES*) kombinierten Kaufklassen (*BUYCLASSES*) sind Gegenstand des *BUYGRID*-Modells (s. auch WEBSTER/WIND, 1972: 23). Somit wird klargestellt, dass die Beschaffungsphasen und ihre Abfolge vom jeweiligen Kauftyp abhängen (Abb. 3.7b).

Neugeschäfte (*New Task*) setzen im Allgemeinen den „klassischen" Ablauf nach ROBINSON/FARIS/WIND oder die Phasenansätze von BACKHAUS und FITZGERALD voraus (s.u.). Hierbei sind jedoch unterschiedliche Geschäftspartner und Spezifitätsgrade zu beachten. *New Task* können Transaktionen mit neuen Partnern, aber auch Geschäfte mit langjährigen Geschäftspartnern und neuen Transaktionsobjekten sein.

1. **Vorwegnahme oder Erkennen eines Problems (Bedürfnisses) und einer allgemeinen Lösungsmöglichkeit**
2. **Bestimmung der Eigenschaften und Mengen der benötigten Produkte**
3. **Beschreibung der Eigenschaften und Mengen der benötigten Produkte**
4. **Suche und Bewertung potenzieller Produktquellen**
5. **Einholen und Analyse von Angeboten**
6. **Bewertung der Angebote und Auswahl der Lieferanten**
7. **Auswahl eines Bestellverfahrens**
8. **Leistungs-Feedback und Leistungsbewertung**

Abbildung 3.7a   Beschaffungsphasen nach ROBINSON, FARIS UND WIND *(1967: 14)*

Bei Wiederholkäufen (*Straight Rebuy*) und modifizierten Wiederholkäufen (*Modified Rebuy*) fallen Phasen weg, wie z. B. die Vorüberlegungsphase, Such- und Informationsphase und Angebotserstellungsphase. Beispiele sind Erzeugnisse mit hohem Standardisierungsgrad und somit niedriger Spezifität, wie Normteile, Computerchips, Motore usw.

BUYPHASES	*BUYCLASSES*		
	New Task	*Modified Rebuy*	*Straight Rebuy*
1. Vorwegnahme oder Erkennen eines Problems (Bedürfnisses) und einer allgemeinen Lösungsmöglichkeit			
2. Bestimmung der Eigenschaften und Mengen der benötigten Produkte			
3. Beschreibung der Eigenschaften und Mengen der benötigten Produkte			
4. Suche und Bewertung potenzieller Produktquellen			
5. Einholen und Analyse von Angeboten			
6. Bewertung der Angebote und Auswahl der Lieferanten			
7. Auswahl eines Bestellverfahrens			
8. Leistungs-Feedback und Leistungsbewertung			

*Abbildung 3.7b   Das BUYGRID Modell (*WEBSTER/WIND*, 1972: 24)*

FITZGERALD entwarf für den Investitionsgütermarkt einen *phasendifferenzierten Beschaffungsentscheidungsprozess* (FITZGERALD, 1989: 113-184). Der Prozess ist – beginnend mit der Initiierungs- und endend mit der Kontrollphase – in sieben Beschaffungsphasen gegliedert (Abb. 3.8). Jede Phase wird mithilfe von Interaktionsphasenbildern, welche Entscheidungstatbestände, Entscheidungsaktivitäten und Beteiligungsstrukturen beinhalten, beschrieben.

```
┌─────────────────────────────────────────────┐
│   1.   Initiierungsphase                      │
│   2.   Vorüberlegungsphase                    │
│   3.   Suchphase                              │
│   4.   Bewertungs- und Vorauswahlphase        │
│   5.   Verhandlungsphase                      │
│   6.   Entscheidungsphase                     │
│   7.   Realisations- und Kontrollphase        │
└─────────────────────────────────────────────┘
```

Abbildung 3.8   Phasendifferenzierter Beschaffungsentscheidungsprozess (FITZGERALD, 1989)

Das Phasenkonzept von BACKHAUS/GÜNTER (BACKHAUS, 1992: 59, 1997: 57 ff.) umfasst fünf Stufen des Beschaffungsprozesses vom Zeitraum vor Eingang der Anfrage bis zur Gewährleistung nach Vertragsrealisierung (Abb. 3.9).

```
┌─────────────────────────────────────────────┐
│      *     Voranfragenphase                   │
│      *     Angebotserstellungsphase           │
│      *     Kundenverhandlungsphase            │
│      *     Projektabwicklungs- und            │
│      *     Gewährleistungsphase               │
└─────────────────────────────────────────────┘
```

Abbildung 3.9   Phasenkonzept von BACKHAUS/GÜNTER (1992, 1997)

Es stellt einen übersichtlichen idealtypischen Ansatz der zeitlichen Beschaffungsprozeduren in Nachfragerorganisationen dar. Die einzelnen Phasen haben folgende Abgrenzungskriterien:

Voranfragenphase
– Phase der Problemerkennung auf der nachfragenden Seite

– Aktivitäten vor den formellen Anfragen bei potenziellen Lieferanten bzw. Anbietern

– Studientätigkeit, Prüfung der grundsätzlichen Realisierbarkeit

– Erstellung von Anfragen und Ausschreibungsunterlagen

Angebotserstellungsphase
– Überwiegen der Aktivitäten auf der Anbieterseite, wie Angebotsausarbeitung und Rückfragen beim Nachfrager

– Angebotsunterbreitung der potenziellen Lieferanten beim Nachfrager

– Angebotsbeurteilung durch den Nachfrager

Kundenverhandlungsphase
– Verhandlungen des Nachfragers mit den potenziellen Verkäufern über die eingegangenen Angebote

– Auftragsvergabe

Projektabwicklungsphase
- Realisierung des Projektes

- Demonstration der Funktionsfähigkeit des Investitionsgutes mittels Probelauf und In-betriebnahme

- vorläufige Abnahme des Transaktionsobjektes durch, Gefahrenübergang auf den Käu-fer und Eintreten in die

Gewährleistungsphase
- Beginn der Gewährleistungsfrist (eventuelle Nachbesserungen oder Mängelbeseitigun-gen)

3.5.2 Die Beschaffungsphasen

Die vielschichtigen Probleme interorganisationaler Beziehungen, wie unterschiedliche Kaufklassen, Geschäftsbeziehungen, Spezifitätsgrad der Transaktionsobjekte, Kaufsituati-on, erfordern zwecks genauerer Identifizierung der Entscheidungsabläufe in der Nachfra-gerorganisation und zwecks differenzierten Einsatzes der absatzpolitischen Instrumente durch die Anbieterorganisation eine detaillierte Phasengliederung und Charakterisierung des Transaktionsprozesses. Dies betrifft sowohl die Aktivitäts- als auch – aus der Sicht des Anbieters – die Ruhephasen der Beschaffung der Nachfragerorganisation. Beispielhaft sind die Teilstufen der Problemgenese oder die Investitions- und Verhandlungspausen zu nennen. Rechtzeitiges oder antizipiertes Erkennen von investitionswirksamen Problemen der Nachfragerorganisation verschafft dem Anbieter einen Wettbewerbsvorsprung. Inve-stitionspausen sind zur Etablierung bzw. Aufrechterhaltung der Anbieter-Nachfrager-Kommunikation sowie zur Abwehr von Wettbewerbern zu nutzen. Gezielte Maßnahmen in Verhandlungspausen setzen den Wettbewerberaktivitäten Grenzen. Beschaffungspha-senmodelle sind somit wichtige Instrumente des operativen Investitionsgütermarketings, der taktischen und strategischen Frühaufklärung sowie der Investitionsgütermarktfor-schung. In Weiterentwicklung der vorliegenden Ansätze ergibt sich das folgende **erwei-terte Beschaffungsphasenmodell** (Abb. 3.10)

Das erweiterte Modell unterscheidet sich von den vorangegangenen, indem es Investiti-onspausen, Problementwicklungsphasen sowie durchgehende Verhandlungsepisoden und -pausen berücksichtigt.

Der Beschaffungsprozess ist in neun Phasen sowie Investitions- und Verhandlungspausen, Abschnitte der Problementwicklung, -wahrnehmung und -erkennung und Verhandlungs-episoden gegliedert.

Abbildung 3.10   *Erweitertes Beschaffungsphasenmodell*

Investitionspause und Problementwicklung

Den Beschaffungsprozessen gehen in Abhängigkeit von der Komplexität und Spezifität des Transaktionsobjektes Investitionspausen voraus. Die in einer vorangegangenen Periode gekauften Investitionsgüter erfüllen zunächst die in sie gesetzten Erwartungen. Eine Notwendigkeit, sie zu ersetzen, besteht demzufolge noch nicht. Die Unternehmensumwelt verändert sich jedoch permanent. Diese Veränderungsprozesse bergen den Keim sich all-mählich entwickelnder oder mitunter auch eruptiv auftretender Unternehmensprobleme in sich, die die Beschaffung von Investitionsgütern erforderlich machen.

Investitionswirksame Probleme resultieren aus Veränderungen in der Mikro- und der Makroumwelt (Abb.3.11) sowie aus den inneren Bedingungen des Unternehmens . Unter der Mikroumwelt des Unternehmens wird seine Branche bzw. sein Markt verstanden. Die Makroumwelt umfasst alle globalen, d. h. die nicht unmittelbar mit der Branche in Ver-bindung stehenden Rahmenbedingungen, wie gesellschaftliche, politische, ökologische, technische usw.

Mikroumwelt des Unternehmens	Makroumwelt des Unternehmens
Technik- und Technologieentwicklung Produktentwicklung Markt- und Marktentwicklung Nachfragebranchen und Nachfrage-branchenentwicklung Wettbewerbssituation und -entwicklung Lieferanten und Beschaffungs-entwicklung	Globale – gesellschaftliche – kulturelle – politische – rechtliche – wirtschaftliche – ökologische – technische/technologische Rahmenbedingungen

Abbildung 3.11Die Unternehmensumwelt

Die investitions- bzw. beschaffungswirksamen **inneren Bedingungen des Unternehmens** ergeben sich aus seinen im Vergleich zum Wettbewerb vorhandenen Stärken und Schwä-chen und dem dadurch bestimmten Wettbewerbsstatus. Stärken und Schwächen beziehen sich auf die Gesamtheit aller Potenziale des Unternehmens (Standort, Personal, Forschung & Entwicklung, Beschaffung, Fertigung, Marketing.

Investitionswirksame Veränderungen ergeben sich im Zusammenhang mit folgenden Tat-beständen und Zielsetzungen:

- Erweiterung oder Schrumpfung des relevanten Marktes
- Veränderungen des relativen Marktanteils
- Kapazitätsengpässe
- Umsatz-, Gewinn-, Deckungsbeitrags- und Kostenentwicklung
- Wettbewerberaktivitäten
- Umweltschutzgesetzgebung
- technische, Innovations- und technologische Entwicklung
- tendenzielle Änderungen des Verbraucherverhaltens
- Veränderungen von Marketingzielsetzungen und -strategien
- eigene und Produktentwicklung der Nachfragebranchen
- Einfuhrregimes von Importländern usw.

Wahrnehmung im Allgemeinen ist zunächst gefühlsmäßige – durch Erfahrung, Kommunikation und Intuition geprägte – sich allmählich verstärkende Aufnahme von Umweltreizen (vgl. KROEBER-RIEL, 1995: passim), die z. B. in Form schwacher Signale (ANSOFF) auftreten können. Im Fall der **Problemwahrnehmung** investitionswirksamer Umwelt- und Unternehmensveränderungen handelt es sich um eine *Vorwegnahme* erwarteter, oben beispielhaft angegebener Tatbestände. Diese finden ihren ersten sichtbaren Ausdruck in der **Problemerkennung** mittels Beobachtung zunehmender **Soll/Plan - Ist - Inkongruenz**, z.B.

$$Ist \neq Soll/Plan \text{ bzw. } Ist > \text{ oder } < Soll/Plan$$

$$Umsatz\text{-}Ist/Plan \neq Absatzpotenzial$$

Problemwahrnehmung und -erkennung sind das Ergebnis ständiger Informationsverarbeitungsprozesse. Objekte der Informationstätigkeit sind interne und externe Quellen, wie Marktberichte, Verhandlungsnotizen, Fachlektüre, Referenzen, Fachkontakte, wissenschaftlich-technische Veranstaltungen, Industriemessen und Fachausstellungen u. a..

1. Initialphase

In Abhängigkeit von der Komplexität und Intensität antizipierter Umwelt- und Unternehmensveränderungen erfolgt die Initiierung der Beschaffung und damit der Beginn des Beschaffungsprozesses (FITZGERALD, 1989: 130 ff.). Initiierung ist das Ergebnis der Problemwahrnehmung und Problemerkennung von Umweltveränderungen durch das *Unternehmen* sowie Resultante von Zielprojektionen der Unternehmens- und Marketingplanung. BONOMA (1986: 82) misst dem *Initiator*, zumeist Mitglieder der Geschäfts- und Bereichsleitungen, bei Wahrnehmung und Erkennung besondere Bedeutung bei.

Die Initialzündung der Beschaffung erfolgt in der Mehrzahl der Fälle in der **Nachfragerorganisation** selbst. Die Initiierung kann beim Kauftyp *Modified Rebuy* und im Sonderfall eines *New Task* bei gewachsenen Geschäftsbeziehungen auch in der potenziellen **Anbieterorganisation** ihren Ursprung haben.

Bedarfsweckung und Beschaffungsinitiierung können auch von **Drittparteien** ausgehen, wie Consulting Engineers oder befreundeten Unternehmen. Hierbei ist der Einfluss von organisationalen und personalen Netzwerken zu beachten.

In der Initialphase wird in der Nachfragerorganisation ein vorläufiges *Buying Center (BC)* gebildet. BC sind zeitweilig zusammengestellte, arbeitsteilig wirkende, flexible Gremien aus kompetenten Fachleuten verschiedener relevanter Unternehmensbereiche, die über den Kauf von Investitionsobjekten zu entscheiden haben (s. Abschn. 4.2).

2. Konzeptionsphase

In dieser Phase konstituiert sich das **Buying Center**. Es erfolgt die Präzisierung des investitionswirksamen Problems und die Ableitung der Konsequenzen in Bezug auf erforderlich werdende Investitionsgüterbeschaffung. Im Ergebnis dieser Überlegungen fällt die Entscheidung darüber, ob der Beschaffungsvorgang eingeleitet werden soll. Bei positiver Grundsatzentscheidung ist **Beschaffungsbereitschaft** hergestellt (FITZGERALD, 1989: 138 ff.). Sie ist der Ausgangspunkt der Erstellung konzeptioneller Grundlagen des Beschaffungsprozesses.

Die konzeptionellen Grundlagen des Beschaffungsprozesses finden ihren Niederschlag im **Lastenheft**, welches die technische Problemdefinition enthält, und im **Pflichtenheft**, welches die Lösungskonzeption darstellt.

Das die Problemdefinition enthaltende **Lastenheft** beinhaltet die Anforderungen aus Anwendersicht einschließlich aller Randbedingungen. Diese Anforderungen formulieren, *WAS* gelöst werden soll und zu welchem Zweck (*WOFÜR*) (VDI/VDE-RICHTLINIEN, 1991: Nr. 3694, zit. WEIBER/JACOB, 1995: 551 ff.).

Das Lastenheft enthält folgende Teile (Beispiel: Mess- und Automatisierungstechnik, VDI/VDE-RICHTLINIEN, a.a.O., 552):

1. Einführung in das Projekt

2. Beschreibung der Ausgangssituation (Ist-Zustand)

3. Aufgabenstellung (Soll-Zustand)

4. Bestimmung der Schnittstellen (technischer Prozess – Rechner; Mensch – Rechner; Rechner – Rechner; Programm – Rechner; Programm – Programm)

5. Anforderungen an die Systemtechnik

6. Anforderungen an die Inbetriebnahme und den Einsatz

7. Anforderungen an die Qualität

8. Anforderungen an die Projektabwicklung

Das **Pflichtenheft** enthält die Realisierungsanforderungen. Dort wird beschrieben, *WIE* und *WOMIT* die Anforderungen durchzusetzen sind, die Problemlösung zu realisieren ist (VDI/VDE-RICHTLINIEN, a.a.O., 553). Im Pflichtenheft – der Lösungskonzeption – wird die Frage beantwortet, welche technologischen Mittel zur Lösung des Problems einzusetzen sind.

9. Systemtechnische Lösung

9.1 Kurzbeschreibung der Lösung

9.2 Gliederung und Beschreibung der systemtechnischen Lösung

9.3 Beschreibung der systemtechnischen Lösung für regulären Betrieb (Normalbetrieb) und irregulären Betrieb (Störungs- bzw. Notfall)

10. Systemtechnik (Ausprägung)

10.1 Datenverarbeitungssystem

10.2 Datenverwaltungs-/ Datenbanksystem

10.3 Software

10.4 Gerätetechnik

10.5 Technische Daten der Geräte

10.6 Technische Angaben für das Gesamtsystem

Für die anstehende konzeptionelle Problematik wird auch die Gliederung in **Nutzungskonzeption** und **Technologiekonzeption** verwendet (GEMÜNDEN, 1988: 188). Die Nutzungskonzeption beinhaltet die zu erreichenden Nutzungsziele, d. h. *WELCHES PROBLEM* der Nachfragerorganisation zu lösen ist. Die Technologiekonzeption enthält die technologischen Voraussetzungen der Problemlösung, d. h. *MIT WELCHEN MITTELN* das Problem zu realisieren ist.

In der Konzeptionsphase erfolgt die endgültige Konstituierung des Buying Centers. Nach der grundsätzlichen Beschaffungsentscheidung zieht sich die Geschäftsleitung im Allgemeinen aus dem BC zurück. Die Suche nach Problemlösungen ist nun Aufgabe der in dieses Entscheidungsgremium delegierten Spezialisten. Im Bedarfsfall gehören auch Drittparteien (z. B. unabhängige Berater) dazu.

Bereits in der Konzeptionsphase können auf der Grundlage langjähriger enger Geschäftsbeziehungen im Zusammenhang mit der Erstellung der Pflichten- und Lastenhefte intensiver Informationsaustausch und vorbereitende Verhandlungen stattfinden. Diese dienen der ersten Abstimmung und sind insbesondere bei engen Kooperationsbeziehungen zwischen Nachfrager- und Anbieterorganisation sowie im hochspezifischen Bereich üblich.

Beispiel: Spezifität von Ausrüstungen für die Milchverarbeitung und den Automobilbau

Das milchverarbeitende Unternehmen, das neue Dessertprodukte in Kunststoffbechern plant, berät bereits in der Konzeptionsphase auf der Grundlage seiner Bedingungen und Anforderungen (Sortenvielfalt, Rezepturen, Produktmengen, räumliche Bedingungen) mit dem Technologieanbieter die Entwicklung von kombinierten Form-, Füll- und Verschließmaschinen.

Wichtiges Kriterium neuer Autotypen ist ihre äußere Form. Fertigungstechnische Anforderungen, die das Design der „Außenhaut" von Kraftfahrzeugen stellt, werden durch den Einsatz von Umformmaschinen realisiert. Der Autokonstrukteur setzt sich mindestens schon in der Konzeptionsphase mit dem Hersteller von Spezialpressen zusammen, um grundsätzliche technische Fragen zu diskutieren (Maschinenentwicklung, Presskraft, Presswerkzeuge usw.).

---

3. Informationsphase

Ausgehend von den konzeptionellen Grundlagen des Beschaffungsprojektes ergibt sich umfangreicher Informationsbedarf des Buying Center in Bezug auf die zu kaufenden Produkte und deren potenzielle Lieferanten. Der Informationsbedarf kann nur durch intensive Informationstätigkeit befriedigt werden, deren wesentliche Funktion in zweierlei Hinsicht besteht,

1. Finden adäquater Angebote, aus denen die optimale Problemlösung ausgewählt werden kann
2. Minimierung beschaffungsadäquater Risiken zur Vermeidung von Fehlentscheidungen und kognitiven Dissonanzen

Das Finden adäquater Produktangebote geschieht durch Nutzung der relevanten Informationsquellen und -kanäle, wie die Nutzung der im Unternehmen archivierten Unterlagen, Auswertung technischer Informationen aus Fachzeitschriften, Produkt- und Marktanalysen, Internet, Kontakte zu anderen Unternehmen, wissenschaftlich-technischen und ökonomischen Forschungsinstituten, Messe- und Ausstellungsbesuche usw. Den Aufgabenschwerpunkt der Informationstätigkeit des BC bildet die **Bestimmung der Problemlösungsfähigkeit** der potenziellen Lieferanten. Hier liegt auch der Risikoschwerpunkt des Beschaffungsgremiums. Die Identifizierung problemlösungsfähiger potenzieller Lieferanten ist die Grundlage für die der Informationsphase folgende Anfragephase. Der Lieferantenidentifizierung dient eine Reihe von Indikatoren, wie ausgewiesene Fachkompetenz, Umfang der Forschungs- und Entwicklungsaktivitäten, Marktgeltung, Wettbewerbsstatus, Referenzen, eigene Expertisen und Zertifizierungen unabhängiger Institutionen (vgl. FITZGERALD, 1989: 149f.)

Die Wahrnehmung beschaffungsadäquater Risiken durch das BC beruht auf dessen Befürchtung, als Beschaffungsgremium nicht optimale oder gar falsche Entscheidungen zu treffen. Dies äußert sich in Unbehagen über riskant empfundene Beschaffungsvorgänge und ist eine Ursache kognitiver Dissonanzen. **Kognitive Dissonanzen** sind erkenntnisbedingt sowie durch postkontraktuale Information auftretende innere Unstimmigkeiten über getroffene Entscheidungen (KROEBER-RIEL, 1992: 178 und passim). Für das Buying Center bedeutet dies beispielsweise, das Qualitätsrisiko bei Geschäftsbeziehungen zu neuen Lieferanten durch entsprechende Maßnahmen, wie Qualitätszertifizierung, Nutzung von Referenzen oder Durchführung technischer Versuche, zu minimieren.

Risikotypen des Buying Centers, welche die Vorgehensweise des Gremiums in der Informationsbeschaffung bestimmen, sind (FITZGERALD, 1989: 144 ff.):

Qualitätsrisiko
 – die Ungewissheit, ob das angebotene Produkt den Erwartungen und Anforderungen im Hinblick auf die technische Problemlösung entspricht

Herstellerrisiko
 – die Unsicherheit des Verwenders hinsichtlich der fachlichen Qualifikation und der Zuverlässigkeit des Herstellers

Preisrisiko
 – die Befürchtung des Käufers, einen unangemessen hohen Preis zu zahlen

Informationsrisiko
 – die Ungewissheit des Nachfragers, über das erforderliche Optimum an Informationen zur Bewertung angebotener Fertigungslösungen zu verfügen

soziales Risiko
 – Unsicherheit der BC-Mitglieder darüber, wie andere Unternehmensangehörige (z. B. Macht- und Fachopponenten) über die Entscheidungen des Buying Centers urteilen

Im BC besteht ein hoher Bedarf insbesondere an Produkt- und Preisinformationen. Mit steigender Spezifität und Komplexität des Transaktionsobjektes nehmen die Risiken und somit die Informationsansprüche zu. Dies betrifft vor allem die aus dem Qualitäts- und dem Preisrisiko resultierenden Informationsanforderungen.

Wichtiger Bestandteil der Informationseinholung sind **Präsentationsveranstaltungen** der Anbieterorganisationen. Zunehmend an Bedeutung gewinnen beim Nachfrager durchgeführte Präsentationstage, wo die Anbieter ihre Leistungsfähigkeit konzentriert und exklusiv demonstrieren können.

4. Anfragephase

Auf der Grundlage der in der Informationsphase erlangten Kenntnis über potenzielle pro-
blemlösungsfähige Lieferanten werden an einen ausgewählten Kreis gezielte schriftliche
Anfragen, welche die jeweilig zu lösende Problemstellung und das Ersuchen um die Ab-
gabe eines entsprechenden Angebotes enthalten, gerichtet. Aufgrund des mit zunehmender
Komplexität und Spezifität des Transaktionsobjektes stetig anwachsenden Aufwandes der
Angebotserarbeitung spricht die Nachfragerorganisation im Allgemeinen nur eine überschaubare Anzahl möglicher Lieferanten an. Die durchschnittliche Anzahl der an Anlagenbauer ausgegebenen Anfragen liegt bei drei bis fünf (ENGELHARDT/GÜNTER, 1981:
124). FITZGERALD hat in einer empirischen Untersuchung für Entwässerungsanlagen ermittelt, dass 70 % der Verwender zwischen drei und fünf Anfragen an potenzielle Lieferanten richten (FITZGERALD, 1989: 150). Ein weiterer Grund für die begrenzte Anzahl ab-
gegebener Anfragen besteht im Grad der zwischen Nachfragerorganisation und
potenziellen Lieferanten existierenden Geschäftsbeziehungen.

Die Anfragephase stellt eine Verlängerung der Informationsphase dar. Im Unterschied zur
Letzteren konzentriert sich hier die Informationstätigkeit auf den Kreis der potenziell in
Betracht kommenden Lieferanten. Insofern wird in der Anfragephase bereits eine erste
Vorauswahl der Lieferanten getroffen.

Spezifitätsabhängig ist an die gezielte Anfragetätigkeit weitere, vertiefte Informationseinholung gekoppelt, die bereits in dieser Phase durch entsprechende Vorverhandlungen erfolgt. Informationsvertiefende Maßnahmen sind

- transaktionsobjektspezifische Vorverhandlungen der Buying Centers mit
  den Selling Centers und Bereichen der Anbieterorganisationen, z. B. im
  Rahmen von Firmenpräsentationen

- Besuche der F&E-Bereiche, Konstruktionsabteilungen, Qualitätskontroll-
  und Fertigungseinrichtungen der Anbieterorganisationen zur Verifizierung
  von Problemlösungsfähigkeit und Qualitätssicherung

- Durchführung technischer Tests an Produkten der Anbieterorganisation

- Besuche von aktuellen Kunden der Anbieterorganisationen mit dem Ziel,

- deren beim Einsatz der Anlagen gewonnene Erfahrungen bezüglich Problemlösungsfähigkeit, Qualitätssicherung und Zuverlässigkeit bei der eigenen Entscheidungsfindung zu nutzen (Referenzfunktion)

5. Angebotsphase

In dieser Phase werden von der Herstellerorganisation auf der Grundlage der eingegangenen Anfragen Angebote ausgearbeitet. In der Phase überwiegen die Aktivitäten der potenziellen Lieferanten, die in der Anfragenauswahl, der Prüfung der angefragten Problemlösung, der Konzipierung der Lösungsmöglichkeiten und der Preissetzung bestehen. Der
Nachfrager steht zur Klärung von Detailproblemen und Rückfragen zur Verfügung. Dies
erfolgt operativ oder im Rahmen von Verhandlungen.

Eine erste, entscheidende Aktivität des Anbieters besteht in der **Anfragenauswahl**, d.h. in
der Entscheidung, welche Anfragen überhaupt bearbeitet und in Angebote münden sollen.
Die entsprechende Prüfung ist erforderlich, weil die Wahrscheinlichkeit des Auftragser-

halts je Geschäftsfall unterschiedlich hoch ist und die Angebotskosten spezifitätsabhängig steigen. So können diese Kosten im Falle maximaler Spezifität, wie z. B. bei komplexen Industrieanlagen, 5 % des Projektwertes betragen (BACKHAUS, 1997: 440). Angaben aus den Achtzigerjahren zufolge lag die durchschnittliche Auftragsrate (Aufträge / Angebote in %) in der Investitionsgüterindustrie bei 5-10 % (HEGER, 1988: 2). Seitens des Herstellers besteht demzufolge ein vitales Interesse, die Wahrscheinlichkeit des Auftragserhalts mit den Angebotserstellungskosten abzuwägen. Dazu ist eine Reihe von Anfragebewertungsverfahren entwickelt worden (z. B. HEGER, 1988; s. Abschn. 3.5.3).

Am Ende der Angebotsphase erfolgt die Übergabe des Angebotes durch die Anbieterorganisation an die Nachfragerorganisation. In der Nachfragerorganisation wird eine erste Durchsicht der Unterlagen und Überprüfung auf Vollständigkeit vorgenommen.

6. Bewertungsphase

Nach Angebotseingang werden die einzelnen Angebote einer Bewertung unterzogen. Im Ergebnis dessen erfolgt eine weitere Lieferantenvorauswahl, wodurch sich der in die Entscheidung gelangende Kreis nochmals einengt.

Für die Angebotsbewertung ist eine Reihe von Konzepten entwickelt worden. Zur Demonstration der grundsätzlich möglichen Vorgehensweisen seien beispielhaft die **Auswahlregeln** nach FITZGERALD erläutert (FITZGERALD, 1989: 162). Den Ausgangspunkt der Bewertung bilden **Attribute** (Eigenschaften, technische Leistungskriterien, Vertragskonditionen).

1. Konjunktive Regel

Es wird durch den Nachfrager für jedes Attribut ein Anspruchsniveau festgelegt. Diejenigen Angebote werden ausgewählt, deren Attribute dem Anspruchsniveau genügen (Abb. 3.12).

Im Beispiel der Abb. 3.12 wird Angebot B ausgewählt, da es in Bezug auf die Attribute X vollständig dem Anspruchsniveau entspricht. Die übrigen Angebote fallen heraus, weil ihre Attribute das Anspruchsniveau entweder überschreiten (Angebot A und D) oder unterschreiten (Angebot C).

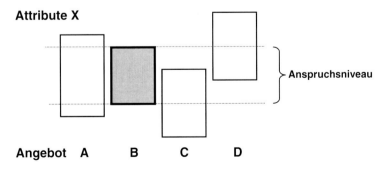

Abbildung 3.12   Angebotsauswahl nach der konjunktiven Regel

2. Disjunktive Regel

Diejenigen Angebote werden ausgewählt, die von mehreren wichtigen mindestens eine herausragende Eigenschaft haben.

3. Lexikographische Regel

Es erfolgt bei allen Angeboten ein Vergleich der wichtigsten Eigenschaft. Die Angebote mit der besten Ausprägung der Eigenschaft werden präferiert.

4. Kompensatorische Regel

Es werden besonders positive Attribute zum Ausgleich negativer der Angebotsauswahl zugrunde gelegt.

Die Angebotsbewertung beim Kunden erfolgt vorzugsweise durch technische Fachleute (*Influencer, User, Fachpromotoren*, s. Abschn. 4.2) aus der mittleren Unternehmensebene bzw. aus Stabsbereichen. Führungskräfte (*Decider, Machtpromotoren*) sind hierbei nur peripher beteiligt.

In der Bewertungsphase verstärken Fachleute aus verschiedenen Unternehmensbereichen der Anbieterorganisation die Aktivitäten der Außendienstmitarbeiter bzw. des Selling Centers bei der Klärung von Kundenrückfragen. Seitens der Nachfragerorganisation nehmen Anwendungstechnologen und Drittparteien (*Technical Consultants*) an den Beratungen teil. Unter Hinzuziehung kaufmännischer Fachleute werden erstmalig Verhandlungen über die kommerziellen Angebotskonditionen geführt.

Verhandlungsepisoden und -pausen

Nach der Bewertungsphase folgen die **Hauptverhandlungen**. Sie bilden die Voraussetzung für die endgültige Lieferantenauswahl. Dies hat dazu geführt, dass verschiedene Phasenmodelle (z. B. BACKHAUS, 1997: 58 und FITZGERALD, 1989: 165 ff.) jeweils explizit eine spezielle Verhandlungsphase enthalten. In Abhängigkeit von den Bestimmungsfaktoren des Investitionsgütermarketings Spezifität und Relationalität finden jedoch über nahezu den gesamten Beschaffungsprozess hinweg Verhandlungen zwischen Nachfragern und Anbietern statt. Wegen der in den Gesamtverlauf der Beschaffung eingeschobenen Kontakte soll hier von **Verhandlungsepisoden** gesprochen werden. Die episodenhaft stattfindenden direkten Kontakte zwischen Vertretern der Nachfrager- und der Anbieterorganisation sind hinsichtlich ihrer Intensität und Dauer vom Kauftyp (Neukauf, Wiederholkauf, modifizierter Wiederholkauf) bestimmt. Erste Kontakte sind bereits in der Initialphase möglich, wenn bei entwickelten Geschäftsbeziehungen Investitionsanregungen vom Lieferanten ausgehen. Beim Kauf kundenspezifischer Leistungen setzen die ersten Verhandlungskontakte im Allgemeinen schon in der Konzeptionsphase ein. Wiederholkäufe geringen Spezifitätsgrades sind Verhandlungsgegenstand in der explizit in den Phasenmodellen (BACKHAUS/GÜNTER, FITZGERALD u. a.) ausgewiesenen Verhandlungsphase. Modifizierte Wiederholungskäufe werden, ähnlich kundenspezifischen Leistungen, in der Phasenabfolge relativ früh verhandelt.

Die **Anzahl der Verhandlungen** ist spezifitäts- und relationalitätsbestimmt und streut demzufolge breit um den entsprechenden Mittelwert, der im Werkzeugmaschinenbau mit 3,6 Verhandlungen je Interaktionsprozess (Transaktion bzw. Geschäft, H.P.R.) ermittelt wurde (KERN, 1990: 120). So hat man in 4 % der Geschäfte elf- bis zwanzigmal verhandelt, in 43 % der Geschäfte nur zwei bis viermal und in 21 % der Geschäfte lediglich einmal (Berechnungen nach KERN, 1990: 121).

Betrachtet man – wiederum im Werkzeugmaschinenbau – die verhandlungsführenden Seiten nach ihrer **personellen Stärke**, so ist nahezu durchgehend die Überlegenheit der Nachfragerorganisation festzustellen. So waren bei zwei Dritteln der Nachfrager mindestens zwei Personen an einem Einkaufsprozessbeteiligt. Auf der Anbieterseite hingegen waren nur in 32 % der Transaktionsprozesse Selling Center, d. h. zwei oder mehr Personen beteiligt (KERN, 1990: 111f., 122; vgl. Abschn. 4.2.2).

In Abhängigkeit von den o. a. Faktoren streut die **Verhandlungsdauer** jeder Transaktion – von der Angebotsabgabe bis zum Verhandlungsabschluss gerechnet – sehr stark um den Mittelwert von 7,8 Monaten. So wurden 6-7 % der Transaktionen innerhalb von einem Monat, 61 % innerhalb von sieben Monaten und 80 % innerhalb eines Jahres abgeschlossen (KERN, 1990: 124).

In den Hauptverhandlungen erfolgt neben der Sammlung weiterer Informationen als Voraussetzung für die endgültige Einkaufsentscheidung schwerpunktmäßig die Erörterung der transaktionsspezifischen sowie kaufmännischen und juristischen Details. Dies bedingt Veränderungen der BC-Strukturen hinsichtlich der Teilnahme von Mitgliedern der Geschäftsleitung sowie von Finanz- und Rechtsexperten oder auch von Drittparteien, wie Kooperationspartnern oder unabhängigen Beratern. Damit verringert sich die bisherige Dominanz der technischen Fachexperten (*Influencer* und *Fachpromotoren*).

Mit dem Wandel der Strukturen und der Zunahme der Beteiligten des Buying Centers wachsen die Schwierigkeiten des Selling Centers, die Mitglieder im Zusammenhang mit ihren Entscheidungskompetenzen zu identifizieren.

Kundenproblemorientierte Transaktionen verlaufen im Allgemeinen mit dem Ziel der optimalen Durchführung der Transaktion. Jedoch kann es auch zu Störungen kommen, wenn eine Seite **Verhandlungsmacht** und **Einflussstrategien** mittels Versprechungen und Drohungen einsetzt, um Stärke zu demonstrieren und den Verhandlungspartner zur Änderung seiner Verhandlungskonzeption zu veranlassen oder wenn sie sogar Täuschungen und Bluffs anwendet (FRAZIER/SUMMERS, 1984: 45 ff.; FITZGERALD, 1990: 169; s. dazu Abschn. 4.3). MACNEIL definiert in Anlehnung an MAX WEBER **Macht** als jemandes Fähigkeit, anderen entgegen ihren Wünschen seinen Willen aufzuzwingen. (MACNEIL, 1981: 1036). Insofern sind in Abhängigkeit von den jeweiligen Transaktionsbedingungen Einschätzungen der Macht- und Abhängigkeitsverhältnisse durch beide verhandlungsführenden Seiten notwendig.

Parallel zu den BC/SC-Verhandlungen finden auf der Nachfrager- und Anbieterseite Abstimmungen und Kontrollprozesse statt, die sich auf die Frage konzentrieren, ob die BC- bzw. die SC-Aktivitäten den Beschaffungs- bzw. Absatzzielen der Nachfrager- bzw. Anbieterorganisation entsprechen. Damit lastet auf den beiden Gremien beträchtlicher Rechenschaftsdruck (FITZGERALD, 1990: 170).

Am Ende der Verhandlungen verfügt das BC über die gewünschte Kenntnis der Angebotslandschaft. Das SC kann die Wahrscheinlichkeit des Auftragserhalts nun besser als in den Vorphasen und zu Beginn der Hauptverhandlungen einschätzen. Für den Anbieter kommt es jetzt darauf an, die Kommunikation zum Nachfrager nicht abreißen zu lassen und mögliche Störeinflüsse von Wettbewerbern abzuwehren. Dies spricht die Rolle und den Einfluss von Verhandlungspausen auf den Transaktionsverlauf an.

Verhandlungspausen sind Unterbrechungen der transaktionsbedingten Kontakte zwischen Nachfrager und Anbieter, die während der Verhandlungsepisoden, insbesondere während der Hauptverhandlungen stattfinden. Sie werden vom Nachfrager zum Überdenken des erreichten Verhandlungsstandes, zu innerbetrieblichen Abstimmungen und Verhandlungen mit anderen Anbieterorganisationen genutzt. Insbesondere, jedoch nicht ausschließlich aus Letzterem erwächst für den Anbieter ein schwer kalkulierbares Störpotential (s. Abschn. 3.5.3) . So gehen Störungen der laufenden Transaktion außer von Wettbewerbern auch von Macht- und Fachopponenten der Nachfragerorganisation aus (s. Abschn. 4.2.4.3).

7. Entscheidungsphase

In dieser Phase wird die endgültige Entscheidung über den Kauf des Investitionsgutes auf der Grundlage des Angebotes des präferierten Herstellers getroffen. Die Präferierung erfolgt anhand vorgegebener Bewertungskriterien.

Zunächst gilt für die Finalentscheidung über die endgültige Angebotsauswahl eine Reihe von Entscheidungsmaßstäben (vgl. FITZGERALD, 1989: 171f.), und zwar

– der Gesamteindruck, den die Anbieter als kompetente Problemlöser dem BC im Vergleich zu ihrem Wettbewerb vermitteln
– die Beurteilung der Problemlösungsqualität der Anbieter durch das BC
– die durch den Einsatz der zu kaufenden Investitionsgüter erwartete Absatz- und Ertragsentwicklung der Nachfragerorganisation
– das Engagement der Anbieter, den Auftrag zu gewinnen

Zu den wichtigsten Entscheidungskriterien bei der Auftragsvergabe durch das Buying Center zählt die **Problemlösungsqualität** der jeweiligen Anbieter. Sie wird operationalisiert, indem die gewichteten Problemlösungs-Kriterien *w* mit der Ausprägung *a* der Problemlösungs-Kriterien bei den jeweiligen Angeboten kombiniert und so die Problemlösungsqualitäten *Q* der einzelnen Anbieter bestimmt werden. Das Angebot mit höchstem *Q* wird präferiert.

Mit anderen Worten: Die durch die Beurteilung des Nachfragers bzw. Buying Centers *d* bestimmte Problemlösungsqualität *Q* der Angebote (Produkte) *p* der einzelnen Hersteller, nämlich Q_{dp}, ist das (mathematische) Produkt

– aus der vom Buying Center *d* vorgenommenen Gewichtung *w* der Kriterien *k* der Produktgruppe *P*
– und der von *d* beurteilten Ausprägung *a* der Kriterien *k* bei den einzelnen Angeboten *p*

Dann gilt:
$$Q_{dp} = \sum_{k=1}^{n} w_{dkP} \cdot a_{dkp},$$

wobei Q_{dp} die Problemlösungsqualität der Angebote in der Beurteilung des BC, w_{dkP} die Gewichte der Kriterien der Produktgruppe und a_{dkp} die Ausprägung der Kriterien bei den einzelnen Angeboten darstellen.

Das folgende Beispiel stellt einen stark verkürzten Entscheidungsfall auf der Grundlage der Problemlösungsqualität einzelner Angebote dar:

Beispiel: Beschaffungsentscheidung über drei Angebote für ein Flexibles Fertigungssystem zur Bearbeitung von Metallteilen

Kriterium k	Kriterien-gewichtung w	Kriterienaus-prägung a von Angebot			w mal a Angebot		
		A	B	C	A	B	C
Flexibilitätsgrad	5	4	5	4	20	25	20
Produktivität	4	5	5	4	20	20	16
Preis	2	4	2	5	8	4	10
Ausbaufähigkeit	4	3	4	4	12	16	16
Design	2	3	3	4	6	6	8
Q_{dp}					66	71	70

Kriteriengewichtung: 5-sehr wichtig; 4-wichtig; 3-durchschnittlich wichtig; 2-eher unwichtig; 1-unwichtig
Kriterienausprägung: 5-sehr gut; 4-gut; 3-durchschnittlich; 2-eher schlecht; 1-schlecht

Es ergibt sich die Rangfolge: 1. Angebot B, 2. Angebot C, 3. Angebot A. Wichtigste Voraussetzung für den Auswahlprozess war die hohe Bewertung des Kriteriums „Flexibilitätsgrad" und die niedrige Gewichtung des Kriteriums „Preis". Der Nachfrager ist also primär an der Lösung ertragreicher Kundenprobleme hoher Spezifität interessiert und bereit, dafür einen hohen („eher schlechten") Preis zu zahlen. Die Entscheidung des BC lautet: Das Unternehmen, welches das Angebot B unterbreitet hat, erhält den Auftrag.

Parallel zum Entscheidungskriterium der Problemlösungsqualität der Anbieter werden Beschaffungsentscheidungen nach Wirtschaftlichkeitsgesichtspunkten gefällt. Hierzu liegt eine Reihe von **Verfahren der Wirtschaftlichkeitsanalyse** vor. Bewährt haben sich in der Praxis Analyseverfahren, wie z. B.

- Gewinnvergleichsrechnung
- Kostenvergleichsrechnung
- Break-even-Analyse
- Kapitalwertmethode
- Bestimmung der Amortisationsdauer
- Pay-off-Methode /Amortisationsdauerverfahren

Die **Gewinnvergleichsrechnung** basiert auf der Gegenüberstellung der Gewinnbestandteile Umsatz *U* und Kosten *K*. Der Umsatz ergibt sich aus der Multiplikation aus Einzelpreis *p* und Absatzmenge *x*. Die Kosten sind die Summe aus Nicht-Marketing-Fixkosten *F* und Marketing-Fixkosten *M* sowie variablen Stückkosten *v* , multipliziert mit der Absatzmenge:

$$U = p \cdot x$$
$$K = F + M + v \cdot x$$
$$G = U - K$$
$$G = x(p - v) - F - M$$

Entscheidungskriterium des BC für die Präferierung eines Angebotes ist der mit dem betreffenden Investitionsgut erzielbare höchste Gewinn. Bei der **Kostenvergleichsrechnung** wird der Entscheidung die Kostenfunktion zugrunde gelegt.

Bei der **Break-even-Analyse** wird der Kostendeckungspunkt x_B , d. h. die Absatzmenge ermittelt, oberhalb welcher Gewinn erzielt wird. Wenn Umsatz und Kosten gleich sind, also beim Schnittpunkt der Umsatz- und der Kostenfunktion, ist $G = 0$. Danach beginnt die Gewinnzone. Die kostendeckende Absatzmenge wird durch Gleichsetzung der Umsatz- mit der Kostenfunktion und Separierung von x_B ermittelt:

$$x_B = \frac{F}{p-v} \quad \text{bzw.} \quad x_B = \frac{F+W+D}{p-v}$$

Das Buying Centerentscheidet sich für das Investitionsgut mit der geringsten Break-even-Menge x_B , da dies mit dem schnellsten Eintritt in die Gewinnzone gleichzusetzen ist.

Bei der Anwendung der **Kapitalwertmethode** (KRUSCHWITZ, 1987: 64 ff.; JACOB ET AL., 1994: 52 ff.) im Marketing wird von der Überlegung ausgegangen, dass der Kapitalwert C_0 als Gegenwartswert der mit einer Investition verbundenen, über den Investitionszeitraum hinweg erfolgenden Zahlungen (Ein- und Auszahlungen) auch auf strategische Marketinginvestitionen angewendet werden kann. Dabei sind die Marketingaufwendungen im Investitionszeitraum so zu veranschlagen, dass C_0 bei gegebenem Kalkulationszinsfuss i maximal ist (SIMON, 1981: 298 ff.).

Werden als Anfangsauszahlungen im Zeitraum t_0 die Aufwendungen für Forschung & Entwicklung R_0 und die Markteinführungskosten M_0 , für die Einzahlungen in der Investitionsperiode t die Umsätze $U_t = p_t x_t$ und für die Auszahlungen die Kostenfunktion $K_t = F_t + M_t + v_t x_t$ eingesetzt, so kann unter Berücksichtigung des Abzinsungsfaktors r^{-t} der Kapitalwert für die betreffende Marketinginvestition ermittelt werden (i = Kalkulationszinssatz).

Bei der Beschaffungsentscheidung ist derjenige Anbieter erfolgreich, mit dessen Investitionsgut der Nachfrager in der Periode t den höchsten Kapitalwert erzielt. Es handelt sich um solche Güter, mit deren Einsatz die höchsten Jahresgewinne im Vergleich zu den Mitbewerbern erbracht werden.

Der Kapitalwert für Marketinginvestitionen errechnet sich wie folgt:

$$C_0 = -\left(R_0 + M_0\right) + \sum_{t=1}^{T} \left(\left[p_t - v_t\right] \cdot x_t - F_t - M_t\right) \cdot r^{-t} \qquad bzw.$$

$$C_0 = -\left(R_0 + M_0\right) + \sum_{t=1}^{T} \left(U_t - K_t\right) \cdot r^{-t} = -\left(R_0 + M_0\right) + \sum_{t=1}^{T} G_t \cdot r^{-t}$$

$$r^{-t} = \frac{1}{\left(1+i\right)^t}$$

Die **Amortisationsdauer** ist die Zeitdauer bis zum Erreichen positiver Kapitalwerte (vgl. BERNDT, 1995: 79 ff.). Das Angebot wird präferiert, das die kürzeste Amortisationsdauer zu erreichen verspricht. Dies ist das Investitionsgut mit höchstem C_0.

Die **Pay-off-Methode** bzw. das **Amortisationsdauerverfahren** wird eingesetzt, um den Zeitpunkt zu bestimmen, an welchem sich die Anfangsauszahlungen amortisiert haben; d. i. der *pay-off-Zeitpunkt p* (JACOB ET AL., 1994: 47 ff.). Anfangsauszahlungen im Marketing sind z. B. die F&E-Kosten R_0 und die Markteinführungskosten M_0 sowie sonstige Positionen des Marketingbudgets (Marktforschung, Produktentwicklung, Werbebudget usw.). Es werden zur Berechnung Formeln der **statischen Pay-off-Methode** (ohne Berücksichtigung des Abzinsungsfaktors) und der **dynamischen Pay-off-Methode** (mit Berücksichtigung des Abzinsungsfaktors) verwendet:

$$\left| R_0 + M_0 \right| = \sum_{t=1}^{t=p} \left(U_t - K_t \right) \qquad \text{bzw.} \qquad \left| R_0 + M_0 \right| = \sum_{t=1}^{t=p} \frac{\left(U_t - K_t \right)}{\left(1 + i \right)^t} \ .$$

Die Entscheidungsphase wird mit der **Auftragsvergabe** an den präferierten Anbieter und nach dessen **Auftragsbestätigung** sowie anschließender **Unterzeichnung des Kaufvertrages** durch Vertreter beider Organisationen abgeschlossen. Damit endet ein Prozess, dessen Umfang sehr wesentlich von der betreffenden Transaktionsspezifität, aber auch von Situationsfaktoren oder Zeitdruck abhängig ist. Für den Anbieter ist es wichtig, in der Angebotsphase die Auftragsvergabewahrscheinlichkeit zu bestimmen, um nicht wiedereinbringbare Kosten der Angebotserarbeitung zu vermeiden.

8. Realisierungsphase

Die dem Vertragsabschluss folgende Realisierung bzw. Auftragsabwicklung kann in zwei Teilphasen gegliedert werden – Lieferphase und Abnahmephase. Hierbei ist die Mitwirkung der Nachfragerorganisation in Abhängigkeit von Spezifität und Komplexität des Beschaffungsobjektes unterschiedlich stark ausgeprägt.

In der **Lieferphase** erfolgt die physische Bereitstellung des Investitionsgutes durch den Anbieter. Maschinen oder Anlagen werden angeliefert und beim Kunden montiert. Die darauf folgende **Abnahmephase** beinhaltet die Inbetriebnahme, den Probelauf und die Abnahme durch den Kunden. Im Zusammenhang mit Lieferung, Montage, Probelauf und Inbetriebnahme wird das Personal des Nachfragerunternehmens mit dem Investitionsgut vertraut gemacht und in der Bedienung trainiert.

Der Kunde hat in der Liefer- und Abnahmephase erstmalig die Gelegenheit, sich direkt von der ordnungsgemäßen Auftragsrealisierung des Anbieters zu überzeugen und die vertragsgerechte Abwicklung zu kontrollieren. Der Realisierungsphase kommt demzufolge eine erhebliche akquisitorische Wirkung für den Verkäufer hinsichtlich zukünftiger Transaktionen sowohl mit dem betreffenden Kunden als auch mit potenziellen Nachfragern zu (ENGELHARDT/GÜNTER, 1981: 142; FITZGERALD, 1989: 175; zur Referenzfunktion GÜNTER, 1979: 145 ff.).

Ein psychologisches Phänomen, das in der Entscheidungsphase offenkundig und in der Realisierungsphase voll wirksam wird, ist die mehr oder weniger ausgeprägte Unsicherheit des Buying Centers hinsichtlich der Richtigkeit seiner Beschaffungsentscheidung. **Kognitive Dissonanz** bzw. erkenntnisbedingter Zwiespalt kann aufgrund neu eingegangener Informationen aus Fachkontakten, von anderen Anbietern, von Messen und Ausstellungen und aus Fachzeitschriften entstehen und äußert sich im Bewusstwerden von Vorteilen nicht gekaufter und Nachteilen des gekauften Investitionsgutes. Gegensteuerung des BC erfolgt durch adäquates Informationsverhalten in der Weise, dass diejenigen neu eingehenden Informationen präferiert werden, welche die Einkaufsentscheidung stützen. Hieraus ergeben sich entsprechende Kommunikations- und Informationsaufgaben des Lieferunternehmens zur argumentativen Unterstützung des Buying Centers. Kognitive Dissonanzen werden verstärkt durch den Rechtfertigungsdruck des BC gegenüber gegenteiligen Auffassungen im eigenen Unternehmen, vertreten von Macht- und Fachopponenten, und gegenüber den von der Auftragsvergabe ausgeschlossenen Anbietern.

9. Gewährleistungsphase

In der Gewährleistungsphase nimmt das Lieferunternehmen notwendig werdende Nachbesserungen vor und beseitigt aufgetretene Mängel. Die im Kaufvertrag vereinbarten Garantieleistungen werden durchgeführt.

Diese Phase beinhaltet, wie die Realisierungsphase, erhebliches akquisitorisches Potenzial für den Anbieter. Dies betrifft insbesondere die Urteilsbildung beim Käufer hinsichtlich der Problemlösungs- und Abwicklungsfähigkeit sowie die Berücksichtigung des Lieferunternehmens bei Anschlussgeschäften und weiteren Auftragsvergaben.

Investitionspause und Problementwicklung

An den Beschaffungsprozess schließt sich eine Investitionspause an, während der sich wiederum Probleme mit Initialwirkungen auf neue Investitionsnotwendigkeiten ergeben. Der mit der Initialphase einsetzende Beschaffungsprozess kann wiederum mit dem erweiterten Beschaffungsphasenmodell idealtypisch beschrieben werden (s. Abb. 3.10).

3.5.3 Die Absatzphasen

Grundsätzlich verlaufen die Absatzphasen der Anbieterorganisation in Übereinstimmung mit den Beschaffungsphasen der Nachfragerorganisation. Es herrscht demzufolge relative Konkordanz. Jedoch existieren einige Abweichungen sowohl in der Phasenart als im Phaseninhalt, die sich aus der spezifischen Anbieterposition heraus ergeben (Abb. 3.13).

Der phasendifferenzierte **Absatzprozess** vollzieht sich nach dem Grundschema: Markterkundung – Geschäftsanbahnung – Anfrage – Angebot – Auftrag – Lieferung – Gewährleistung. Spezifitäts- und komplexitätsbedingt finden über den gesamten Prozess hinweg Verhandlungen statt (zu Verhandlungsaspekten, wie Anzahl, Dauer etc. s. Abschn. 3.5.2). Dieses Schema stellt den idealtypischen Ablauf für den Fall neu anzubahnender Geschäftsbeziehungen (Neugeschäfte – *New Tasks*) dar. Eine entsprechende Modifizierung erfolgt bei den Kauftypen *Straight Rebuy* und *Modified Rebuy*. Es werden aber auch *Neugeschäfte bei bestehenden Geschäftsbeziehungen* getätigt, wenn der Geschäftsgegenstand neuartig und kein Wiederholungskauf oder modifizierter Wiederholungskauf ist. Hier und bei den anderen beiden Kauftypen sind Aktivitäten, wie die Marktsegmentierung, stark eingeschränkt bzw. es entfallen Absatzphasen, wie die mit der erstmaligen Geschäftsanbahnung verbundene Kontaktaufnahme.

1. Markterkundungsphase

In dieser Phase wird operative Marktbeobachtung auf der Grundlage der Resultate strategischer Marktforschung betrieben. Im Mittelpunkt steht die Beobachtung potenzieller Geschäftsfälle. Auch hier sind die Aktivitäten vom jeweiligen Kauftyp abhängig.

Neugeschäfte (*New Tasks*) erfordern die Erkundung der Marktbedingungen, der Einsatzbedingungen für das Investitionsgut und potenzieller Kunden. Dies setzt umfangreiche Informationstätigkeit im Rahmen der Primärforschung (z. B. Markt- und Kundenbefragungen) und der Sekundärforschung (Nutzung bereits vorliegender Informationsquellen;

s. Kap. 8) voraus. Die zentrale Aufgabe besteht in der *Marktsegmentierung*, d. h. der Bestimmung von Abnehmerbranchen, der Ermittlung der konkreten potenziellen Nachfrager, deren F&E-, Technologie-, Fertigungs- und Beschaffungsorganisation sowie der einkaufsentscheidenden Führungskräfte und Mitarbeiter. Bei bestehenden Beziehungen anstehende Neugeschäfte erfordern Marktforschungsaktivitäten insbesondere in Bezug auf Kundenforschung, speziell Erforschung der technologischen Bedingungen und der jeweiligen Beschaffungssituation. Operative Marktbeobachtung schließt immer Produktforschung ein, d. h. die Analyse der technischen Entwicklung in den Nachfragebranchen und Ermittlung der technologischen Bedingungen bei potenziellen Kunden.

Markterkundung konzentriert sich vor allem auf Problementwicklungen in Investitionspausen der Nachfragerorganisationen vor dem eigentlichen Beschaffungsprozess. Sie ist Voraussetzung für jegliche Anbahnungsaktivitäten, aber nicht auf diese Phase beschränkt, sondern permanente, in allen Absatzphasen notwendige Aufgabe der Anbieterorganisation.

2. Geschäftsanbahnungsphase

Geschäftsanbahnungen beginnen, ausgehend von den Ergebnissen der Marktforschung, mit der **Kontaktvorbereitung und Kontaktaufnahme** zu potenziellen Kunden. Es schließt sich die Durchführung von **Präsentationsverhandlungen** an, deren Aufgabe zunächst in der allgemeinen Information der Nachfragerorganisation über die Anbieterorganisation besteht (Unternehmensstatus, -historie und -zugehörigkeit, Beschäftigte, Umsatzentwicklung, Kundenstruktur usw.). Hauptinhalt der Präsentation ist die Darlegung des Leistungsspektrums.

Bei **bestehenden Geschäftsbeziehungen** geht die Initialzündung der Beschaffung in der Nachfragerorganisation oft vom Anbieter aus. Dies ist möglich aufgrund

- des durch permanenten Kundenkontakt gegebenen Einblicks in die Verhältnisse der Nachfragerorganisation und des Erkennens fertigungstechnischer und betriebswirtschaftlicher Probleme

- der dadurch gegebenen Identifizierung der Beschaffungssituation und vorhandener Bedarfsfälle sowie der Einflussnahme auf Bedarfsstrukturierung und -konkretisierung

- von Bedarfsweckung, z. B. im Rahmen kontinuierlicher Fachkontakte zu Fachpromotoren der Nachfragerorganisation, die ihrerseits zugunsten des betreffenden Anbieters auf jeweilige Machtpromotoren Einfluss nehmen.

Aus den genannten Gründen ist die Wahrscheinlichkeit hoch, dass die Problemlösung der betreffenden Anbieterorganisation infolge frühzeitiger Unterbreitung von Lösungsvorschlägen vom Nachfrager präferiert wird. Geschäftsanbahnungen des Anbieters können bereits während der Investitionspausen und im Problementwicklungsintervall des Nachfragers stattfinden. Die Anbahnungsphase verläuft vielfach parallel zu den Beschaffungsphasen Initial-, Konzeptions- und Informationsphase.

ABSATZ	**BESCHAFFUNG**
Markterkundungsphase **(Marktforschung)** Marktbeobachtung Konjunkturforschung Marktsegmentierung Kundenforschung Produktforschung Konkurrenzforschung	*Problementwicklung* *Investitionspause*
Geschäftsanbahnungsphase Kontaktaufnahme Präsentation	**Initialphase** **Konzeptionsphase** **Informationsphase**
Anfragephase Anfragenselektion	**Anfragephase**
Angebotsphase Angebotserstellung Angebotsübergabe	**Angebotsphase** **Bewertungsphase**
Hauptverhandlungsphase	
Auftragseingangsphase Überprüfung Entscheidung Auftragsbestätigung	**Entscheidungsphase**
Vertragsabschluß	
Lieferphase	**Realisierungsphase**
Gewährleistungsphase	**Gewährleistungsphase** *Problementwicklung* */Investitionspause*

Abbildung 3.13   Konkordanz der Absatz- und Beschaffungsphasen

3. Anfragephase

Nach Anfrageeingang steht vor dem potenziellen Anbieter die Aufgabe zu entscheiden, ob die Anfrage bearbeitet und ein Angebot erstellt werden soll oder nicht. Die Entscheidung hängt vom Spezifitätsgrad und der Komplexität des Anfrageobjektes im Zusammenhang mit der Seriosität der Anfrage (mögliche Angebotseinholung zur Informationsabschöpfung bezüglich Know-how, Preis und anderer Vertragskonditionen) ab. Mit zunehmender Spezifität steigen die Kosten derart, dass es für den Anbieter bei unsicherer bzw. niedriger Auftragswahrscheinlichkeit angeraten ist, von weiteren Bemühungen um einen Auftrag abzusehen und sich nicht an der Angebotsausarbeitung zu beteiligen. So können die Angebotskosten für komplexe Großanlagen, welche völlig auf die Anforderungen eines Nachfragers zugeschnitten sind und damit maximale Spezifität verkörpern, bis zu 5 % des Projektwertes betragen (BACKHAUS, 1997: 440; 1994: 37 ff.). Bei einem angenommenen Projektwert z. B. von 50 Mill. € würden sie sich auf 2,5 Mill. € belaufen. Diese Kosten wären im Falle des Auftragsverlustes verloren, da die Wahrscheinlichkeit anderweitiger Verwendung äußerst gering ist.

Die **Auftragsrate** (Anzahl der Aufträge in Relation zu abgegebenen Angeboten oder umgekehrt) tendiert im Allgemeinen zur Verschlechterung. Sie beträgt z. B. im deutschen Werkzeugmaschinenbau 13 %, d. h. auf sieben bis acht Angebote kommt ein Auftrag. Auftragsverluste an Konkurrenten machen ca. 28 % der Angebote aus. Der Rest sind fallen gelassene Angebote (KERN, 1990: 128/29). Andere Quellen nennen eine Auftragswahrscheinlichkeit von etwa 15 % (GEFFROY/VERWEYEN, 1989: 79). Im deutschen Maschinen- und Anlagenbau ist im Dezennium von 1973 bis 1983 eine Tendenz der Verminderung der Auftragsrate von 33 % auf 12,5 % beobachtet worden, d. h. das Verhältnis von Angeboten zu Aufträgen hat sich von 3 : 1 auf 8 : 1 verschlechtert (HEGER, 1988: 2).

Um am Wettbewerb teilnehmen zu können und dabei unwiederbringbare Kosten (*sunk costs – versunkene Kosten)*) zu vermeiden, führen die Anbieterorganisationen **Anfragenselektionen** bzw. **Anfragenbewertungen** durch, welche die Wahrscheinlichkeit des Auftragserhalts berücksichtigen (BACKHAUS, 1997: 440 ff.; HEGER, 1988: 104 ff.). HEGER schlägt dafür die Bildung eines Anfragenbewertungs-Selling-Centers (AB-Selling Center) vor, welches von den für die Bewertung verantwortlichen Mitarbeitern der Angebotsorganisation gebildet wird (HEGER, 1988: 106).

Für die Durchführung der Anfragenselektion existiert eine Reihe von Verfahren zur Bestimmung des Angebotserfolges, wie die Angebotskosten-Erfolgskennziffer, der Profilvergleich, Checklisten, Scoringmodelle und die Zugrundelegung eines Anspruchsniveaus des Anbieters.

Von BACKHAUS wurde die **Angebotskosten-Erfolgskennziffer (*AEK*)** als Quotient aus dem erwarteten Auftragserfolg und den geschätzten Angebotskosten entwickelt (BACKHAUS, 199: 452):

$$AEK = (Erwarteter\ Auftragserfolg)\ /\ (Geschätzte\ Angebotskosten)$$

Elemente der *AEK* sind:

- die Wahrscheinlichkeit des Auftragseinganges *p(AE)*
- der geschätzte Auftragswert *W*
- die geschätzten Angebotskosten *AK*
- der Selektionsgrenzwert *AEK(G)* von *AEK*

Aus diesen Elementen ergibt sich die Bedingung

$$\frac{p(AE) \cdot W}{AK} > AEK(G)$$

(BACKHAUS, 1997: 453; HEGER, 1988: 41)

Beispiel: Anfragenselektion mithilfe der Angebotskosten-Erfolgskennziffer *AEK*

Bei einem geschätzten Auftragswert einer Industrieanlage von 50 Mill. € und alternativen Wahrscheinlichkeiten des Auftragseinganges von 85 % und 60 % sowie geschätzten Angebotskosten *AK* von 2,5 Mill. € ergeben sich *AEK* von 17 bzw. 12. Kriterien der Auftragswahrscheinlichkeit sind die Zahl der Anbieter, die Problemlösungsqualität der Anlage, der Preis u. a.

$$\frac{0,85 \cdot (50 \cdot 10^6)}{2,5 \cdot 10^6} = 17$$

$$\frac{0,60 \cdot (50 \cdot 10^6)}{2,5 \cdot 10^6} = 12$$

Ist als Selektionsgrenzwert *AEK(G)* 15 festgelegt, was einer Auftragswahrscheinlichkeit von 75 % entspricht, so wird bei einer *AEK* von 17 die Anfrage bearbeitet und ein Angebot erstellt, bei einer *AEK* von zwölf von einer Angebotserarbeitung Abstand genommen.

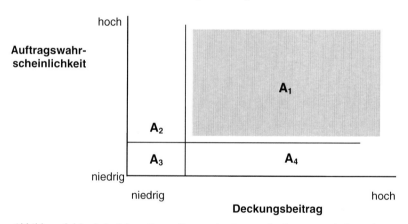

Abbildung 3.14 Beispiel zur Formulierung des Anspruchsniveaus zur Anfragenbewertung (HEGER, 1988: 161)

Aufträge müssen die von der Anbieterorganisation festgelegten Marketingziele erfüllen. Einmal besteht das Interesse, Aufträge zu erhalten. Dies ist aber an die Erzielung eines hohen Deckungsbeitrages gebunden. Nur Anfragen, die das von hoher Auftragswahrscheinlichkeit und hohem Deckungsbeitrag bestimmte **Anspruchsniveau des Anbieters** zu erfüllen versprechen, werden bearbeitet (HEGER, 1988: 160 ff.). In Abb. 3.14 wird dies durch das Feld A_1 gekennzeichnet.

Ein weiteres Anfragenselektions-Konzept beruht auf **Profilvergleichen**. Die zur grafischen Kenntlichmachung von Kriterienvergleichen gebräuchlichen Profildarstellungen (*Semantisches Differential, Polaritätenprofil* von HOFSTÄTTER u. a.) haben in die Anfragenbewertung durch BARRMEYER (1982) Eingang gefunden. In Abb. 3.15 sind die Kriterien einer Ausschreibung und ihre Punktebewertung auf fünfstufigen Rating-Skalen im

Vergleich zwischen dem Mindestprofil des potenziellen Anbieters und dem Profil des vom Nachfrager ausgeschriebenen Projektes dargestellt.

Als Kriterien wählt BARRMEYER *Vorbehaltskriterien* und *Erfolgsfaktoren*. Vorbehalte betreffen Sicherheiten und Unabhängigkeit des Anbieters sowie Beschäftigungssicherung. Erfolgsfaktoren stehen mit den Zielsetzungen des Anbieters im Zusammenhang, wie z. B. Erschließung neuer Marktsegmente, Konkurrenzverdrängung, Gestaltung der Geschäftsbeziehungen, Produktivitätsverbesserung und Know-how-Zuwachs.

Eine positive Entscheidung, d. h. die Beteiligung der Anbieterorganisation an der Angebotstätigkeit, erfolgt, wenn das Ausschreibungsprofil durchweg bessere Punktzahlen aufweist als das vom potenziellen Anbieter akzeptierte Mindestprofil, wenn also jeweils eindeutige Differenzen zwischen den beiden Profilen bestehen. Schneiden sich die Profile, ist das Projekt abzulehnen, bzw. es sind Kompromisslösungen mit dem Nachfrager anzustreben, wenn hohe Auftragswahrscheinlichkeit und hoher Deckungsbeitrag des Projektes dies angeraten sein lässt (s. HEGER, 1988: 24 ff., BACKHAUS, 1997: 444f.).

4. Angebotsphase

In der Angebotsphase werden die durch Anfragenselektion ausgewählten Anfragen bearbeitet. Die im Ergebnis erstellten Angebote werden dem Nachfrager übergeben. Nach Angebotsübergabe ist eine Reihe von Aktivitäten im Zusammenhang mit der Angebotsbegleitung zu beachten. Dies betrifft insbesondere die Aufrechterhaltung der Kommunikation mit der Nachfragerorganisation in dieser durch mehr oder weniger lange Verhandlungspausen gekennzeichneten Periode.

Ähnlich wie das Buying Center, nimmt auch das Selling Center Transaktionsrisiken wahr. Das BC befürchtet, als Beschaffungsgremium falsche Entscheidungen zu treffen. Das Informations- und Risikoverhalten der Anbieterorganisation und seines Selling Centers ist durch Befürchtungen bestimmt, als Absatzgremium nicht erfolgreich zu sein bzw. ungünstige Bedingungen des Nachfragers akzeptieren zu müssen.

Es können folgende **Risikotypen des Selling Centers** genannt werden (FITZGERALD, 1989: 146f.):

Akquisitionsrisiko

Ungewissheit, ob eine berechtigte Chance des Auftragserhalts besteht, oder ob die Bemühungen lediglich Kosten verursachen

Preisrisiko

Befürchtung, für das Produkt einen zu niedrigen Preis zu erhalten

Kostenrisiko

Gefahr, dass der vorgegebene Kostenrahmen bei der Leistungserstellung überschritten und negative Deckungsbeiträge erzielt werden

Fehlverwendungsrisiko

Unsicherheit darüber, ob der Verwender nach der Einarbeitungszeit in der Lage ist, das Investitionsgut verantwortungsbewusst und ordnungsgemäß einzusetzen

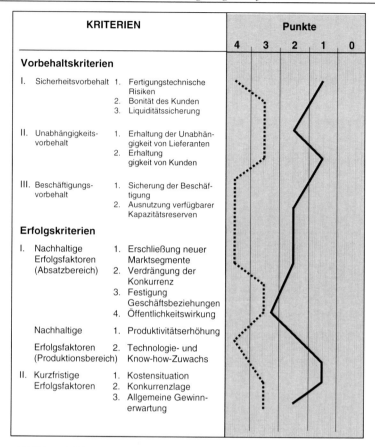

Abbildung 3.15   *Profilvergleich zur Anfragenselektion nach* BARRMEYER
                 (nach HEGER, *1988: 24 ff., und* BACKHAUS, *1997: 444);*

          ⋯⋯ *Ausschreibungsprofil des Nachfragers*
          —   *Mindestprofil des potenziellen Anbieters*

Referenzrisiko

Ungewissheit darüber, ob der Verwender befähigt und willens ist, das Investitionsgut so ordnungsgemäß einzusetzen, dass es als gutes Referenzobjekt dienen kann

allgemeines soziales Risiko

Befürchtung des Aufkommens negativer Meinungen im eigenen Unternehmen gegenüber dem SC im Falle von Auftragsverlusten

Verhandlungsepisoden und -pausen

Der Bewertungsphase des Nachfragers folgen die Hauptverhandlungen mit den in die engere Wahl gekommenen Anbietern. Verhandlungen finden jedoch in Abhängigkeit vom Grad der Spezifität und Relationalität sowie von den Dimensionen der Transaktion und über nahezu den gesamten Beschaffungsprozess hinweg statt. Deshalb soll, wie beim Beschaffungsprozess von **Verhandlungsepisoden** gesprochen werden. Verhandlungen über ein Transaktionsobjekt können bereits in einem sehr frühen Stadium, während der Initialphase und Konzeptionsphase des Nachfragers, stattfinden (vgl. Abschn. 3.5.2).

Verhandlungspausen bergen erhebliches Beeinflussungs- und Störpotential in sich, das sich aus den Beziehungen der Marktteilnehmer untereinander ergibt. Das Marketingdreieck umfasst im einzelnen folgende Beziehungen und sich daraus ableitende Einflüsse und Störungen (Abb. 3.16, vgl. KLICHE, 1991: 157):

Beziehungen der Marktteilnehmer

1. bestehende bzw. anzubahnende Geschäftsbeziehung $A - N$

2. bestehende bzw. anzubahnende Geschäftsbeziehung $N - W$

3. Wettbewerbsbeziehung $A - W$

Beeinflussungs- und Störpotential

I. Störeinfluss von Wettbewerbern auf den laufenden Transaktionsprozess (Einfluss W auf die Beziehung $A - N$)

II. Störeinfluss des Anbieters auf die Beziehung des Nachfragers zum Wettbewerber (Einfluss A auf die Beziehung $N - W$)

III. Nutzung der Rivalität zwischen Anbieter und Wettbewerber durch den Nachfrager (Nutzen des N aus der Beziehung $A - W$)

Die Beziehung zwischen Anbieter und Nachfrager (Beziehung 1) ist in Verhandlungspausen besonders sensibel gegenüber Störeinflüssen der Wettbewerber (Beeinflussungs- und Störpotential I). Darüber hinaus sind Einflüsse durch Macht- und Fachopponenten der Nachfragerorganisation möglich. Aus diesen Bedingungen heraus ist das Hauptaugenmerk des Anbieters auf die Aufrechterhaltung der Informations- und Kommunikationsbeziehungen zum Nachfrager zu richten, wobei auch versucht werden muss, die Opponenten von der Problemlösung zu überzeugen.

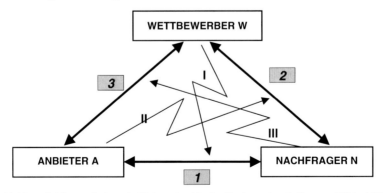

Abbildung 3.16   Einflußmöglichkeiten der Marktteilnehmer (nach KLICHE, 1991: 157)

5. Auftragseingangsphase

Nach positiver Entscheidung durch den Nachfrager erfolgt die Auftragserteilung. Die beim Anbieter eingehende Bestellung wird hinsichtlich der Übereinstimmung mit dem Angebot überprüft und der Auftrag bestätigt. Der Vertragsabschluss verzögert sich, wenn Abweichungen zwischen Angebot und Auftrag auftreten. Es sind dann Nachverhandlungen zur Ausräumung von Differenzen oder anderen Unstimmigkeiten erforderlich.

6. Lieferphase
7. Gewährleistungsphase

Das Investitionsgut wird durch den Anbieter/Verkäufer/Lieferanten physisch bereitgestellt. Es erfolgen Anlieferung, Montage, Inbetriebnahme und Probelauf durch den Verkäufer sowie Abnahme durch den Nachfrager/Käufer/Verwender. Das Personal des Käufers wird von Fachkräften des Verkäufers in der Bedienung des Investitionsgutes geschult.

Von der Liefer- und darauf folgenden Gewährleistungsphase gehen starke akquisitorische Wirkungen des Verkäufers in Bezug auf zukünftige Geschäfte mit dem Abnehmer und anderen Nachfragern (Referenz) aus. Der Abnehmer hat im laufenden Geschäft in diesen Phasen erstmals Gelegenheit, sich unmittelbar von der ordnungsgemäßen Auftragsrealisierung der Anbieterorganisation zu überzeugen und die vertragsgerechte Abwicklung zu kontrollieren.

Akquisitorisches Potenzial der Anbieterorganisation ergibt sich in Bezug auf

1. die Urteilsbildung der Nachfragerorganisation über die Problemlösungsfähigkeit des Anbieters

2. die Urteilsbildung der Nachfragerorganisation über die Fähigkeit der vertragsgemäßen Projektabwicklung des Anbieters

3. die Auftragsvergabe der Nachfragerorganisation bei weiteren Investitionsobjekten

4. die Gewinnung ertragreicher Anschlussgeschäfte, wie Instandhaltung, Ersatzteilgeschäft, Erweiterung, Modernisierung und Beratungstätigkeit

5. die Referenzfunktion des gelieferten Investitionsgutes bei der Auftragsvergabe anderer Nachfrager

Aktivitäten der Gewährleistungsphase bestehen in noch erforderlichen Anpassungsarbeiten, Nachbesserungen und Mängelbeseitigung. Vertraglich geregelte Garantieleistungen werden durchgeführt.

Investitionspause des Kunden

Die Nachfragerorganisation tritt nach Abschluss des Beschaffungsprozesses in eine Investitionspause ein, während der infolge mannigfaltiger Problementwicklungen zunehmend Ist-Soll/Plan-Inkongruenzen auftreten, die den Anlass zu neuen Investitionsvorhaben bilden. Für die Anbieterorganisation ergibt sich die Konsequenz, die Kommunikation zur Nachfragerorganisation, insbesondere zur Geschäftsleitung und zu den betreffenden Bereichsleitungen, zu den Buying-Center-Mitgliedern, speziell den Macht- und Fachpromotoren aufrechtzuerhalten und auszubauen. Hierbei spielt das Beziehungsmanagement zu wichtigen Kunden (**Key-Account-Management**) eine besonders große Rolle.

3.6 Kontrollfragen

1. Worin bestehen die Besonderheiten des Austausches auf Investitionsgütermärkten?

2. Charakterisieren Sie Nutzen und Aufwand des Investitionsgütergeschäftes aus Anbieter- und Nachfragersicht!

3. Was sagen die Nutzen-Aufwand-Relation *VKR* und das Vergleichsniveau *CL* (*Comparison Level*) aus?

4. Erläutern Sie die Wettbewerbsvorteile des Investitionsgüteranbieters und den Nettonutzenvorteil des Nachfragers!

5. Welchem Ziel dienen Phasenmodelle der Beschaffung und des Absatzes? Erläutern Sie Phasenablauf und Phasen!

6. Erläutern Sie Ziel und Inhalt von Lastenheft und Pflichtenheft!

7. Welche Verfahren werden zur Wirtschaftlichkeitsanalyse von Investitionsgüterangeboten herangezogen?

8. Erläutern Sie die Vorgehensweise bei der Ermittlung der Problemlösungsqualität von Angeboten!

9. Welche Aufgaben beinhaltet die Markterkundungsphase im Investitionsgüterabsatz?

10. Welchem Ziel dienen Anfragenselektionen? Was sagt die Angebotskosten-Erfolgskennziffer *AEK* aus?

11. Was haben Anbieter in Investitions- und Verhandlungspausen zu beachten?

4 Das Beschaffungs- und Absatzverhalten der Transaktionspartner

4.1 Zielsetzung

Im vierten Kapitel werden dem Leser Kenntnisse über die Beziehungen und das Verhalten der Transaktionspartner im Beschaffungs- und Absatzprozess vermittelt. Dies betrifft

- das organisationale Beschaffungs- und Absatzverhalten der Nachfrager- und Anbieterorganisation

- Aufgaben, Zusammensetzung und Entscheidungsprozesse der Buying Center und Selling Center

- die Strukturierung von Entscheidertypologien und Charakterisierung der an den Beschaffungsprozessen beteiligten Entscheidertypen

- Beziehungen und Einflussstrategien zwischen den Transaktionspartnern

- die Rolle von Informationsdefiziten zwischen den Transaktionspartnern, aus ihnen resultierende nichtopportunistische und opportunistische Handlungsweisen und Maßnahmen zu ihrer Bewältigung und Steuerung

4.2 Buying Center und Selling Center

4.2.1 Organisationales und multipersonales Beschaffungs- und Absatzverhalten

Einer der Bestimmungsfaktoren des Investitionsgütermarketings ist die **Organisationalität**. Sie besagt, dass sich auf Investitionsgütermärkten Organisationen als Anbieter und Nachfrager gegenüberstehen. Ein grundsätzliches Merkmal von Organisationen ist ihre Multipersonalität. An den Entscheidungsprozessen und darauf beruhenden Tätigkeiten ist immer eine bestimmte Anzahl von Individuen beteiligt. Alle Beteiligten sind dem Beschaffungsregime ihres Unternehmens und den auf diesem beruhenden Prozeduren unterworfen. Zwischen den Individuen herrscht Arbeitsteilung. In Abhängigkeit vom Spezifitätsgrad setzt die Beschaffung von Investitionsgütern umfangreiche arbeitsteilige Beziehungen zwischen den Organisationseinheiten des Nachfragerunternehmens voraus. Darin involviert ist ein großer Teil der die Wertschöpfungskette des Unternehmens repräsentierenden Bereiche, Abteilungen, Stabsstellen usw., wie die Geschäftsführung, Forschung und Entwicklung, Einkauf, Fertigung, Marketing/Vertrieb und Personal. Multipersonalität impliziert das Aufeinandertreffen von Individuen, die durch Unterschiede in Bezug auf ihre hierarchische Stellung, Fachkompetenz, Psyche sowie soziokulturelle und demografische Persönlichkeitsmerkmale gekennzeichnet sind. Die an der Beschaffung Beteiligten sind vom Bewusstsein ihrer Entscheidungsmacht gegenüber dem anbietenden Unternehmen und seiner Vertriebsmitarbeiter erfüllt.

Multipersonalität, Beschaffungsregime, Arbeitsteilung, Individualität und Entscheidungsmacht der Beschaffungsbeteiligten rufen ein spezielles Entscheidungs- und Informationsverhalten hervor, das **organisationale Beschaffungsverhalten**.

Den an der Beschaffung beteiligten Mitarbeitern der Nachfragerorganisation stehen die beauftragten Vertriebsmitarbeiter der Anbieterorganisation gegenüber. Sie unterliegen adäquaten Bedingungen, nämlich dem Absatzregime ihres Unternehmens und weisen prinzipiell die gleichen Persönlichkeitscharakteristika wie ihre Partner auf, allerdings mit dem Unterschied, dass sie unter Wettbewerbsdruck stehen und von der Entscheidungsmacht des Nachfragers und dessen Mitarbeiter abhängig sind. Sie sehen sich in der konkreten Absatzsituation einem Quasi-Nachfragemonopolisten gegenüber.

Multipersonalität, Absatzregime, Arbeitsteilung, Individualität, Wettbewerbsdruck und Abhängigkeit von der Beschaffungsentscheidung bedingen spezielles Verhalten, das als **organisationales Absatzverhalten** bezeichnet werden kann.

4.2.2 Aufgaben und Zusammensetzung von BC und SC

Das organisationale Beschaffungsverhalten ist durch ein wichtiges Instrument zur Bündelung und Kombination unterschiedlicher Entscheidungs- und Fachkompetenzen beim Einkauf gekennzeichnet – das **Buying Center** (Beschaffungs- bzw. Einkaufsgremium). *„Das Buying Center – das sind alle jene Personen und Gruppen, die am Kaufentscheidungsprozess teilnehmen und für dessen Resultate und Risiken verantwortlich sind"* (WEBSTER/WIND, 1972: 6).

Nicht jeder Einkauf erfordert die Konstitution eines Buying Centers. Habituelle Beschaffung stets gleicher (*Straight Rebuy*) oder lediglich modifizierter Standardprodukte (*Modified Rebuy*), wie Normteile, Elektromotore, einfache Maschinen oder Lastkraftwagen, kann von qualifizierten Einkäufern abgewickelt werden. Mit zunehmendem Spezialisierungsgrad der Erzeugnisse wächst jedoch die Notwendigkeit der koordinierten Beteiligung von Experten unterschiedlicher Kompetenz an der Beschaffungsentscheidung. Dies und die so bewirkten Synergieeffekte sind Voraussetzungen für die Bildung von BC. Es besteht eine Funktionalbeziehung zwischen der Spezifität des Transaktionsobjektes und der Ausgestaltung der Beschaffungsorgane (Abb. 4.1). Dabei ist die Spezifität die unabhängige Variable. Ausgestaltung und Tätigkeit der Beschaffungsorgane müssen sich an dieser orientieren. Sie verkörpern in Bezug auf die Transaktionsspezifität die abhängige Variable.

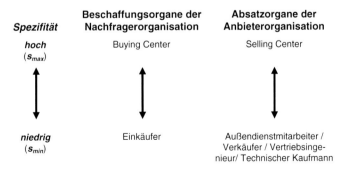

Spezifität	Beschaffungsorgane der Nachfragerorganisation	Absatzorgane der Anbieterorganisation
hoch (s_{max})	Buying Center	Selling Center
niedrig (s_{min})	Einkäufer	Außendienstmitarbeiter / Verkäufer / Vertriebsingenieur/ Technischer Kaufmann

Abbildung 4.1   Spezifität und Organisation von Beschaffung und Absatz

Buying Center (auch: *Purchasing Committee* [Kaufausschuss], VENKATESH ET AL., 1995: 71) als multipersonale Einkaufsgremien von Nachfragerorganisationen setzen sich aus Führungskräften und Mitarbeitern verschiedener Unternehmensbereiche zusammen. Sie unterscheiden sich hinsichtlich Hierarchiezugehörigkeit, Fachkenntnis, Entscheidungsverhalten, Informationsverhalten, Psyche sowie soziokultureller und demographischer Faktoren voneinander. Buying Center werden einzig zu dem Zweck gebildet, eine spezifische Beschaffungsentscheidung zu treffen. Sie bestehen deshalb nur für die Dauer des jeweiligen Beschaffungsprozesses und sind danach wieder von dieser zeitweiligen Aufgabe entbunden (PURI/KORGAONKAR, 1991: 314). Neue Beschaffungsmaßnahmen führen wiederum zur Konstituierung neuer BC's.

Für Anbieterorganisationen besteht ein sehr großes Interesse, die einzelnen Mitglieder dieses Gremiums hinsichtlich ihrer Rolle, die sie im BC spielen, insbesondere ihres Entscheidungsverhaltens und der Bestimmungsfaktoren, die dieses Verhalten prägen, zu identifizieren. Dieses Interesse rührt aus der Unmöglichkeit, vom äußeren Erscheinungsbild der einzelnen BC-Mitglieder auf deren Einfluss bei der Beschaffung zu schließen. *„So wenig die Funktionsbezeichnung einer Person etwas über ihre Rolle im Kaufprozess aussagt, so irreführend und uninformativ kann ihre Ressortzugehörigkeit für Versuche sein, den Beschaffungsvorgang zu verstehen"* (NICOSIA/WIND, 1977: 360).

Die Unsicherheit der Anbieter gegenüber Einkaufsentscheidern führte zur Entwicklung einer Reihe von Modellen, welche diese Prozesse beschreiben. Den Ausgangspunkt bildete das 1967 von ROBINSON/FARIS/WIND vorgestellte Modell der verschiedenen Rollen der BC-Mitglieder (ROBINSON/FARIS/WIND, 1967: 101), das von WEBSTER/WIND (1972) präzisiert und von BONOMA (1982) und KOTLER (1991) erweitert wurde. Entsprechend den Aufgaben ihrer Mitglieder können Buying Center folgende idealtypische Zusammensetzung haben: **Entscheider (Decider)**, (fachlicher) **Beeinflusser (Influencer)**, **Benutzer (User)**, **Einkäufer (Buyer)**, **Informationsverantwortlicher (Gatekeeper)** (WEBSTER/WIND, 1972: 77 ff.), **Initiator** (BONOMA, 1982: 111 ff.) und **Genehmigungsinstanzen** (KOTLER/BLIEMEL, 1999: 365). Diese Rollen werden in der Praxis von Führungskräften und Mitarbeitern aus verschiedenen Unternehmensbereichen wahrgenommen (s. Abb. 4.2).

Zusammengefasst können Buying Center wie folgt definiert werden:

> **Buying Center** sind problemspezifisch tätige, nur bedarfsweise im Rahmen von Beschaffungsprozessen höheren Spezifitätsgrades kompetenzabhängig und zeitweilig gebildete, in flexibler Arbeitsweise wirkende Gremien von Nachfragerorganisationen, deren Aufgabe darin besteht, Einkaufsentscheidungen zu fällen, wobei zwischen den BC-Mitgliedern eine durch Hierarchie, Fachkompetenz, Informationsverhalten, Einflussstärke, Entscheidungsverhalten, Psyche und soziokulturelle Faktoren bestimmte Rollenverteilung besteht.

Das **Selling Center** (auch *Selling Team*) ist das dem BC adäquate Gremium der Anbieterorganisation. Es ist ein unter Leitung und zur Unterstützung des verantwortlichen Außendienstmitarbeiters, Offertingenieurs, Verkäufers oder Technischen Kaufmanns fließend gebildetes Team, das sich aus Fachleuten unterschiedlicher Unternehmensbereiche zusammensetzt.

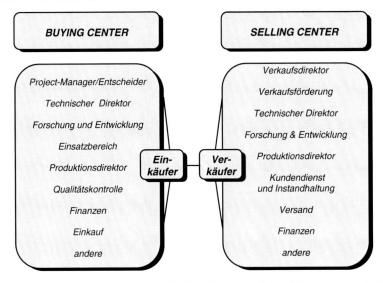

Abbildung 4.2   Funktionen im Buying und Selling Center (nach PURI/ KORGAONKAR, 1991: 314)

Im Gegensatz zum BC beim Einkauf ist im SC nur der Verkäufer permanent tätig. Demzufolge ist die Teilnahme von Spezialisten vom jeweiligen Verhandlungsstand abhängig und somit dynamisch und fließend. Kompetente Mitarbeiter der verschiedenen Bereiche werden zeitweilig im SC aktiv, um bei der Klärung spezieller Probleme mitzuwirken. Umfang und Dauer der Tätigkeit des/im SC sind von der Komplexität und Spezifität der Transaktion abhängig (PURI/KORGAONKAR, 1991: 314, 315). Fließende SC-Strukturen bedeuten auch, dass sich die Zusammensetzung des Verkaufsteams am Buying Center und dessen Informations- und Entscheidungsbedürfnissen orientieren muss. Mit wachsender Komplexität und Spezifität des Transaktionsobjektes festigt sich die SC-Struktur.

Analog zur Beschaffung erfordert nicht jeder Absatzprozess die Konstituierung eines Selling Centers. Der Verkauf von Transaktionsobjekten geringer Spezifität kann durch den verantwortlichen Außendienstmitarbeiter, Offertingenieur, Verkäufer oder Technischen Kaufmann erfolgen. Zunehmende Spezifität bedeutet auch hier die Notwendigkeit koordinierter Einbeziehung von Fachleuten. Die Ausgestaltung des Selling Centers ist also ebenso wie jene des BC eine Funktion der Spezifität.

Der Kerngedanke des Selling-Center-Konzeptes besteht nach PURI/KORGAONKAR darin, dass der Verkäufer für die Akquisition, Initiierung und Gestaltung der Beziehungen zwischen der Anbieter- und der Nachfragerorganisation sowie für das Management der Kommunikation zwischen den Spezialisten beider Unternehmen zuständig ist. Bei der Auswahl der SC-Mitglieder sind sowohl im Hinblick auf die Komplexität und Spezifität der Transaktion als auch hinsichtlich der BC-Struktur hierarchische, fachkompetente und personentypische Aspekte zu berücksichtigen. Außer auf Fachkompetenz ihrer Verhandlungspartner legen Kunden vielfach großen Wert auf deren hierarchisch adäquate Position (GODEFROID, 1995: 96).

Rollenkonzepte für Selling Center sind im Vergleich zu BC rar, Hinweise dazu finden sich nur vereinzelt. Der Grund ist in der allgemein vorherrschenden Fokussierung auf den Absatz und in der Abhängigkeit des Verkaufserfolges von den Beschaffungsentscheidungen des Buying Centers zu suchen. SC-Angehörige sind Mitarbeiter aus den Bereichen Vertrieb, Forschung & Entwicklung, Kundendienst, Fertigung sowie Finanzen (PURI /KORGAONKAR, 1991: 314; s. Abb. 4.2). – Die Mitglieder des Selling Centers können als die den Buying-Center-Mitgliedern adäquaten Partner identifiziert werden (vgl. GODEFROID, 1995: 285; Abb. 4.3):

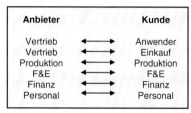

Abbildung 4.3   Partnerbereiche von Selling Center und Buying Center (GODEFROID, 1995: 285)

Den Konzepten von ROBINSON ET AL., WEBSTER/WIND, BONOMA und KOTLER/BLIEMEL vergleichbar besteht im Selling Center folgende idealtypische Rollenverteilung:

Decider   **Entscheider**   Verantwortlicher für die Finalentscheidung, hierarchisch hohe Position (Geschäfts-, Bereichsleitung)

Seller, Vendor Verkäufer   Außendienstmitarbeiter, aus dem Vertriebsbereich

Respondor   **(fachlicher) Reagierer**   Produktspezialist (F&E Mitarbeiter, Konstrukteur, Technologe u.ä.), unterhält Kontakte zu Fachpromotoren potenzieller Nachfrager

Maker   **Hersteller**   Mitarbeiter der Fertigungsbereiche

Gatekeeper   **Informations-verantwortlicher**   Verantwortlicher für Informationssteuerung, oft im Wartestand für Führungspositionen

Stimulator   **Anreger**   hat Kontakte zu Macht- oder Fachpromotoren, ermittelt Bedarfsfälle, regt Beschaffung beim potenziellen Nachfrager an

Genehmigungsinstanzen   genehmigen Preise und Vertragskonditionen, Mitarbeiter des Finanzbereiches und der Rechtsabteilung

HEGER schlägt, in Anlehnung an WEBSTER/WIND, folgende Rollenverteilung im SC vor (HEGER, 1988: 90/91):

Decider   **Entscheider**   Personen mit Machtposition aus der Geschäftsleitung

Salesperson **Verkäufer**   Akquisitionsfunktion, formale Beschaffungskompetenz

Producer   **Produzent**   Vertreter der Engineering- und Fertigungsbereiche (z. B. Konstrukteure, Produktionspersonal)

Influencer	**Beeinflusser**	beeinflussen die Akquisitionspolitik durch Normenfestlegung und Informationspolitik
Gatekeeper	**Informations-selektierer**	steuern den Informationsfluss im SC, können gewissen Einfluss auf Entscheidung ausüben, z. B. als Assistenten von Entscheidungsträgern

> **Selling Center** von Anbieterorganisationen sind spezifitätsbedingt und im Bedarfsfall zur hierarchischen und Kompetenzunterstützung des Verkäufers fließend gebildete Teams von Führungskräften und Fachleuten, welche die Aufgabe haben, optimale Problemlösungen für die Nachfragerorganisation zu erarbeiten, Wettbewerbsvorteile gegenüber der Nachfragerorganisation sichtbar zu machen und die Marketingziele der Anbieterorganisation optimal durchzusetzen.

4.2.3 Allgemeine Kriterien und Situationsfaktoren des Buying Centers

Die Einkaufsgremien der Nachfragerorganisationen, deren wichtiges Merkmal die Zeitweiligkeit ist, sind durch Kriterien gekennzeichnet, wie allgemeine Charakteristika und Situationsfaktoren sowie Machtstatus, Einfluss, Rollenverhalten und Typus der Mitglieder.

Allgemeine Charakteristika sind die Größe des BC, der Grad der Vertrautheit und der Solidarität der Mitglieder untereinander sowie Koalitionen zwischen einzelnen BC-Mitgliedern und auftretende Konflikte. **Situationsfaktoren** sind solche, die für die konkreten Bedingungen typisch sind, unter denen das BC zusammentritt und arbeitet, wie die Spezifität und Komplexität des Transaktionsobjektes, das wahrgenommene Risiko und Zeitdruck.

Größe der Buying Center

Die BC-Größe ist durch die Anzahl der Mitglieder gekennzeichnet. Analysen des Gruppenverhaltens haben ergeben (KOHLI, 1989: 53), dass

– mit zunehmendem Umfang das Teilnahmeniveau zu verwischen tendiert, die Anpassung an einen normativen Gruppendruck zunimmt und die Wahrscheinlichkeit der Herausbildung von Meinungsführerschaften wächst

– die Gruppengröße sich auf den Charakter der Interaktionen auswirkt, wobei bereits bestehende Machtkonstellationen (z. B. Belohnungs-, Abteilungs- oder Expertenmacht, s. Abschn. 4.2.4) eine Rolle spielen können

– Individuen in größeren Gruppen in Gegenwart von Führungskräften oder anerkannten Fachleuten engagierter auftreten und sich diesen gegenüber kompromissbereiter zeigen

Im deutschen Werkzeugmaschinenbau durchgeführte Untersuchungen weisen eine durchschnittliche BC-Größe bei erfolgreichen Transaktionen von 7,47, bei nicht erfolgreichen von 5,75 Mitgliedern nach. Bei der Unterteilung in Verhandlungen mit aktuellen Kunden und Interessenten beträgt das Verhältnis 7,81 zu 2,58, der Durchschnitt 5,98 Personen

(KERN, 1990: 205, 185). Zwischen der Unternehmens- und der BC-Größe besteht hohe Übereinstimmung. Großunternehmen als Werkzeugmaschinenkäufer setzen deutlich mehr Personen bei der Beschaffung ein als kleinere (KERN, 1990: 162, 172).

Vertrautheit und Solidarität der Mitglieder

Zwischen den BC-Angehörigen besteht ein unterschiedlicher Bekanntheits- und Vertrautheitsgrad. Aufgrund der in den BC beträchtlich variierenden hierarchischen Ebenen und Bereiche variiert auch die zwischenpersönliche Vertrautheit. So werden Gruppeninteraktionen, an welchen unbekannte Personen teilnehmen, durch bestimmte Spannungszustände, so genannte Primärspannungen (*„primary tensions"*) beeinflusst. Fremde BC-Mitglieder zeigen sich den anderen, insbesondere Personen mit Legitimations- und Expertenmacht gegenüber besonders zuvorkommend und kooperativ (zur Machtproblematik s. Abschn. 4.2.5). Felduntersuchungen ergaben, dass der auf Legitimation und Fachwissen beruhende Einfluss im BC umso größer ist, je geringer die zwischenpersönliche Vertrautheit der Mitglieder ausgeprägt ist.

Optimale Entscheidungslösungen werden von Buying Centern getroffen, die sich durch hohe Solidarität auszeichnen. Als **Solidarität** (*viscidity*, engl. Zähflüssigkeit) wird der Grad der Teamfähigkeit der Mitglieder im Gegensatz zu gegeneinander gerichteten Handlungen bezeichnet (KOHLI, 1989: 54).

Wahrnehmung von Risiken

Durch BC-Mitglieder wahrgenommene Risiken beruhen auf Entscheidungsrisiken. Diese sind durch die Bedeutung der Entscheidung und die Unsicherheit hinsichtlich der Entscheidungsfolgen gekennzeichnet. Da die Entscheidungsunsicherheit primär auf Informationsdefizite im Zusammenhang mit der jeweiligen Transaktionsspezifität zurückzuführen ist, wird der Risikograd durch Hinzuziehung von Experten herabgesetzt. Auch bei Unsicherheit über die Entscheidungsfolgen wird das wahrgenommene Risiko umso geringer empfunden, je geringer die Wichtigkeit der Entscheidung eingestuft wird. Hohes wahrgenommenes Risiko verstärkt den Einfluss der Experten- und Informationsmacht im BC, während die Rolle von Administration und Formalismus schwindet (KOHLI, 1989: 55).

Zeitdruck

Plötzlich erforderlich werdende und schnelle Entscheidungen setzen das Buying Center unter Druck. Erfahrungen besagen, dass unter Zeitdruck bei strafferer Führung weniger BC-Mitglieder aktiv am Entscheidungsprozess beteiligt sind. Es wurde auch festgestellt, dass sich in solchen Situationen BC-Mitglieder stärker auf Führungskräfte, Experten und vorliegende Informationsquellen verlassen (KOHLI, 1989: 55).

Koalitionen und Konflikte

In BC formieren sich in Entscheidungssituationen Koalitionen, und es kommt zu Konflikten. Eine **Koalition** im Buying Center ist eine vorübergehende Gruppenbildung von zwei oder mehr Mitarbeitern, die gemeinsam mit dem Ziel handeln, in einer verhandelbaren Konfliktsituation die Entscheidung einer oder mehrerer anderer Personen in ihrem Sinne zu beeinflussen (THIBAUT/KELLEY, 1969: 205).

Ein **Konflikt** ist ein durch gegenteilige Interessen und Meinungen bedingter Streit. Er entsteht immer dann, wenn mehr als eine Person in eine Entscheidung involviert sind. So wird der Einkäufer für Kosteneinsparungen bei der Beschaffung honoriert, der Fertigungsstättenleiter nach seiner Produktionsleistung gemessen (MORRIS ET AL., 1999: 264). Die Bemühungen, die jeweiligen Interessen durchzusetzen, verursachen Konflikte.

Für den Außendienst bzw. das Selling Center der Anbieterorganisation ist es im Allgemeinen sehr schwierig, Koalitionen und Konflikte im Buying Center zu erkennen, sofern nicht ungewöhnliches Verhalten eines oder mehrerer Mitglieder offen zutage tritt. Kleinste Einheit einer Koalition ist die **Dyade**, die Beziehung zwischen zwei Personen. Maximal sind im BC n $(n-1)$ / 2 Dyaden möglich. In einem sechsköpfigen BC können sich demnach bis zu 6 (6 – 1) / 2 = 15 Koalitionen bilden. Ein Instrument zur Identifizierung von Koalitionen innerhalb des BC und zur Beobachtung der Verhandlungspositionen der Mitglieder ist die Multivariate Skalierung (s. dazu Abschn. 8.5.2.2.). Dieses bi- und multivariate Verfahren gestattet die Positionierung von Objekten (Unternehmen, Produkte, Leistungen) in einem durch Kriterien und mehrstufige Ratingskalen definierten Merkmalsraum. Im Buying Center stellen die einzelnen Mitglieder die *Objekte* und deren entscheidungsrelevante Handlungen und zu treffenden Beschaffungsentscheidungen die *Kriterien* dar. Die Handlungen der Mitglieder werden durch stufenbegrenzte Ratingskalen gemessen. Dadurch ist die Möglichkeit gegeben, Veränderungen jeweiliger Konstellationen (Verhandlungspositionen und Koalitionen) zu erkennen.

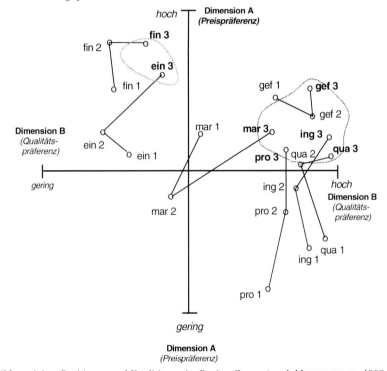

Abbildung 4.4   Positionen und Koalitionen im Buying Center (nach MORRIS ET AL., 1999: 274)

Legende: ein – Einkauf, ing – F&E, fin – Finanzen, mar – Marketing, qua – Qualitätskontrolle,
pro – Fertigung, gef – Geschäftsführung; – Entscheidung 1, 2, 3

Beispiel (Abb. 4.4):

Das BC hat sieben Mitglieder, im Spannungsfeld zwischen Qualität und Preis des zu beschaffenden Investitionsgutes entstehen Konflikte, die sich in der unterschiedlichen Position von drei zu treffenden Entscheidungen äußern. Im Verlaufe der Verhandlungen bilden sich dementsprechende Koalitionen, d. h. Positionen mit jeweils geringsten Distanzen zueinander, heraus, wie z. B. in der ersten Entscheidung Marketing, Finanzen, Einkäufer und Geschäftsführer sowie F&E, Fertigung und Qualitätskontrolle. In den Verhandlungen setzen sich immer stärker Qualitätsgesichtspunkte gegenüber preislichen durch. Die Finalentscheidung 3 ist eindeutig von einer technisch dominierten Allianz geprägt, vertreten durch F&E, Fertigung, Qualitätskontrolle, Marketing und Geschäftsführung. Die zweite Allianz, bestehend aus Einkauf und Finanzbereich, kann sich nicht durchsetzen.

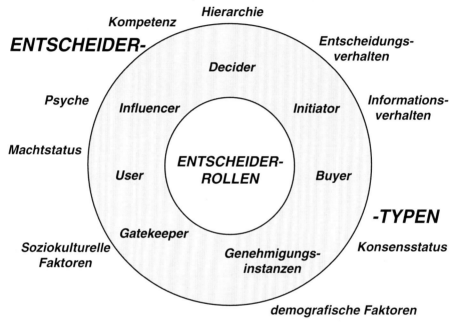

Abbildung 4.5   Entscheiderrollen und -typen im Buying Center

4.2.4   Rollenkonzepte und Entscheidertypologien von Buying Centers

4.2.4.1 Rolle und Typ

Im Zusammenhang mit der von unterschiedlichen Individuen getragenen Buying-Center-Problematik ist zwischen der Rolle, welche die Akteure im Beschaffungsentscheidungsprozess spielen, und dem durch bestimmte Kriterien charakterisierten Typ des Entscheiders zu unterscheiden.

Die **Rolle** spiegelt die Funktion einer Person in den Entscheidungsprozessen des Buying Centers wider. Im Business-to-Business- und im Investitionsgütermarketing hat sich das Rollenmodell von ROBINSON ET AL. und von WEBSTER/WIND, welches von BONOMA und KOTLER erweitert wurde, bewährt. Aus den Unternehmensbereichen kommen Führungskräfte und Mitarbeiter, die für die Dauer der Beschaffungsprozesse in die Rolle von Entscheidern, Beeinflussen, Informationsselektierern usw. schlüpfen und über den Einkauf eines bestimmten Investitionsobjektes zu entscheiden haben.

Der **Typ** stellt eine Person dar, die aufgrund gewisser Eigenschaften einer bestimmten Gruppe mit gleichen Merkmalen zugeordnet werden kann. Während die Rolle im vorliegenden Kontext auf die Tätigkeit im Buying Center beschränkt bleibt, hat das Konstrukt des Typs eine übergeordnete und latente Bedeutung, da es Persönlichkeitsbestandteil des BC-Mitgliedes ist. Der Entscheidertyp bringt seine Eigenschaften und Merkmale in das BC hinein und nimmt sie nach Abschluss des Beschaffungsprozesses wieder mit sich hinaus. – Die Gruppenzuordnung der Typen erfolgt im Rahmen von **Typologien**, die Gruppenzuordnung der Entscheidertypen im Rahmen von Entscheidertypologien. Typologien beinhalten die Einteilung von Individuen in Gruppen gleicher Charakterisierungsmerkmale. Dementsprechend werden Entscheidungen über Beschaffung (und Absatz) von Personen der Nachfragerorganisation (und Anbieterorganisation) getroffen, die in solche Gruppen eingeordnet werden können.

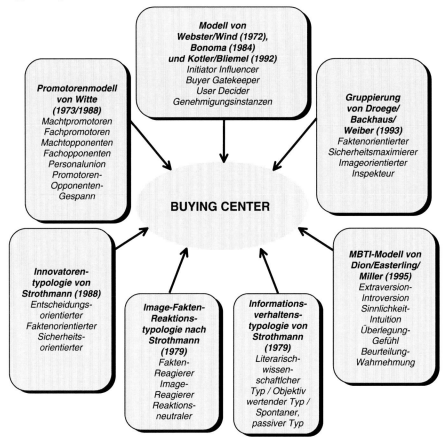

Abbildung 4.6   Buying Center-Typologien

Die Kenntnis typologischer Merkmale der Verhandlungspartner ist grundsätzlich für beide Seiten – Käufer und Verkäufer – wichtig. Für den Verkäufer und das Selling Center allerdings ist sie und daraus resultierend die Rollen- und Typenidentifizierung der BC-

Mitglieder vielfach geschäftsentscheidend. Es sind jedoch auch die unterschiedlichen Machtverhältnisse zwischen den Transaktionspartnern zu beachten, die vom Grad der Abhängigkeit zwischen den Partnern, der Transaktionsspezifität und vorhandenen Informationsasymmetrien bestimmt werden.

Bestimmungsfaktoren der Gruppenzuordnung bzw. Merkmale von Entscheidertypen sind (Abb. 4.5)

- Zugehörigkeit zu einer bestimmten Hierarchieebene

- fachliche Kompetenz

- Entscheidungsverhalten

- Informationsverhalten

- Zugehörigkeit zu einer psychotypischen Gruppe

- Machtstatus

- Konsensstatus

- soziokulturelle Merkmale

- demografische Merkmale

4.2.4.2 Das Rollenmodell von WEBSTER/WIND, BONOMA und KOTLER

Das Modell umfasst sieben Rollen, die von den in das Buying Center berufenen Führungskräften und Fachleuten verschiedener Unternehmensbereiche wahrgenommen werden.

Einkäufer (Buyer)

Einkäufer verfügen über die formale Kompetenz, Lieferanten auszuwählen und Einkaufsbedingungen zu verhandeln. Des Weiteren koordinieren sie die Tätigkeit des Buying Centers. Bei Beschaffungsobjekten hoher Komplexität und -spezifität können auch Führungskräfte die Rolle des Buyers übernehmen (KOTLER/BLIEMEL, 1999: 365). Die transaktionsobjektspezifische Fachkompetenz der Einkäufer ist mehr allgemeiner Natur, ihre Domäne ist die umfangreiche Kenntnis der Angebotslandschaft sowie der Beschaffungsbedingungen und -abläufe der Nachfragerorganisationen. In diesem Kontext spielt er die Rolle eines Fachpromotors (s. Abschn. 4.2.4.3). In jüngster Zeit finden strategische Überlegungen verstärkt Eingang in die Beschaffungsabläufe der Unternehmen, was auch zu einer Neubewertung der Einkäuferfunktion Anlass gibt (LARGE, 1999: 25 ff., 259 ff.).

Benutzer/Anwender (User)

Diese BC-Mitglieder arbeiten direkt mit dem zu beschaffenden Investitionsgut. Da sie über fundierte und langjährige Erfahrungen im Umgang mit Investitionsgütern verfügen, wird auf deren Sachkenntnis und Rat bei der Beschaffungsentscheidung besonderer Wert gelegt. Der Einfluss im BC ergibt sich insbesondere aus der Kenntnis der Anwendungsprobleme, so dass User oft auch Initiatoren der Beschaffung sind. User sind im Fertigungsbereich Facharbeiter, Fertigungsingenieure oder Produktionsstättenleiter, im Informatikbereich EDV-Spezialisten.

Beeinflusser (Influencer)

Ungeachtet ihrer hierarchischen Stellung üben diese BC-Mitglieder aufgrund ihrer langjährigen Erfahrungen und großen Fachkenntnis einen führenden Einfluss auf die Kaufentscheidung aus. In den meisten Fällen handelt es sich um Angehörige der technischen Bereiche. Oft sind sie in Stabsbereichen der mittleren Unternehmensebene tätig. Beeinflusser beschäftigen sich engagiert und aus eigenem Antrieb mit Problemen ihres engeren und weiteren Arbeitsgebietes. Durch kontinuierliche Informationsauswertung verfügen sie über Detailkenntnisse, die ihnen einen Informationsvorsprung gegenüber anderen Mitarbeitern und den anderen BC-Mitgliedern verschaffen. Im Rahmen des Machtgefüges des Unternehmens haben sie Expertenmacht.

Entscheider (Decider)

Sie tragen im Buying Center die letztendliche Verantwortung für die Beschaffungsentscheidung. Sie entscheiden, welchem Anbieter der Auftrag erteilt wird, nachdem alle vorliegenden Lösungsvorschläge im Gremium ausführlich diskutiert worden sind. Entscheider sind hierarchisch hoch angesiedelt (Mitglieder der Geschäfts- oder Bereichsleitungen) und verfügen über großes Machtpotential. Sie haben den Auftrag, das Beschaffungsproblem optimal zu lösen und sind an einer qualifizierten, aber auch zügigen Prozedur und Entscheidung interessiert.

Informationsselektierer (Gatekeeper)

Als Gatekeeper (wörtl.: *Pförtner, Torhalter*) werden die für den Informationsfluss *in das*, *im* und *aus dem* Buying Center verantwortlichen BC-Mitglieder bezeichnet. Es handelt sich oft um Assistenten der Geschäftsleitungen oder der Bereichsleitungen (z. B. Assistent des Technischen Direktors), die – in ihrer beruflichen Laufbahn für künftige Führungsaufgaben vorgesehen – mit dieser verantwortungsvollen Aufgabe betraut werden. Gatekeeper können über ihre Informationsaufgabe im BC die Beschaffungsentscheidung indirekt beeinflussen.

Initiator

Das WEBSTER/WIND-Modell wurde von BONOMA um die Rolle des Initiators erweitert (BONOMA, 1984: 44). Dies sind Personen, die erkennen, dass Unternehmensprobleme durch die Beschaffung von Erzeugnissen oder Dienstleistungen zu lösen oder zu vermeiden sind. Initiatoren sind Anstoßgeber, die z. B. aus einer wahrgenommenen Ist-Soll-Inkongruenz (z. B. Kostenentwicklung) entsprechende Überlegungen in Bezug auf notwendige Rationalisierungsmaßnahmen und dadurch erforderlich werdende Beschaffung von Investitionsgüter ableiten. Initiatoren kommen aus allen Hierarchieebenen der Nachfragerorganisation.

Genehmigungsinstanzen

Sie stellen ebenfalls eine Erweiterung des ursprünglichen BC-Modells, und zwar durch KOTLER, dar. Genehmigungsinstanzen sind Personen, welche die vom Buying Center vorgeschlagenen Beschaffungsmaßnahmen genehmigen müssen (KOTLER/BLIEMEL, 1999: 365), wie Juristen, Finanzfachleute, Logistiker usw. Sie stoßen im Allgemeinen erst in einer späteren Phase des Beschaffungsprozesses zum BC, wenn die produktspezifischen Probleme geklärt und kommerzielle und vertragsrechtliche Fragen Verhandlungsgegenstand sind.

Die Rollenzuordnungen und Charakteristika sind nicht starr zu verstehen. So können mehrere Personen die gleiche Rolle wahrnehmen, z. B. mehrere Benutzer sind im BC tätig. Eine Person kann mehrere Rollen in sich vereinen, z. B. Beeinflusser und Informationsselektierer. *„Alle BC-Mitglieder können Beeinflusser sein, aber nicht alle Beeinflusser andere Rollen einnehmen"* (WEBSTER/WIND, 1972: 77).

4.2.4.3 Der Konsensstatus der BC-Mitglieder: Das Rollenmodell von WITTE

Das **Promotoren/Opponenten-Modell** von WITTE ermöglicht die Einbeziehung einer neuen Dimension bei der Erklärung des Rollenverhaltens von Buying-Center-Mitgliedern und des Einflusses von nicht diesem Gremium angehörenden, über Macht- und Fachpotential verfügenden Angehörigen der Nachfragerorganisation (WITTE, 1973: 14 ff., 1988: 151ff., 162 ff.). Dieses Verhalten wird im vorliegenden Kontext **Konsensstatus** genannt. Konsens bezeichnet den Grad der Zustimmung bei Beschaffungsvorgängen. Der Status beschreibt den hierarchisch und fachlich determinierten Zustand des Konsenses. Der Ansatz von WITTE stellt eine wesentliche Bereicherung und Ergänzung des Modells von WEBSTER/WIND dar. Die eigentliche Zielsetzung bestand im Entwurf eines Organisationsmodells zur Förderung der Innovation. Innovationen, wie auch alle anderen Entscheidungsprozesse im Unternehmen, treffen sowohl auf Unterstützung als auf Vorbehalte. Gleiches gilt für Investitionsgüterbeschaffungsentscheidungen von Nachfragerorganisationen: **Promotoren** fördern und unterstützen intensiv den Kauf, **Opponenten** bringen ihm Widerstand entgegen. Solche *„Treiber-Bremser"*-Konstellation (WITTE, 1988: 163 ff.) kann bei jeder Beschaffungsmaßnahme beobachtet werden. Adäquates trifft auch auf Absatzentscheidungsprozesse in Anbieterorganisationen zu. Promotoren und Opponenten werden jeweils nach ihrem hierarchischen und fachlichen Status unterteilt. In hierarchischer Hinsicht wird von Machtpromotoren und -opponenten, in fachlicher von Fachpromotoren und -opponenten gesprochen. Zwischen diesen sind Kombinationen möglich (Personalunionen und so genannte Gespanne).

Für Außendienstverkäufer und Selling Center der Anbieterorganisation ist es zur Erzielung eines optimalen Geschäftserfolges wesentlich, frühzeitig diese Buying-Center-Struktur in ihrer Beziehung zum Rollenmodell von WEBSTER/WIND und zu den verschiedenen Entscheidertypologien zu identifizieren.

Machtpromotoren

Machtpromotoren sind Personen, die Entscheidungsprozesse kraft ihrer hierarchischen Position aktiv und intensiv fördern (WITTE, 1973: 18f.). Der den Beschaffungsprozess zügig vorantreibende Decider (Entscheider) ist Machtpromotor. Er zeichnet sich neben seiner hierarchischen Position durch spezifische Verhaltensweisen aus. Hierarchisch verfügt er über formalen Einfluss (Legitimations-, Belohnungs- und Bestrafungsmacht), um Opponenten bestrafen und Fachpromotoren belohnen zu können. Da Macht- und Fachopponenten auf verschiedenen Unternehmensebenen vertreten sind, sollten die in Buying Centers tätigen Machtpromotoren hierarchisch hoch platziert sein.

Das Verhalten des Machtpromotors ist durch konsequente und zügige Vorgehensweisen bei der Durchsetzung der Beschaffungsziele gekennzeichnet. Dabei ist er konfliktfreudig und scheut auch Auseinandersetzungen mit hierarchisch höher gestellten Machtopponenten nicht. Machtpromotoren streben enge Zusammenarbeit mit Fachpromotoren und technischen Spezialisten an. Machtpromotoren sind zunächst durch ihre hierarchische Position zu erkennen. Weitere Identifikationsmerkmale sind die Häufigkeit ihrer Aktivitäten und die *„Häufigkeit des Bemerktwerdens durch die von (ihnen) beeinflussten Personen im empirischen Feld"* (WITTE, 1973: 18).

Aus empirischen Erhebungen geht hervor, dass einseitige Machtstrukturen in Bezug auf die Anzahl von Innovationsprozessen und den Anteil von Spitzeninnovationen hinter einseitigen Fachstrukturen platziert sind. Im Vergleich zu gemeinsamen Aktivitäten mit Fachpromotoren (Gespannstruktur) liegen sie weit hinter diesen (Abb. 4.7).

Fachpromotoren

Sie unterstützen Beschaffungsentscheidungen im BC aktiv und intensiv mit ihrem, durch permanente Problembeschäftigung, Informationsaufnahme und -verarbeitung sowie langjährige Erfahrung erworbenen objektspezifischen Fachwissen. Fachpromotoren des WEBSTER / WIND-Modells können Influencer, User, aber auch Decider sein. In diesen Kreis fallen auch die Initiatoren. Hierarchische Stellung spielt dabei keine Rolle. Fachpromotoren kommen im Allgemeinen aus Stabs- bzw. Linienbereichen, deren Tätigkeitsfelder in Beziehung zum Beschaffungsobjekt stehen. Sie erkennen aufgrund ihres Einblicks in das betreffende Spezialgebiet frühzeitig auftretende Probleme und Ist-Soll-Diskrepanzen. Bei diesen fördernden Aktivitäten spielt auch persönliche Neigung eine große Rolle. Fachpromotoren verfügen im Allgemeinen über keine hierarchische, jedoch über Experten- und Referenzmacht. Ihre Stärke gegenüber Opponenten und Gleichgesinnten besteht in der Argumentationskraft. Identifikationsmerkmale in der Praxis des BC sind, wie jene des Machtpromotors, die Häufigkeit des Tuns und des Bemerktwerdens (WITTE, 1973: 18/19).

Personalunion von Macht- und Fachpromotor

Wenn ein Buying-Center-Mitglied hierarchisches Potenzial und Spezialwissen in sich vereinigt, besteht eine Personalunion von Macht- und Fachpromotor. Dieses Mitglied verfügt über die zur Überwindung von Positionen der Opponenten erforderliche hierarchische Macht und Fachkompetenz, um die Beschaffungsentscheidung qualifiziert und zügig herbeizuführen. Insofern ist die Personalunion ein Garant der schnellen Überwindung von Widerständen. Nachteilig wirkt sich jedoch das Fehlen von Synergieeffekten aus, die sich aus der Kommunikation zwischen zwei Individuen ergeben (Machtpromotor <u>und</u> Fachpromotor). Personalunionen belegen nach den empirischen Befunden hinsichtlich der Anzahl der Innovationsprozesse und des Anteils von Spitzeninnovationen mit 6,8 % bzw. 7,2 % den letzten Platz (Abb. 4.7).

Personalunion ist identifizierbar aufgrund der hierarchischen Stellung und der Fachkompetenz der betreffenden Personen. Sie ist, wie auch Fachpromotoren, durch die Häufigkeit aktiven Tuns und Bemerktwerdens zu erkennen.

Promotorengespann

Im Bereich hoher Spezifität und Komplexität des Beschaffungsgutes sind optimale Ergebnisse durch isoliert handelnde Promotoren im Allgemeinen nicht zu erzielen. Machtpromotoren können zwar kraft ihres hierarchischen Potentials ihre Vorstellungen durchsetzen, es fehlt ihnen jedoch an fachlicher Substanz, um Details oder Alternativlösungen hinreichend beurteilen zu können. Isoliert handelnde Fachpromotoren hingegen verfügen über die notwendige fachliche Kompetenz, scheitern aber mangels Machtpotentials an Barrieren des Nichtwissens und Nichtwollens (WITTE, 1973: 20). Diese Situation scheidet zwar bei der Personalunion zwischen Macht- und Fachpromotor aus. Dafür entfallen jedoch die für optimale Beschaffungsentscheidungen im hochspezifischen und -komplexen Bereich so notwendigen Synergieeffekte.

Optimale Entscheidungen werden im Allgemeinen durch Einzelpersonen unterschiedlicher Macht und Kompetenz herbeigeführt, d. h. wenn hierarchisch und fachlich aufeinander angewiesene und einander ergänzende Macht- und Fachpromotoren als **Promotorenge-spann** gemeinsam an der Entscheidung über ein Beschaffungsobjekt arbeiten. Dem Beschaffungsziel untergeordnet, sind für die Dauer der Beschaffungsperiode geltende Unterstellungsverhältnisse außer Kraft gesetzt. Das Gespann bleibt auf den jeweiligen Beschaffungsprozess beschränkt. Promotorengespanne bilden sich aus Decidern, Influencern und Usern.

Das Promotorengespann wird als die optimale Promotorenstruktur angesehen. Die empirischen Belege beweisen mit 45,5 % der Aktivitäten bei Spitzeninnovationen die signifikant herausragende Rolle des Promotorengespanns gegenüber den anderen Promotorenstrukturen (WITTE, 1988: 152 ff.; Abb. 4.7).

Opponenten

Opposition gegen Beschaffungsvorgänge resultiert im Allgemeinen aus Willens- und auch aus Fähigkeitsbarrieren der Macht- und Fachopponenten (WITTE, 1988: 167 ff.). Jedoch ist zu beachten, dass Opponenten, wenn man von subjektiven und eigennützigen Motiven absieht, eine positive Rolle im Sinne der Risikovermeidung spielen können.

Machtopponenten verzögern, behindern oder verhindern kraft ihres hierarchischen Potenzials Beschaffungsentscheidungen. **Fachopponenten** verzögern, behindern oder verhindern unter Einsatz ihres fachlichen Potenzials Beschaffungsentscheidungen. Beide sind schwerer identifizierbar als Promotoren, da sie mehr aus dem Hintergrund heraus und meist nicht direkt gegen die Beschaffungsentscheidung, sondern gegen Maßnahmen argumentieren, die mit dieser im Zusammenhang stehen.

Promotorenstruktur	Anzahl der Prozesse	%	Durchschnittliche Anzahl der Aktivitäten (1)	Durchschnittlicher Aktivitätstakt (2)	Anteil von Spitzeninnovationen (3) Anzahl der Aktivitäten %	
Gespannstruktur	87	37,3	57,6	10,9	24,7	45,5
Einseitige Machtstruktur	37	15,9	31,5	13,0	7,9	14,5
Einseitige Fachstruktur	43	18,5	35,1	16,8	9,0	16,6
Personalunion	16	6,8	26,9	15,6	3,9	7,2
Struktur ohne Promotoren	50	21,5	13,3	20,9	8,8	16,2
	223	100,0			54,3	100,0

Anmerkungen: (1) *Anzahl der Aktivitäten:* mitwirkende Handlungen aller Prozessbeteiligten, d. h. nicht nur Promotorenaktionen; (2) *Aktivitätstakt:* Tage zwischen dem Beginn einer Aktivität und dem Beginn der nächsten; (3) *Anteil von Spitzeninnovationen:* Anteil der Promotionsstrukturen an Entscheidungen mit hohem Innovationsgrad (Umrechnungen des Verfassers; gerundete Angaben)

Abbildung 4.7   Bedeutung der Promotorenstrukturen für Innovationsentscheidungsprozesse (nach WITTE, 1988: 152 ff.)

Es kann davon ausgegangen werden, dass konsequente Opponenten nicht dem BC angehören, jedoch über hierarchisches und Fachpotential verfügen und als **Opponentengespann** gegenüber dem BC auftreten. Dies geschieht z. B. während der Verhandlungspausen bei den innerbetrieblichen Abstimmungen des BC. Oftmals werden auch die von den Opponenten vertretenen Unternehmensbereiche von oppositionellen Haltungen erfasst, so dass sich erhebliche Störpotenziale aufbauen. Oppositionelle Auffassungen treten jedoch auch innerhalb des BC auf, z. B. bei der Diskussion der von den verschieden Anbietern vorgelegten Problemlösungen.

Die *Rolle des Opponentengespanns* wird an einer Reihe von Aktivitäten beispielhaft deutlich (WITTE, 1988: 167f.):

- Argumentationen gegen organisatorische Ist-Aufnahmen, gegen Einschaltung von Beratern, gegen die Einberufungen von Konferenzen

- Kritik an problemlösenden Aktivitätsbeiträgen

- Aufdecken von Informationslücken

- Verzögerung von Teilentschlüssen

- Verwerfen von Lösungsvorschlägen der Promotoren

- Anzweiflung vorgelegter Prognosen

- Anzweiflung der Vorteilhaftigkeit erzielter Vereinbarungen

Die Opponentenrolle ist jedoch keineswegs nur unter negativen Vorzeichen zu sehen. Opponenten stellen eine permanente Herausforderung dar, welche die Promotoren zu sorgfältiger Arbeit veranlasst. Optimale hochkomplexe und -spezifische Beschaffungsentscheidungen sind sowohl auf die fördernde Rolle des Promotorengespanns als auf die risikoreduzierenden Einwirkungen des Opponentengespanns zurückzuführen. WITTE stellt folgende Hypothese auf: *„Laufen Entscheidungsprozesse unter dem Zusammenwirken sowohl des Promotorengespanns als auch des Opponentengespanns ab, so ist ihre Effizienz vergleichsweise höher, als wenn Entscheidungsprozesse ausschließlich durch ein Promotorengespann gefördert werden"* (WITTE, 1988: 169).

4.2.4.4 Das Psychotypenmodell von MYERS-BRIGGS

Das 1962 von K. BRIGGS und I. BRIGGS MYERS vorgelegte **MBTI-Modell** (*Myers-Briggs Type Indicator*) beschreibt die auf die Psychotypenlehre des Schweizer Psychologen und Psychiaters C. G. JUNG (1875 - 1961) zurückgehenden Persönlichkeitstypen. Die Anwendung im Business-to-Business-Marketing ist vor allem wegen der möglichen und auch notwendigen Identifizierung von Entscheidertypen der Nachfragerorganisation (und Anbieterorganisation) und zur Interpretation der Beziehungen zwischen den Repräsentanten beider Seiten zu empfehlen. Aussagen zu Auswirkungen auf den Transaktionserfolg erlaubt die alleinige Anwendung des Modells allerdings nicht, wie empirische Untersuchungen belegen (DION ET AL., 1995: 5 ff.). Es wurde ermittelt, dass die Variablen „Vertrauen" (des Einkäufers in den Verkäufer), „Ähnlichkeit der Einkäufer- und Verkäuferpersönlichkeit" und Absatzleistung des Verkäufers zwar untereinander korrelieren, mit den MBTI-Indikatoren jedoch keinen signifikanten Zusammenhang aufweisen.

Jedoch können mithilfe des MBTI die Persönlichkeitstypen der an den Transaktionen beteiligten Geschäfts- und Verhandlungspartner klassifiziert, Ähnlichkeiten zwischen ihnen bestimmt und unter Einbeziehung anderer Typologien besser hinsichtlich ihres Entscheidungsverhaltens identifiziert werden.

Nach dem MBTI-Modell ist Persönlichkeit in vier Dimensionen klassifizierbar (MURRAY, 1990: 1187 ff.; CARLYN, 1977: 461 ff.; Abb. 4.8).

Extravertiertheit - Introvertiertheit (Extraversion - Introversion)
E-I Index
Sinneswahrnehmung - Intuition (Sensation/Sensing - Intuition)
S-N Index
Denken - Fühlen (Thinking - Feeling)
T-F Index
Beurteilung - Wahrnehmung (Judgement - Perception)
J-P Index

Abbildung 4.8   Die vier Dimensionen von Persönlichkeitstypen (nach JUNG und MYERS-BRIGGS)

Das Modell ist seit seinem Erscheinen Gegenstand breiter Anwendung und wurde in den letzten Jahren ständig verfeinert (MURRAY, 1990: 1187 ff.). Zur Identifizierung der MBTI-Typen sind im Laufe der Zeit umfangreiche Feldforschungen mit sehr unterschiedlicher Methodik betrieben worden. So wurde in den USA eine auf der Selbstbeschreibung von N = 103 weiblichen und N = 106 männlichen Studenten und Hochschulabsolventen beruhende Untersuchung anhand einer 300 Eigenschaftswörter umfassenden Checkliste durchgeführt (BROOKS/JOHNSON, 1979: 747 ff.). Die Ergebnisse werden zur Abrundung der im folgenden erläuterten Dichotomien verwendet.

Extravertiertheits – Introvertiertheits – Dimension (E-I)

Von JUNG wurde die Auffassung vertreten, dass die E-I-Skala fundamental für die Persönlichkeit ist und jeder Persönlichkeitstyp von der relativen Vorherrschaft der einen oder anderen Seite geprägt wird (Abb. 4.8 a).

Beschreibende Adjektive:

Extravertierte Männer (N=59):

anpassungsfähig, aufgeweckt, dankbar, herzlich, fröhlich, begeistert, liebevoll, selbstbewusst, zuverlässig, gutaussehend, einfallsreich, lustig, gelassen, energisch

Extravertierte Frauen (N= 67):

aktiv, freundlich, abenteuerlich, ungezwungen, unternehmungslustig, fortschrittlich, einfallsreich, geistreich, mutig, opportunistisch, eigensinnig, aufrichtig

Extravertierte Männer und Frauen (N=126):

breit interessiert, enthusiastisch, versöhnlich, gesellig, energisch, freimütig, gesprächig, spontan, aggressiv, anmaßend

Extrovertierte Personen orientieren sich an äußeren Objekten, sind lebenszugewandt und beziehen ihre Energie aus ihrer Umwelt. Sie sind an Beziehungen zu anderen interessiert und legen auf deren Urteil über sich großen Wert. Extrovertierte bevorzugen aktive, praxis- und kontaktorientierte Berufe, wie Marketingfachleute, Personaldirektoren, Sozialarbeiter.

Introvertierte Personen sind mehr mit ihren inneren psychologischen Vorgängen befasst und eher verschlossen, legen relativ wenig Wert auf Meinungen anderer über sich und schöpfen Kraft aus der Einsamkeit und zurückgezogenen Aktivitäten. Sie ergreifen wissenschaftlich-technische Berufe und bevorzugen individuelle Jobs, wie Ingenieure, Informatiker, Mathematiker, Ärzte, Künstler u. a.

Beschreibende Adjektive:

Introvertierte Männer (N=47):

ängstlich, launisch, gedankenverloren, besorgt, seltsam, zurückhaltend, egozentrisch, ausweichend, hastig, verlegen, unordentlich, selbstherrlich, reizbar, teilnahmslos, ungeduldig, gleichgültig, pessimistisch, töricht, misstrauisch, selbstmitleidig, langsam

Introvertierte Frauen (N=36):

aufrichtig, realistisch, still, bescheiden, klagend, methodisch, pedantisch, träge, zurückgezogen

Introvertierte Männer und Frauen (N=83):

ruhig, reserviert, scheu, abwehrend, sanft, nachlässig, gehemmt, schweigsam, zurückgezogen, vorsichtig, nervös, ängstlich

---

(MURRAY, 1990: 1189; CARLYN, 1977: 469; BROOKS/JOHNSON, 1979: 748)

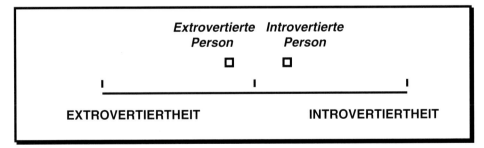

Abbildung 4.8 a   Die Extrovertiertheits-Introvertiertheits-Dimension

Sinneswahrnehmungs – Intuitions – Dimension (S-N)

Diese Dichotomie spiegelt zwei unterschiedliche Erkenntnisweisen wider. Der **sinnesorientierte Typ** orientiert sich am Erkennen des durch die Sinne Beobachtbaren. Die Sinneswahrnehmungsdimension ist durch Praxisnähe und Realismus gekennzeichnet. S-Typen neigen praktischen Berufen zu, wie Unternehmensführung, Betriebswirte, Bankangestellte, Verkäufer, Mediziner, Landwirte u. a.

Beschreibende Adjektive:

Sinnesorientierte Männer (N=36):

konservativ, scheu, aggressiv, pessimistisch, gleichgültig

Sinnesorientierte Frauen (N=46):

ruhig, besonnen, scheu, klagend, förmlich

Der **intuitive Typ** neigt zu abstraktem Denken und dazu, jenseits der durch die Sinnes-wahrnehmung aufgenommenen Informationen nach Ursachen und innewohnenden Kräften zu suchen. In dieser Gruppe sind viele Intelligenzberufe vertreten, wie Naturwissen-schaftler, Architekten, Künstler, Musiker, Schriftsteller.

Beschreibende Adjektive:

Intuitive Männer (N=70):

anpassungsfähig, breit interessiert, sensibel, intelligent, liebenswürdig, herzlich, liebe-voll, fröhlich, sympathisch, aufrichtig, selbstsicher, sentimental, nachdenklich, vertrau-ensvoll, idealistisch, natürlich, weitblickend, kompliziert, logisch, initiativreich, ge-sprächig, freimütig, schelmisch, unkonventionell, sexy, temperamentvoll, energisch

Intuitive Frauen (N=57):

versöhnlich, phantasievoll, zerstreut, fortschrittlich, kokett, mutig, rebellisch

Intuitive Männer und Frauen (N=127):

individualistisch, einfallsreich, klug, spontan, originell, einfallsreich, charmant, genial

(MURRAY, 1990: 1189; Carlyn, 1977: 470; BROOKS/JOHNSON, 1979: 748/49)

Denken – Fühlen – Dimension (T-F)

Es werden zwei unterschiedliche Entscheidungswege beschrieben. **Denker** neigen dazu, Entscheidungen unpersönlich, auf der Grundlage logischer und objektiver Methoden zu treffen. Sie sind streng ordnungsliebend, ausdauernd und in Berufen zu finden, die logi-sches Denken erfordern, wie wissenschaftlichen, technischen und kaufmännischen.

Beschreibende Adjektive:

Männliche Denkertypen (N=56):

aufgeweckt, logisch, anmaßend, energisch, misstrauisch, unangenehm, schwierig

Weibliche Denkertypen (N=20):

defensiv, hastig

Der **Gefühlstyp** strebt in Entscheidungssituationen Annäherung, menschliche Wärme und Harmonie an. Die Gefühlsdimension betont persönliche Werte und ist durch subjektive Haltungen geprägt. Charakteristisch sind Berufe im Rahmen von Anbieter-Kunden- Be-ziehungen sowie beratende, soziale, seelsorgerische und Pflegeberufe.

Beschreibende Adjektive:

Männliche Gefühlstypen, (N=50)

wissbegierig, vielfältig interessiert, freundlich, sanft, humorvoll, aufrichtig, sentimental, empfindsam, uneigennützig, verträumt

Weibliche Gefühlstypen (N=83)

verständnisvoll, weichherzig, versöhnlich, empfindsam, großzügig, konservativ

(MURRAY, 1990: 1189; CARLYN, 1977: 470; BROOKS/JOHNSON, 1979: 749)

Beurteilungs – Wahrnehmungs – Dimension (J-P)

Die J-P-Dimension beinhaltet Urteils- und Wahrnehmungsfunktionen. Der **Beurteilungstyp** ist durch geplantes und ordnungsgemäßes Vorgehen und das Bestreben gekennzeichnet, Probleme zu lösen. Er sucht nach Wegen, aus Wahrgenommenem Schlussfolgerungen zu ziehen. Es dominieren Business-orientierte Berufe.

Beschreibende Adjektive

Männliche Beurteilungstypen (N=47)

ehrlich, vernünftig, fortschrittlich, attraktiv, realistisch, konservativ

Weibliche Beurteilungstypen (N=53)

zuverlässig, kooperativ, verständnisvoll, aufgeweckt, praktisch, klar denkend, entschlossen, fleißig, vorsichtig, unabhängig, natürlich, großzügig, besonnen, unternehmungslustig, planmäßig, präzis, würdevoll, gewissenhaft

Männliche und weibliche Beurteilungstypen (N=100)

realistisch, tüchtig, ausgeglichen, planmäßig, gründlich, vernünftig, konventionell

Der **Wahrnehmungstyp** präferiert einen spontanen, flexiblen, reaktiven Lebensstil, hält sich Optionen offen und passt sich den Lebensumständen an. Er nimmt Menschen, Dinge, Ideen und Ereignisse bewusst wahr. Zu typischen Tätigkeiten zählen Schriftsteller, Künstler, Architekten und Werbeberufe.

Beschreibende Adjektive:

Männlicher Wahrnehmungstyp (N=59):

individualistisch, unbeständig, gemächlich, träumerisch, impulsiv, zerstreut, vergesslich, zurückgezogen, ungeschickt

Weiblicher Wahrnehmungstyp (N=50):

unbeständig, vergnügungssüchtig, abwehrend, gemächlich, impulsiv, mutwillig, zerstreut, verworren, selbstbezogen (*self-seeking*), nachlässig, übernervös, reizbar, träge, unordentlich, launisch

(MURRAY, 1990: 1190; CARLYN, 1977: 471; BROOKS/JOHNSON, 1979: 749)

Typenkombinationen

Jede Persönlichkeits- bzw. jeder Personentyp kann durch Kombination der vier Dichotomien klassifiziert werden. Demnach sind 16 Typen möglich (Abb. 4.9).

```
ISTJ  ISFJ  INFJ  INTJ
ISTP  ISFP  INFP  INTP
ESTP  ESFP  ENFP ENTP
ESTJ  ESFJ  ENFJ ENTJ
```

*Abbildung 4.9   Die 16 Kombinationen der psychotypischen Dimensionen (*CARLYN*, 1977: 462)*

Bestimmte Tätigkeitsbereiche weisen signifikante Konzentrationen von Personentypen auf, wie z. B. Häufungen **wirtschaftszweigabhängiger Typenkombinationen**. So herrschen **ST**-Typen in Business und Verwaltung vor. **SF-Typen** sind gehäuft in Verkaufs- und Dienstleistungsberufen zu finden. **NF-Typen** übertreffen die anderen in der Beratungstätigkeit und Schreibtischarbeit. **NT-Typen** engagieren sich verstärkt in Wissenschaft und Forschung (CARLYN, 1977: 471).

Der **Entscheidungsstil von Führungskräften** ist an bestimmte Personentypen gebunden. **SF-Typen** streben bei Entscheidungsprozessen Konsens mit ihren Mitarbeitern an **ST-Typen** präferieren klare Fakten und logische Analysen bei der Entscheidungsfindung. Sie nehmen Risiken stärker wahr und zögern vor der Annahme von Projekten. **IT-Typen** gehen logisch vor und prüfen erst verschiedene Voraussetzungen, bevor sie Entscheidungen treffen. **IF-Typen** sind davon überzeugt, dass Entscheidungsfindung nur im Zusammenhang mit der genauen Prüfung der entsprechenden Bedingungen und Voraussetzungen möglich ist (MURRAY, 1990: 1197).

Industrieeinkäufer und -verkäufer zeigen eine relativ hohe Übereinstimmung mit der MYERS-BRIGGS-Typologie. So verteilen sich 43,6 % der Verkäufer auf drei MBTI-Typen **ESTJ** (23,4 %), **ENTJ** (10,5 %) und **ESFJ** (9,7 %). Bei den Einkäufern lassen sich 52,5 % den zwei MBTI-Typen **ESTJ** (32,3 %) und **ISTJ** (20,2 %) zuordnen (DION ET AL., 1995: 6). Bemerkenswert ist, dass alle Verkäufertypen extravertiert sind und nur sie die Merkmale Intuition (**N**) und Gefühlsorientiertheit (**F**) aufweisen. Nicht überraschend ist das Vorkommen von Introvertiertheit (**I**) bei Einkäufern im Gegensatz zu Verkäufern.

Die Anwendung des MBTI-Modells auf Entscheidungsprozesse in der Wirtschaft ergab, dass Personen verschiedener Persönlichkeitstypen aufgrund unterschiedlicher Umweltwahrnehmung und unterschiedlichen Entscheidungsverhaltens miteinander Probleme in der Zusammenarbeit haben (MURRAY, 1990: 1197).

4.2.4.5 Die Innovatorentypologie von STROTHMANN

Im Rahmen einer vom Nachrichtenmagazin „Der Spiegel" 1988 durchgeführten Untersuchung zum Innovationsmarketing in Maschinenbau und Elektrotechnik wurden drei Entscheidertypen festgestellt (STROTHMANN/KLICHE, 1989: 82f.; KLICHE, 1991: 83).

Der **Entscheidungsorientierte** legt besonderen Wert auf Zügigkeit, setzt sich im Entscheidungsgremium souverän durch und betrachtet sich als Alleinentscheider. Er orientiert sich an der Angebotsqualität und bei Übereinstimmung der vorliegenden Angebote am

Preis. Er nimmt an mehreren Entscheidungsprozesse gleichzeitig teil. Sein Informationsverhalten ist durch Konzentration auf die wesentlichen Fakten gekennzeichnet.

Der **Faktenorientierte** orientiert sich stark an Details, verzögert dadurch die Entscheidungsprozesse, hat aber maßgeblichen Einfluss auf das Ergebnis. Als relativ unauffälliger Typ ist er mehr im Hintergrund tätig. Er ist nur an wenigen Prozessen gleichzeitig beteiligt.

Der **Sicherheitsorientierte** ist ein zögernder Entscheider, der sich durch selektives Informationsverhalten und Prüfung der Angebotsalternativen auszeichnet. Er tritt als Impulsgeber für innovative Technologien auf. Gleichzeitig orientiert er sich am Lieferantenimage. Sein Absicherungsstreben richtet sich auf den Investitionsnutzen, die Investitionsfolgen und mit diesen verbundene Leistungen des Lieferanten (Service, Ersatzteile).

4.2.4.6 Das Kaufentscheidermodell von DROEGE/BACKHAUS/WEIBER

Dieses Modell umfasst vier Gruppen bzw. Segmente von Investitionsgüternachfragern: Faktenorientierte, Imageorientierte, Sicherheitsmaximierer und Inspekteure (DROEGE ET AL., 1993: 60 ff.).

Faktenorientierte (25 %) legen auf die Fachkompetenz der Anbieter den größten Wert. Sie erwarten Know-how-Nachweise und die Vorlage entsprechender Referenzen. Reputation spielt für sie eine unterdurchschnittliche Rolle. Faktenorientierte sind vor allem im Fahrzeug- und Anlagenbau anzutreffen.

Imageorientierte (18 %) legen auf die Reputation der Anbieter überdurchschnittlichen, auf deren Fähigkeiten unterdurchschnittlichen Wert. Für sie spielt die Zukunftssicherheit eine sehr große Rolle.

Sicherheitsmaximierer (34 %) orientieren sich sowohl an den Fähigkeiten als an der Reputation der Lieferanten.

Inspekteure (23 %) orientieren sich wenig an den beiden Dimensionen Fähigkeiten und Reputation. Sie konzentrieren sich bei ihrer Einkaufsentscheidung auf die vorliegenden Angebote und inspizieren diese genau.

4.2.4.7 Die Einkaufsentscheidungstypologie von STROTHMANN

Die Image-Fakten-Reaktionstypologie von Strothmann beurteilt einkaufsentscheidende Fachleute der Industrie (STROTHMANN, 1979: 99). Dabei wurden die drei Entscheidertypen Fakten-Reagierer, Image-Reagierer und Reaktionsneutraler identifiziert.

Der **Fakten-Reagierer** zeichnet sich durch eine möglichst vollständige Urteilsfindung bezüglich vorliegender Angebote aus. Dabei stützt er sich auf umfangreiches, durch Informationstätigkeit erworbenes Faktenwissen.

Image-Reagierer sprechen mehr auf imagepolitische Maßnahmen des Anbieters an. Sie legen auf Leistungsdaten Wert, streben jedoch nicht absolute Vollständigkeit an. Emotionale Aspekte haben bei ihrer Einkaufsentscheidung eine große Bedeutung.

Der **Reaktionsneutrale** stellt eine Mischform der beiden Typen dar. Es kann sich um eigentliche Image-Reagierer handeln, die jedoch unter Entscheidungs-Sachzwängen der Fakten-Reaktion zuneigen müssen.

4.2.4.8 Die Informationsverhaltenstypologie von STROTHMANN

Diese Typologie des Informationsverhaltens einkaufsentscheidender Fachleute wurde im Zusammenhang mit werbepsychologischen Untersuchungen entwickelt und beschreibt den literarisch-wissenschaftlichen, den objektiv wertenden und den spontanen, passiven Typ (STROTHMANN, 1979: 93 ff.).

Der **literarisch-wissenschaftliche Typ** legt größten Wert auf vertiefte Informationen in schriftlicher Form. Damit möchte er umfassende Kenntnisse über die Beschaffungsobjekte erlangen. Er erreicht dies durch ständige Lektüre von Fachzeitschriften und Fachbüchern. Der Typ ist tendenziell introvertiert. Er lässt Verhandlungen mit den Anbietern entsprechendes Studium der Fachliteratur vorausgehen. Dieser Typ ist bei Einkaufsentscheidern nicht sehr verbreitet, jedoch in F&E- und Stabsbereichen oft vertreten.

Der **objektiv-wertende Typ** nutzt jede relevante Information zur Entscheidungsfindung. Damit ähnelt er dem literarisch-wissenschaftlichen Typ, nutzt jedoch pragmatisch vor allem die für die konkrete Beschaffung relevante Information. Dieses Informationsverhalten ist bei Einkaufsentscheidern häufig, bei Technikern mehr als bei Kaufleuten anzutreffen.

Der **spontane, passive Typ** orientiert sein Informationsverhalten an den aktuellen Entscheidungsprozessen und nicht darüber hinausgehend. Er reagiert spontan auf Informationen, die ihm zufällig begegnen. Seine Informationsansprüche werden primär von den Sachzwängen der Einkaufsentscheidungen diktiert. Er präferiert das gesprochene Wort (Verhandlungen, Messebesuche) gegenüber Geschriebenem. Damit befindet sich der Spontane, Passive in diametraler Position zu den beiden anderen Informationstypen.

4.2.5 Macht und Einfluss im Buying Center

Entscheidungen des Buying-Centers werden immer im Rahmen des zwischen den verschiedenen Gremienmitgliedern herrschenden Beziehungsgeflechtes getroffen. Diese Beziehungen sind durch die Rollen, welche den Mitgliedern zugewiesen sind, durch typologische Merkmale der Mitglieder und durch deren Einfluss im BC und im Umfeld der Nachfragerorganisation bestimmt (Abb. 4.5).

Der Einfluss der BC-Mitglieder beruht auf unterschiedlicher **Einflussstärke**, die als Macht definiert werden kann. **Macht** ist die Fähigkeit von jemandem, seinen Willen anderen aufzuzwingen, **unilaterale Macht** das Vermögen einer Seite, die andere Seite ohne ihre Zustimmung eines besonderen Ergebnisses wegen zu unterwerfen (MACNEIL, 1981: 1036). Das Machtkonstrukt kann in der Weise strukturiert werden, dass **Macht** als die Fähigkeit von Menschen bzw. **Quellen** (*sources*) definiert wird, Meinungen und Verhalten anderer Menschen bzw. **Ziele** (*targets*) zu beeinflussen (VENKATESH ET AL., 1995: 72, 74; Abb. 4.10). Verkürzt formuliert ist Macht *latenter Einfluss*. (KOHLI/ZALTMAN, 1988: 197-204; DAWES ET AL., 1998: 57).

Die Rollenverteilung im BC ist zunächst ein inneres, arbeitsteiliges Problem des Gremiums, jedoch zu einem wesentlichen Teil auf sein Gegenüber, das Selling Center, gerichtet.

Für die Anbieterorganisation ist außer der Kenntnis dieser Rollenzuordnung wichtig, die Machtverhältnisse im Gremium und zwischen den Mitgliedern im Hinblick auf den Entscheidungsablauf zu identifizieren. Man unterscheidet die Machtarten nach verschiedenen Kriterien, wie Hierarchie, Fachkompetenz, Verfügung über Informationen u. a..

Referenzmacht

Das Ausmaß, in welchem sich ein Ziel (*target*) zu einer Quelle (*source*) wegen deren Fähigkeiten hingezogen fühlt bzw. sich mit dieser identifiziert, wird als Referenzmacht (*referent power*) bezeichnet.

Beispiele:

Der für den Informationsfluss im BC verantwortliche Assistent der Geschäftsleitung (*Gatekeeper; target*) orientiert sich in Tätigkeit und Verhalten am Mitglied der Geschäftsleitung (*source*), das Teamleiter (*Decider*) ist und fundierte fachliche und Führungserfahrungen hat (*Personalunion von Macht- und Fachpromotor*). – Der erfahrene und erfolgreiche Außendienstler (*source*) hat Referenzmacht gegenüber jungen Verkaufsingenieuren (*targets*), die ihm nacheifern.

Informationsmacht

Über Informationsmacht (*information power*) verfügt, wer als Quelle Zugang zu und Kontrolle über solche sachbezogenen Informationen hat, welche anderen Personen (*targets*) nicht zugänglich sind.

Beispiele:

Der Einkäufer (buyer; source) eines Druckhauses, der die Angebotslandschaft und die Absatzverantwortlichen der Druckereimaschinenbranche gut kennt, hat einen wichtigen Informationsvorsprung und übt über die anderen BC-Mitglieder (targets) Informationsmacht aus. Das Geschäftsleitungsmitglied (source), das als Key-Account-Manager enge Beziehungen zu Macht- und Fachpromotoren potenzieller Nachfragerorganisationen unterhält, hat Zugang zu Informationen, die seinen Leitungskollegen (targets) nicht zur Verfügung stehen.

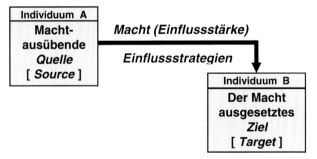

Abbildung 4.10   Die grundlegende Machtbeziehung im Buying Center

Spezialistenmacht

Die Kompetenz einer Quelle bezüglich eines sachbezogenen Objektes verleiht dieser gegenüber anderen Personen (*targets*) Spezialistenmacht (*expert power*).

Beispiele:

Der für die Konstruktion rotationssymmetrischer Metallteile verantwortliche Ingenieur (*source*) hat als *Influencer* aufgrund seiner Spezialkenntnis des Marktangebotes und der Einsatzmöglichkeiten der zu beschaffenden Flexiblen Fertigungszelle Spezialistenmacht über die anderen BC-Mitglieder (*targets*). – Die Mitarbeiter der Marktforschungsabteilung (*sources*) verfügen aufgrund durchgeführter Marktbefragungen zum Nachfragerverhalten und zur künftigen Marktentwicklung über Wissens- und Informationsvorsprünge gegenüber den Vertriebsmitarbeitern (*targets*).

Aktivierungsmacht

Aufgrund des Vermögens von Quellen, den Zielen sowohl Vorteile („Belohnungen") zu gewähren als auch Zwang auf sie auszuüben, wurde das Konstrukt der Aktivierungsmacht (*reinforcement power*) als Oberbegriff für Belohnungsmacht (*reward power*) und Sanktionsmacht (*coercive power*; auch: *Zwangs-* oder *Bestrafungsmacht*, FLIESS, 1995: 362) eingeführt (VENKATESH ET AL., 1995: 77).

Eine Quelle hat **Belohnungsmacht**, wenn sie einem Ziel materielle und immaterielle Vergünstigungen gewähren kann.

Beispiele:

Der Leiter des Buying Centers (Decider, source) signalisiert dem Einkäufer (Buyer, target) Unterstützung bei künftigen Beschaffungsprojekten, wenn dieser seiner Lieferantenwahl zustimmt. Der Einkäufer (Buyer, source) seinerseits unterstützt die Überlegungen des Fertigungsstättenleiters (User, target) mit Blick auf dessen spätere Kompromissbereitschaft. – Der Technische Direktor (Decider, source) wird auf die engagierte und kooperative Arbeitsweise des Influencers (target) – er bildet mit ihm ein Promotorengespann – oder des Gatekeepers (target) aufmerksam und setzt sich für deren Beförderung ein bzw. nimmt positiven Einfluss auf ihre Karriere.

Eine Quelle verfügt über **Sanktionsmacht**, wenn sie auf Ziele materiell und immateriell Zwang ausüben kann. Dies schließt die Beziehungen zwischen Promotoren und Opponenten ein, wobei das Gewicht ihrer hierarchischen Position und Fachkompetenz berücksichtigt werden muss.

Beispiele:

Im BC vertretene oder auch nicht zugehörige Facharbeiter (User, sources, Promotoren) signalisieren dem Decider (target, Opponent), dass im Falle einer von ihnen nicht präferierten Einkaufsentscheidung die mit dem Investitionsgut zu erbringende Leistung nicht optimal sein wird. – Der Marketingchef (source) lässt wegen nicht optimal erfüllter Verkaufs- und Informationsaufgaben einen Außendienstmitarbeiter (target) bei einer fälligen Gratifikationsrunde unberücksichtigt.

Legitimationsmacht

Legitimationsmacht (*legitimate power*) der Quelle herrscht innerhalb eines durch soziale und organisatorische Normen festgelegten Rahmens. Dort müssen die Ziele in Übereinstimmung mit der Quelle handeln.

Beispiele:

Die Mitarbeiter eines Unternehmens (targets) müssen entsprechend den Anordnungen der Führungskräfte (sources) handeln. – Der Werbeleiter (source) besitzt durch seine hierarchische Stellung Legitimationsmacht gegenüber seinen Layoutern und Designern (targets). Sie haben seine Anweisungen zu befolgen.

Abteilungsmacht

Die relative Bedeutung eines Bereiches (Quelle) verschafft diesem insgesamt sowie seinen Mitarbeitern Abteilungsmacht (*departmental power*) gegenüber dem übrigen Unternehmen (Ziele).

Beispiele:

Die Verantwortung der Finanzabteilung (source) bei der Zuteilung des Marketingbudgets begründet deren Abteilungsmacht gegenüber anderen Unternehmensbereichen (targets). – Im BC repräsentiert der Vertreter des Finanzbereiches als Genehmigungsinstanz (source) für die Beschaffung des Investitionsgutes gegenüber den anderen BC-Mitgliedern (targets) Abteilungsmacht. – Die Informatiker des Unternehmens (sources) setzen ihre Vorstellungen bei Hardware- und Softwareeinkäufen durch.

4.3 Die Beziehungen zwischen den Partnern in Investitionsgütertransaktionen

4.3.1 Zur Rolle des Vertrauens zwischen Anbieter- und Nachfragerorganisation

Von wesentlicher Bedeutung für die Beziehungen zwischen Nachfragerorganisation und Anbieterorganisation ist das zwischen ihnen bestehende **Vertrauen** und dabei insbesondere das Vertrauen des BC in seine direkten Verhandlungspartner. Untersuchungen ergaben, dass aktuelle Kaufentscheidungen und zukünftige Beziehungen zwischen Nachfrager- und Anbieterorganisation sowohl vom Anbieterunternehmen als Institution als auch von der Persönlichkeit des Verkäufers beeinflusst werden (DONEY/CANNON, 1997: 35 ff.; Abb. 4.11).

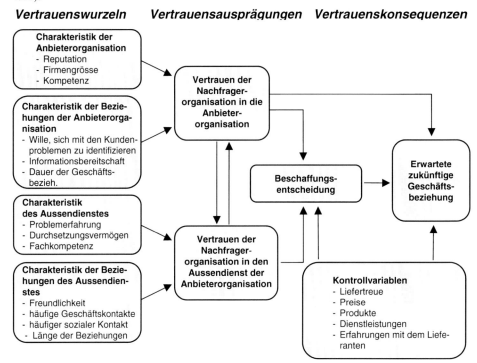

Vertrauenswurzeln   Vertrauensausprägungen   Vertrauenskonsequenzen

Abbildung 4.11   Vertrauen der Nachfragerorganisation und Geschäftserfolg der Anbieterorganisation (nach DONEY/CANNON, 1997: 39)

Wichtige Charakteristika der Anbieterorganisation sind für den Nachfrager Reputation und Fachkompetenz, der Wille, sich mit den Kundenproblemen zu identifizieren und vertrauensvoller Informationsaustausch. Bezüglich der Außendienstmitarbeiter und Selling-Center-Mitglieder wird auf deren Erfahrungen in Anwenderproblemen und ihr Durchsetzungsvermögen bei der Kundenproblemlösung in der eigenen Organisation besonderer

Wert gelegt. Weiterhin erwartet man entgegenkommendes persönliches Verhalten, häufige geschäftliche und soziale Kontakte sowie Dauerhaftigkeit der Beziehung zu den gleichen Personen. Diese Variablen formieren das Kundenvertrauen in den Lieferanten und seine Mitarbeiter und bilden eine wichtige Grundlage für die Beschaffungsentscheidung. Hieraus lässt sich zukünftiges Geschäftsverhalten der Nachfragerorganisation ableiten.

Bezüglich der Identifizierung des Anbieters mit den Kundenproblemen ist für die Vertrauensbildung beim Nachfrager von sehr großer Bedeutung, inwieweit dieser zu seinen Gunsten vorgenommene spezifische (*ideosynkratische*) Investitionen des Anbieters wahrnimmt. Im persönlichen Kontakt mit den Mitarbeitern der Partnerorganisation werden seitens des Kunden Liebenswürdigkeit, Übereinstimmung in Bezug auf allgemeine Interessen und Werte sowie intensive Kommunikation erwartet (vgl. DONEY/CANNON, 1997: 39f.).

4.3.2 Einflussstrategien in den interorganisationalen Beziehungen

Einfluss wird von Unternehmen auf der Grundlage ihrer Machtposition mit dem Ziel der Durchsetzung ihrer Strategien und operativen Zielsetzungen gegenüber anderen Unternehmen ausgeübt. **Macht** als Einflussstärke ist die Fähigkeit eines Unternehmens (**Quellunternehmen; source firm**), in seinem Sinne die Entscheidungsvariablen, das Verhalten und Auffassungen eines anderen Unternehmens (**Zielunternehmen; target firm**) zu beeinflussen (FRAZIER/SUMMERS, 1986: 169; FRAZIER/RODY; 1991: 52; Abb. 4.13). Nach der *Dependenztheorie* von EMERSON beruht in einer zweiseitigen Firmenbeziehung die Macht der einen Seite auf der Abhängigkeit der anderen von dieser Beziehung. Die Abhängigkeit ist umso größer, je lohnender die Beziehung im Vergleich zu alternativen erscheint (EMERSON, 1962: 31 ff.; FRAZIER, 1983: 71).

Machtausübung in Firmenbeziehungen wird unter zwei Aspekten beurteilt. Während einerseits die Möglichkeit opportunistischen Handelns zum Nachteil des Zielunternehmens im Vordergrund steht, betont die andere Seite die positive Rolle der Macht bei effektiver Koordinierung der Austauschbeziehungen, Zielrealisierung und notwendigen Anpassungsmaßnahmen (FRAZIER/SUMMERS, 1986: 170).

Zur Durchsetzung von Macht setzen Quellunternehmen **Einflussstrategien** ein, die entsprechend der Intensität ihrer Auswirkungen auf das Zielunternehmen gegliedert werden können. Es lassen sich vier sanktionslose Einflussstrategien und drei Sanktionsstrategien unterscheiden (Abb. 4.12).

Sanktionslose Einflussstrategien	Sanktionsstrategien
Informationsaustausch Diskussionen Bitten Empfehlungen	Versprechen Drohungen rechtswirksame Erfüllungsaufforderungen

Abbildung 4.12   Arten von Einflussstrategien (FRAZIER/SUMMERS, 1984: 45 ff.)

Die einzelnen Strategietypen lassen sich wie folgt charakterisieren (VENKATESH ET AL., 1995: 72; FRAZIER/SUMMERS, 1984: 45 ff.):

Informationsaustausch *(Information exchange)*

Das Quellunternehmen stellt dem Zielunternehmen Informationen über allgemeine Geschäftsfälle und/oder Markttatbestände zur Verfügung, um auf diese Weise sanktionslos Einfluss auszuüben.

Beispiel:
Ein Maschinenbauunternehmen (source firm) übergibt einer seiner Vertreterfirmen (target firm) Informationen über positive Marktentwicklungen und aktuelle Bedarfsfälle im Vertretungsgebiet.

Diskussionen *(Discussions)*

Das Quellunternehmen diskutiert mit dem Zielunternehmen über allgemeine Geschäftsfälle und/oder Markttatbestände, ohne spezielle Aktivitäten zu verlangen.

Beispiel:
Der OEM (Original Equipment Manufacturer; source firm) berät mit seinen Lieferanten (target firms) über aktuelle und künftige Marktanforderungen und Marktchancen.

Bitten, Wünsche *(Requests)*

Das Quellunternehmen informiert das Zielunternehmen über gewünschte Aktionen, ohne Konsequenzen bei Einwilligung/Nicht-Einwilligung anzudeuten.

Beispiel:
Aufgrund unerwarteter Auftragseingänge bittet der Computerhersteller (source firm) seinen Teilelieferanten (target firm) um vorzeitige Lieferung von Mikroprozessoren.

Empfehlungen *(Recommendations)*

Das Quellunternehmen deutet dem Zielunternehmen an, dass eine spezielle Vorgehensweise für das Zielunternehmen günstig wäre.

Beispiel:
Der Automobilhersteller (source firm) unterbreitet seinen Zulieferbetrieben (target firms) die Empfehlung, ihre Fertigungsorganisation und Distributionslogistik den Anforderungen der Quelle bezüglich Just-in-time-Lieferungen anzupassen, um auch weiterhin als Lieferanten erfolgreich zu sein.

Versprechungen *(Promises)*

Das Quellunternehmen verpflichtet sich gegenüber dem Zielunternehmen zu einer Belohnung, wenn dieses in die Wünsche des Quellunternehmens einwilligt.

Beispiel:
Ein Investitionsgüterexporteur (source firm) bietet einer Vertreterfirma (target firm) die Erhöhung der Provision für verstärktes Engagement (bauliche Erweiterungen, Schauräume, Untervertretungen, Einstellung neuer Außendienstmitarbeiter) im Vertretungsgebiet an.

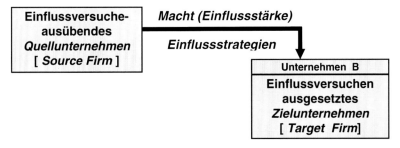

Abbildung 4.13   Die grundlegende Machtbeziehung zwischen Unternehmen

Drohungen *(Threats)*

Das Quellunternehmen lässt das Zielunternehmen wissen, dass es bei Nicht-Einwilligung in eine vom Quellunternehmen gewünschte Aktion Sanktionen zu erwarten hat.

Beispiel:

Der LKW-Hersteller (source firm) droht der Servicefirma (target firm) mit Kündigung des Service-vertrages, wenn bestimmte organisatorische Mängel nicht sofort beseitigt werden.

Rechtswirksame Erfüllungsaufforderungen *(Legalistic Pleas)*

Das Quellunternehmen zitiert gegenüber dem Zielunternehmen vertragliche oder infor-melle Vereinbarungen, durch welche das Zielunternehmen zur Durchführung einer be-stimmten Aktion verpflichtet ist.

Beispiel:

Ein Verarbeitungsmaschinenhersteller (source firm) weist einen unzuverlässigen Zulieferer (target firm) auf vertraglich vereinbarte Lieferbedingungen hin und droht im Wiederholungsfalle mit Ver-tragskündigung.

4.3.3 Unsicherheit und Information in den Beziehungen zwischen den Transaktionspartnern

Investitionsgütertransaktionen stellen zwischen Anbietern und Nachfragern erfolgende Übertragungen von Verfügungsrechten (*Property Rights*) dar. Der Anbieter offeriert dem Nachfrager ein Gut, z. B. die technische Lösung eines Problems und überträgt diesem auf der Grundlage einer Vertragsbeziehung das Verfügungsrecht über die Problemlösung. Der Nachfrager überträgt dafür im Gegenzug dem Anbieter das Verfügungsrecht über Geld. Ein Geschäft bzw. eine Transaktion – die Übertragung von Verfügungsrechten über eine technisch trennbare Schnittstelle hinweg – hat stattgefunden.(WILLIAMSON, 1990: 1). Bei-de Seiten wollen aus der Transaktion einen maximalen Nutzen ziehen. Der Lieferant einer Fertigungsanlage möchte auf *seinen* Absatzmärkten für seine Bemühungen um die Ent-wicklung und Bereitstellung von Know-how und Investitionsgut maximale Erlöse und Imagegewinne erzielen. Der Kunde verfolgt mit dem Einsatz der neuen Fertigungsanlage die gleichen Ziele auf *seinen* Märkten. Er knüpft an die Beschaffungsentscheidung fest umrissene Ziele in Bezug auf Umsatz- und Gewinnsteigerung, Qualitätsverbesserung, Fle-xibilitäts- und Produktivitätserhöhung, Kostensenkung, Kapazitätserweiterung, kurzum eine nachhaltige Stärkung seiner Wettbewerbsposition.

Die Abhängigkeit der Ziele des *Nachfragers* von der Beschaffung des als unentbehrlich angesehenen Investitionsgutes erzeugt bei ihm Unsicherheit wegen wahrgenommener Ri-siken, wie Problemlösungs-, Qualitäts- und Herstellerrisiko. Befürchtungen hinsichtlich der Problemlösungsfähigkeit und Zuverlässigkeit des Anbieters rufen Unbehagen hervor. Gleichzeitig ist der *Anbieter* unsicher über die Finanzlage und die seriösen Absichten von Nachfragern, wenn diese sich mit Anfragen an ihn wenden. Beide verfügen also nicht über die notwendigen Informationen zur hinreichenden Beurteilung der Gegenseite. Unsicher-heiten sind demzufolge auf Informationsdefizite zurückzuführen. Es wird zwischen exo-gener und endogener Unsicherheit unterschieden.

Exogene Unsicherheit hat ihren Ursprung außerhalb der Beziehungen zwischen Anbieter und Nachfrager. Sie resultiert aus der Umwelt der beiden Unternehmen und entzieht sich damit der Kontrolle der Marktpartner. Die unmittelbare Unternehmensumwelt (**Mikroumwelt**) sind die Branche, die Nachfragebranchen, der relevante Markt. Sie ist durch die Beziehungen zwischen Anbietern, Nachfragern, Wettbewerbern und Lieferanten gekennzeichnet. Die weitere Umwelt (**Makroumwelt**) wird durch globale Rahmenbedingungen, wie gesellschaftliche, politische, wirtschaftliche, kulturelle, ökologische, technische und andere Rahmenbedingungen, sowie die nicht zur Branche gehörenden, von außen auf die Unternehmen direkt oder indirekt Einfluss nehmenden **regulativen Gruppen**, wie Kapitalgeber, Interessenverbände, Gewerkschaften u. a. gebildet (KREILKAMP, 1987: 70 ff.).

Endogene Unsicherheit hingegen resultiert aus dem Verhalten der Marktteilnehmer untereinander. Einmal besteht sie beim *Nachfrager* über die Handlungsweisen des Anbieters bzw. potenziellen Lieferanten. Umgekehrt existiert endogene Unsicherheit beim *Anbieter* über die Handlungsweisen des Nachfragers. Endogene Unsicherheit wird also verursacht durch ungleiche Informationsverteilung, durch *Informationsasymmetrien* zwischen den beiden Partnern und dadurch möglichen Opportunismus, d. h. Handlungen, bei denen die Informationsdefizite des Geschäftspartners von der anderen Seite zu dessen Nachteil ausgenutzt werden.

4.3.4 Die Rolle von Informationsasymmetrien in den Anbieter-Nachfrager-Beziehungen – der Agency-Ansatz

Jede Anbieter-Nachfrager-Beziehung ist durch Informationsungleichverteilungen gekennzeichnet. Informationsasymmetrie stellt den typischen Zustand jeder Transaktion dar (vgl. FLIESS, 1995: 298). Der Anbieter verfügt über Kenntnisse, die dem Nachfrager nicht zur Verfügung stehen, dem Anbieter bleiben dagegen die internen Bedingungen des Nachfragers verschlossen. Bei einer Investitionsgütertransaktion handelt der Anbieter im Auftrage des Nachfragers. Jener entwickelt für diesen eine Problemlösung. Der Anbieter hat deshalb einen Informationsvorsprung gegenüber dem Nachfrager, der Nachfrager hat Informationsdefizite. Dieser Tatbestand wird als **Agency-Beziehung** bezeichnet (Abb. 4.14).

Immer, wenn ein Individuum oder eine Organisation von der Handlung eines anderen Individuums oder einer anderen Organisation abhängt, liegt eine **Agency-Beziehung** vor. Das handelnde Individuum bzw. die handelnde Organisation wird als **Agent**, das von der Handlung beeinflusste Individuum bzw. die von der Handlung beeinflusste Organisation als **Prinzipal** bezeichnet. Die Anbieterorganisation, die im Auftrage einer Nachfragerorganisation eine Tätigkeit vollzieht, ist **Agent**. Der Agent hat Informationsvorsprünge gegenüber seinem Auftraggeber. Die auftraggebende Nachfragerorganisation ist **Prinzipal** und hat Informationsdefizite gegenüber dem Agenten (PRATT/ZECKHAUSER, 1985: 2; BERGEN ET AL., 1992: 1).

Agency-Beziehungen sind charakteristische Attribute der Organisationalität, Spezifität und Relationalität des Investitionsgütermarketings. Im Mittelpunkt stehen die sich über diese Beziehungen vollziehenden Austauschtransaktionen zwischen Organisationen. Es sind Anbieter- und Nachfragerorganisationen, die eigennützige, mehr oder weniger voneinander abweichende Ziele verfolgen, deren Informationsstand unvollständig und deren Moral unvollkommen ist (KAAS,1992: 888). Die Agency-Theorie gebraucht die Metapher des Vertrages, um *Relationships* zu beschreiben, bei welchen die eine Seite Arbeit an die andere delegiert (ARROW, 1985: 37; SPREMANN, 1990: 572; BERGEN ET AL., 1992: 2). Die im Rahmen der Agency- Beziehungen vom Agenten auf den Prinzipal übertragenen Verfügungsrechte weisen eine unterschiedliche Spezifität auf.

Agent

- Individuum bzw. Organisation, das bzw. die im Auftrag eines anderen (Prinzipal) handelt
- hat Einfluß auf den Prinzipal
- verfügt über Informationsvorsprünge

Prinzipal

- Individuum bzw. Organisation, das bzw. die den Agenten beauftragt
- ist vom Agenten abhängig
- hat Informationsdefizite

Informationsasymmetrie

- Informationsvorsprünge des Agenten gegenüber dem Prinzipal
- Informationsdefizite des Prinzipals gegenüber dem Agenten

Beispiel

- Der Nachfrager (Prinzipal) nach einer Lösung für sein Fertigungsproblem beauftragt
- einen Anbieter (Agent) mit der Erarbeitung einer Problemlösung

Abbildung 4.14   Agency-Beziehungen

Je höher die Spezifität des durch den Agenten dem Prinzipal bereitzustellenden Transaktionsobjektes, desto größer der Informationsvorsprung des Agenten und das Informationsdefizit des Prinzipals. Das Investitionsgütermarketing als Absatzpolitik für Güter hoher Spezifität ist deshalb ein Anwendungsgebiet des Agency-Ansatzes par excellence (vgl. KAAS, 1992: 889 ff.; KLEINALTENKAMP, 1992: 815/16). Informationsasymmetrie birgt in Abhängigkeit von der Spezifität zwei grundsätzliche Möglichkeiten der Beziehungen zwischen Anbieter- und Nachfragerorganisation in sich:

1. Zusammenarbeit zwischen Agent und Prinzipal auf der Grundlage gegenseitigen Vertrauens und beiderseitig nützlicher Kooperation

2. Ausbeutung seines Informationsvorsprunges gegenüber dem Prinzipal zu dessen Lasten durch den Agenten

Dies spricht die **Problematik nichtopportunistischen und opportunistischen Verhaltens** in den Beziehungen zwischen Investitionsgüter anbietenden und nachfragenden Organisationen an. Zu beachten ist, dass Transaktionen hoher Spezifität immer signifikantes Opportunismuspotential enthalten (KLEIN/CRAWFORD/ALCHIAN, 1978: 298 ; HEIDE/JOHN, 1992: 33).

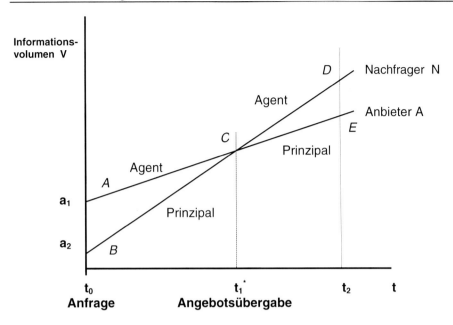

Abbildung 4.15   Rollenwandel in der Agency-Beziehung des Absatz- und Beschaffungsprozesses

In Abhängigkeit von der Spezifität des Transaktionsobjektes ändert sich die **Rollenverteilung innerhalb der Agency-Beziehung** (KAAS, 1992, 889 ff.). Grundsätzlich ist, wie dargelegt, die Beziehung durch das Verhältnis von Prinzipal = Nachfrager (bzw. Auftraggeber bzw. beschaffende Organisation) zu Agent = Anbieter (bzw. Auftragnehmer bzw. absetzende Organisation) gekennzeichnet. Bei Kooperationsbeziehungen verändert sich jedoch diese Konstellation im Zeitverlauf infolge wechselnd verteilter Informationsasymmetrie. Die Metamorphose der Prinzipal-Agent-Beziehung (KAAS) verläuft in der Weise, dass im Absatz- und Beschaffungsprozess zeitweilig wechselnd beide Seiten Informationsvorsprünge oder -defizite haben können. Informationsungleichgewichte und damit Vorteile oder Abhängigkeiten treten also sowohl zugunsten als auch zuungunsten von Auftraggeber und Auftragnehmer auf. Der ursprüngliche Agent schlüpft in die Rolle des Prinzipals und umgekehrt. Wird die Spezifität berücksichtigt, ist ein solcher permanenter Rollenwandel bei allen Investitionsgütern zu unterstellen – bei Standardgütern, wie einfachen Drehmaschinen oder DIN-Teilen, mit geringen Asymmetrien, bei komplexen Technologien (= *Kontraktgütern* [KAAS]) mit sehr großen Asymmetrien. KLEINALTENKAMP bemerkt, dass *„nahezu jedes angebotene Gut einen zumindest kleinen Anteil an 'Kontraktgut-Charakter' besitzt"* (KLEINALTENKAMP, 1992: 816). Für Absatz- und Beschaffungsbeziehungen im Rahmen des Investitionsgütermarketings kann somit latente Abhängigkeitsveränderung, also **permanenter Prinzipal-Agent-Rollenwechsel** unterstellt werden (s. Abb. 4.15 und 4.16).

Beispiel:

Beim Absatz kundenindividueller Investitionsgüter besteht in der Anfragephase eine sehr enge Bindung des Nachfragers an den Anbieter, da Letzterer die Problemlösungsmöglichkeiten kennt. Der Anbieter ist Agent, der Nachfrager Prinzipal. Nach der Unterbreitung des Angebots wandelt sich die Informationslage: der Nachfrager kennt nun die Problemlösungswege des Anbieters und dessen Wettbewerber. Er ist nun Agent und der Anbieter Prinzipal. Nach Auftragserteilung erleben Anbieter und Nachfrager Metamorphosen von Prinzipal zu Agent und umgekehrt. So hat der Anbieter Informationsvorsprünge im Zusammenhang mit der Vertragsrealisierung, was ihm den Status eines Agenten zuweist. Andererseits bindet er sich an den Nachfrager, wodurch dieser Agent wird (vgl. JACOB, 1995: 164 ff.).

Die Abbildung 4.15 stellt grafisch den einfachsten Fall des Agency-Ansatzes und des Rollenwechsels dar. Bei t_0 geht die Anfrage von Nachfrager **N**, die eine detaillierte Darlegung des Nachfragerproblems, Dokumentationen etc. enthält, beim Anbieter **A** ein. Der Informationsvorsprung *A - B* von A besteht im Wissen um das Problem und in eigenen Lösungsvorstellungen. Im Zuge der Zusammenarbeit bei der Angebotsausarbeitung schwindet das Informationsdefizit von **N**, bis bei *C* – zum kritischen Zeitpunkt t_1^* – vorübergehend Informationssymmetrie erreicht ist. Dann nämlich findet Angebotsübergabe und damit die Rollenmetamorphose der beiden Akteure statt. A gibt seine Lösungsvorstellungen N preis, dem inzwischen weitere eingegangene Angebote von Wettbewerbern des A vorliegen. N hat nun einen Informationsvorsprung, der mit zunehmender Kenntnis von Lösungsalternativen bis *D-E* bzw. t_2 ständig zunimmt, und ist Agent. A ist jetzt Prinzipal. Der Prozess findet zunächst bei t_2 sein Ende.

Den Wandel der Agency-Beziehung kann man im Koordinatensystem darstellen und den Informationsbestand *V* der beiden Partner in t_1^* berechnen. Einfachheitshalber werden positive Linearfunktionen verwendet.

$$V_A = a_1 + b_1 t^*$$

$$V_N = a_2 + b_2 t^*$$

$$t^* = \frac{a_2 - a_1}{b_1 - b_2} \quad bzw.$$

$$t^* = (a_2 - a_1)(b_1 - b_2)^{-1}$$

Die **erweiterte Darstellung der Metamorphose** der Prinzipal-Agent-Beziehung verdeutlicht ihren dynamischen Charakter (Abb. 4.16). Im Zeitintervall zwischen Anfrageeingang und Angebotsunterbreitung liegt Informationsasymmetrie *A-B*. Der Anbieter **A** verfügt aufgrund der ihm vom Nachfrager **N** übermittelten Daten und der darauf aufbauenden Lösungskonzeption über einen Informationsvorsprung. Erste Informationssymmetrie besteht zur Angebotsübergabe bei Punkt *C* in t_1. Danach schlüpft der Nachfrager **N** und vormalige Prinzipal aufgrund seines nunmehr erreichten Informationsvorsprunges, verursacht durch Kenntnis der Problemlösungen von **A** und anderer Anbieter, in die Rolle des Agenten. Der Anbieter **A** und vormalige Agent befindet sich nun in einer defizitären Informationssituation *D-E* und ist jetzt Prinzipal. Er kann nicht sicher sein, den Auftrag zu erhalten, und muss dem Nachfrager gegebenenfalls Zugeständnisse machen. Außerdem muss er befürchten, dass **N** das erworbene Know-how anderweitig, opportunistisch verwendet. Bekommt **A** den Auftrag, dann besteht bei Punkt *F* zum entsprechenden Zeitpunkt t_2 ein zweites Mal Informationssymmetrie: Anbieter und Nachfrager haben jetzt die gleichen Kenntnisse über den gewählten Problemlösungsinhalt. Nach t_2 driften die Informationsstände erneut zugunsten des Anbieters **A** auseinander, der nun wieder Agent ist. In Abhängigkeit von der Spezifität ist **N** in *G-H* nicht in der Lage, die **Vertragsrealisierung** von **A** hinreichend zu beurteilen. In *J* besteht letztmalige Informationssymmetrie. Sie fällt mit dem Ende der Realisierungs- und dem Beginn der Gewährleistungsphase des Transaktionsprozesses zusammen.

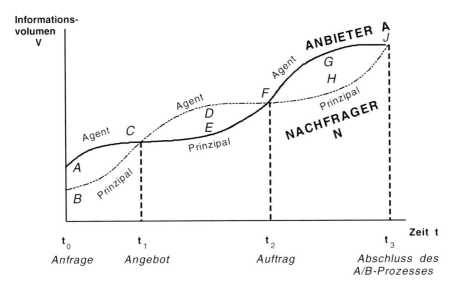

Abbildung 4.16   *Erweiterter Rollenwandel in der Agency-Beziehung des Absatz- und Beschaffungsprozesses*

4.3.5 Nichtopportunistisches Verhalten der Transaktionspartner

Agency-Ansatz und Rollenwandel der Agency-Beziehung deuten die Möglichkeiten opportunistischen Handelns an, denn unterschiedliche Informationsstände bilden grundsätzlich die Voraussetzung für arglistige Übervorteilung des Transaktionspartners. Optimale Transaktionsergebnisse sind jedoch nur unter Bedingungen vertrauensvoller Beziehungen, bei nichtopportunistischem Verhalten der Partner zu erzielen. Dies trifft insbesondere auf Kooperationen im Bereich hochkomplexer, hochspezifischer und innovativer Transaktionen zu.

Modelle des Opportunismusverzichts stellen Zusammenarbeit und Vertrauen in den Mittelpunkt. Hierzu liegen u. a. von GEMÜNDEN und LARGE entwickelte Ansätze vor. Es handelt sich um das Zusammenarbeits-, das Interaktions- und das Delegationsmodell sowie das Konzept partnerschaftlicher Lieferanten-Abnehmer-Beziehungen.

Das **Zusammenarbeitsmodell** (FLIESS, 1995, 302; nach GEMÜNDEN, 1980: 26) strebt Informationssymmetrie an. Beide Seiten, Anbieter- und Nachfragerorganisation, stellen sich gegenseitig die transaktionsrelevanten Informationen zur Verfügung. Der Nachfrager informiert den Anbieter über seine Nutzungskonzeption, der Anbieter den Nachfrager über seine Technologiekonzeption, um über diesen Modus zur optimalen Problemlösung zu gelangen.

Das **Interaktionsmodell** (GEMÜNDEN, 1988: 181f., 187 ff.) führt Anbieter (Hersteller) und Nachfrager (Verwender) in einen gemeinsam zu realisierenden Problemlösungsprozess. Je nach der Dominanz von Technologie oder Nutzung kann zwischen Prozessen mit Anbieter- bzw. Herstellerdominanz und Prozessen mit Nachfrager- bzw. Verwenderdominanz unterschieden werden. Bei gleichen Aktivitätsanteilen finden Prozesse ausgewogener Arbeitsteilung statt.

Zustände, die das Interaktionsmodell beschreibt, finden ihren ausgeprägtesten Ausdruck in den Lieferanten-Abnehmer-Beziehungen bei Absatz und Beschaffung von Leistungen hoher Spezifität. **Partnerschaftliche Lieferanten-Abnehmer-Beziehungen** sind langfristig orientiert und stellen ein Beziehungsnetz auf der Grundlage glaubwürdiger Verpflichtungen beider Seiten dar. In den Interaktionsprozessen erfolgen wechselseitige, auf Vertrauen beruhende und auf gegenseitigen Vorteil bedachte Verhaltensbeeinflussungen (LARGE, 1999: 253 ff.).

Das **Delegationsmodell** (FLIESS, 1995: 302) toleriert Informationsasymmetrie. Der Nachfrager (Verwender) überlässt dem Anbieter (Hersteller) vertrauensvoll die Realisierung der Problemlösung. Er verzichtet dabei auf die Offenlegung und Überprüfung von dessen Technologiekonzeption.

4.3.6   Opportunistisches Verhalten und Maßnahmen zu seiner Vermeidung

4.3.6.1 Das Opportunismusproblem

Informationsvorsprünge eines Transaktionspartners ermöglichen eigennützige Handlungen auf Kosten/zum Schaden des anderen, der Informationsdefizite hat. Die Agency-Beziehung ist somit neben Geschäftsbeziehungen, die von Vertrauen und Zusammenarbeit getragen sind, auch unter dem Gesichtswinkel opportunistischen Verhaltens zu betrachten. Spezifität und Komplexität von Investitionsgütern bedingen ausgeprägte Informationsasymmetrien zwischen Anbieter- und Nachfragerorganisationen, so dass die Opportunismusproblematik für das Investitionsgütermarketing von hoher Relevanz ist.

Opportunismus bedeutet im allgemeinen Sprachgebrauch Prinzipienlosigkeit, d. h. die wegen persönlicher Vorteile jeweils erfolgende Anpassung an eine bestimmte Situation. In der *Neuen Institutionenökonomik* wird Opportunismus als *„Verfolgung von Eigeninteresse unter Zuhilfenahme von List"* verstanden und schließt Informationsverdrehungen und Unterlassen von vertraglichen Verpflichtungen ein (WILLIAMSON, 1990: 54; HEIDE/JOHN, 1992: 32). Nach dem Agency-Ansatz liegt Opportunismus vor, wenn Marktpartner Informationsvorsprünge zum Nachteil des anderen selbstsüchtig ausnutzen Es ist zwischen Opportunismus *vor* (*präkontraktual*) und *nach* (*postkontraktual*) Vertragsabschluss zu unterscheiden. **Präkontraktualer Opportunismus** bedeutet den Fall von Informationsasymmetrie, bei welchem der Agent den Prinzipal wissentlich falsch oder ungenügend über sein Angebot in Kenntnis setzt (vgl. RICHTER/FURUBOTN, 1999: 144f., 517f.). **Postkontraktualer Opportunismus** ist eigennützige Auslegung oder Nichterfüllung des Vertrages mittels Ausnutzung von Informationsdefiziten des Prinzipals durch den Agenten (vgl. RICHTER/FURUBOTN, 1999: 145f., 517). Hierzu zählt auch die Aneignung von Teilen der Quasirente des Prinzipals durch den Agenten (KLEIN ET AL., 1978: 297 ff.).

Die zwischen Prinzipal und Agent auftretenden Probleme stellen sich in drei Typen von Unsicherheit dar:

1. Unsicherheit des Prinzipals vor Vertragsabschluss hinsichtlich der Leistungsfähigkeit des Agenten wegen möglicher verborgener Mängel (**Hidden Characteristics** bzw. **Hidden Informations**) und der dadurch möglichen Falschauswahl (**Adverse Selection**) eines Lieferantenangebotes

2. Unsicherheit des Prinzipals hinsichtlich ihm verborgener Handlungen (**Hidden Actions**) des Agenten durch dessen eigennütziges riskantes Verhalten (**Moral Hazard**) nach Vertragsabschluss zuungunsten des Prinzipals

3. Unsicherheit des Prinzipals vor Vertragsabschluss hinsichtlich verborgener Ab sichten (**Hidden Intention**) der direkten Übervorteilung durch einen „Überfall" (**Hold-up**) der Gegenseite nach Vertragabschluss

Das Opportunismuspotenzial der Agency-Beziehung – adverse selection, moral hazard und hold-up – stellt einen Störfaktor dar, der Transaktionen verhindern würde, wenn nicht entsprechende Kontrollinstrumente zur Bewältigung (Vermeidung bzw. Reduzierung) der Unsicherheit des Prinzipals existierten.

4.3.6.2 Adverse Selection – Hidden Characteristics

Die Unsicherheit des Prinzipals (Nachfragerorganisation) über die Leistungsfähigkeit des Agenten (Anbieterorganisation) ist vor allem auf seine Unkenntnis der inneren Bedingungen des Anbieters zurückzuführen. Qualifikation und Verhalten liegen für den potenziellen Kunden vor Vertragsabschluss (*ex ante*) im Dunkeln, dies sind ihm verborgene Eigenschaften (*Hidden Characteristics*). Der Prinzipal kann die leistungsbezogenen Handlungen des Agenten nicht beeinflussen, die erst nach Vertragsabschluss (*ex post*) offenbar werden, und befürchtet, unter den vorliegenden Angeboten die falsche Auswahl bzw. negative Auslese (*Adverse Selection*) zu treffen (SPREMANN, 1990: 667; VARIAN, 1995: 593).

Beispiele:

Ein mittelständisches metallverarbeitendes Unternehmen empfindet die Gefahr der Falschauswahl angesichts preisgünstiger Angebote numerisch gesteuerter Bearbeitungszentren von Anbietern unbekannter Überseemärkte.

Der Inhaber einer LKW-Flotte ist sich mangels detaillierterer Informationen über die Zuverlässigkeit einer neuen Servicefirma im Unklaren.

Maßnahmen des Prinzipals zur Vermeidung von *Adverse Selection*

Da sich der Nachfrager mit zunehmender Spezifität des Investitionsgutes immer fester an den Lieferanten bindet und dadurch ein Partnerwechsel problematischer wird, legt der Kunde auf die richtige Auswahl des Lieferanten vor Vertragsabschluss besonderen Wert. Diese **Partnerselektion** beinhaltet u. a. aufwändige Qualifikationsmaßnahmen, durch welche der Lieferant mit den Anforderungen seines Kunden vertraut gemacht wird. – Eine weitere wichtige Aktivität in Vorbereitung der Lieferantenwahl ist **Screening** als systematische Sammlung und Prüfung aller vom Anbieter ausgehenden Signale zur präkontraktualen, genauen Bestimmung seiner Unternehmens- und Leistungscharakteristika (BERGEN ET AL., 1992: 6).

Maßnahmen des Agenten zur Bewältigung von *Adverse Selection*

Die seriösen Anbieter haben ein vitales Interesse, qualitätsbedingte Unsicherheiten der potenziellen Kunden zu zerstreuen. Deshalb senden sie entsprechende Signale aus (**Signaling**), wie die Bereitschaft, sich den Qualifikationsmaßnahmen des Nachfragers zu unterziehen (**Selbstauswahl**, *self selection*). Investitionen in „verlorene" Wirtschaftsgüter (*non-salvageable assets*, *nicht rückgewinnbare Güter*) sind ebenfalls Signale, wie Maßnahmen der Öffentlichkeitsarbeit und der Etablierung von Logos und Zeichen sowie in umfangreiche Informations- und Kommunikationsmaßnahmen (MISHRA ET AL., 1998: 278). Ziel von *Signaling* ist es, sich von schlechten Lieferanten abzugrenzen, denn diese vermeiden alle Aufwendungen, die den durch geringere Sorgfalt eingestrichenen zusätzlichen Gewinn kompensieren könnten.

4.3.6.3 Moral Hazard – Hidden Action

Dieser Typ von Verhaltensunsicherheit betrifft postkontraktuale Verhältnisse. Der Kunde (Prinzipal) ist unsicher über das Verhalten (*action*) des Herstellers (Agent) hinsichtlich dessen Sorgfalt bei der Vertragsrealisierung und nicht in der Lage, die dabei tatsächlich erforderlichen und getätigten Aufwendungen hinreichend zu beurteilen. VARIAN spricht deshalb von *Moral Hazard* als „*Mangel an Anreiz zur Sorgfalt"* des Agenten (VARIAN, 1995: 595). Der Agent führt zum eigenen Vorteil und zum Nachteil des Prinzipals Maßnahmen (*Hidden Actions*) durch, die Letzterem entweder völlig verborgen bleiben oder nur erst sehr spät bewusst werden. (SPREMANN, 1990: 565 ff.; KAAS, 1992: 888 ff., 1995: 25 ff.; FLIESS, 1995: 306 ff.)

Beispiele:

Der Auftragnehmer (Agent) reduziert aus Gründen der Kostenersparnis verschiedene Aufwendungen, wie für bestimmte Materialqualitäten, Qualitätsprüfung, Einsatz von Fachkräften usw. Dies bleibt dem Kunden (Prinzipal) verborgen. Er kann nur das Fertigerzeugnis beurteilen, ohne eine genaue Vorstellung über die tatsächlich geübte Sorgfalt des Herstellers zu haben.

Für das Maschinenbauunternehmen (Prinzipal) sind die Bemühungen seiner Vertreterfirmen (Agenten) auf entfernten internationalen Märkten nicht beobachtbar. Dem Prinzipal bleiben *Moral Hazard* der Agenten aufgrund von *Hidden Actions* im Zusammenhang mit nicht vertragsgerechter Erfüllung der Vertreteraufgaben verborgen.

Außendienstmitarbeiter (Agenten), die aus egoistischen Gründen die im Kundenkontakt gewonnenen Informationen der Vertriebsleitung (Prinzipal) vorenthalten, begehen Moral *Hazard*.

Maßnahmen des Prinzipals zur Verhinderung von *Moral Hazard*

Die Nicht-Beobachtbarkeit moralischer Wagnisse des Lieferanten (Agent) durch den Kunden (Prinzipal) nach Vertragsabschluss hat mit dem Ziel der Qualitätsbeibehaltung zur Entwicklung von **Anreizsystemen** des Käufers für den Anbieter geführt (*Incentive designs*). **Incentives** beinhalten z. B. Preiszuschläge (*price premiums*), die den Anreiz des Anbieters zu *Moral Hazard* reduzieren sollen. Dabei hängt die Höhe der Zuschläge vom Informationsproblem des Kunden ab: je größer sein Informationsdefizit und je undurchschaubarer für ihn die Transaktion ist, desto höher muss der Zuschlag sein. Leicht beobachtbare Qualität erfordert keine Preisprämien (MISHRA ET AL., 1998: 280). – Ungenügende Anreize von Autoherstellern für ihre Zulieferer mögen der Grund für die zahlreichen Rückrufaktionen der vergangenen Jahre gewesen sein.

Eine wirksame Maßnahme zur Vermeidung von *Moral Hazard* ist die „**Geiselnahme"** (*taking a hostage*) des Anbieters durch den Käufer, indem die Abhängigkeit des Zulieferers durch dessen spezifische, auf die Anforderungen des Kunden zugeschnittene Investitionen in Fertigungseinrichtungen und Fertigungstechniken, erhöht wird.

Da Partnerauswahl und Sreening als präkontraktuale Maßnahmen zur Vermeidung von falscher Auslese vielfach nicht ausreichen, ist postkontraktuale und fortlaufende Überwachung (**Monitoring)** von Qualität, Liefertreue u. a. Vertragsfestlegungen erforderlich. Zur Absicherung des Nachfragers bezüglich ihres Qualitätsmanagements wurden die Anbieter in den letzten Jahren zunehmend in die Qualitätssicherungssysteme der Nachfrager einbezogen. Dabei müssen diese sich umfassender Qualitätsaudits unterziehen, die entweder vom Kunden oder von akkreditierten Zertifizierungsinstitutionen durchgeführt werden (GÜNTER/KUHL, 1995: 448 ff.; LARGE, 1999: 153).

Maßnahmen des Agenten zur Bewältigung von Moral Hazard

Die Anbieter stützen das in sie gesetzte Vertrauen des Kunden durch **Selbstbindung** *(self-enforcing contract)* in Form der **Bereitstellung von „Geiseln"** *(giving a hostage)* und durch **Garantien** (SPREMANN, 1988: 620f.; KAAS, 1990: 545; STUMP/HEIDE, 1996: 432). Geiselbereitstellung des Agenten erfolgt durch seine prinzipalgemäßen Investitionen in Spezialausrüstungen, -werkzeuge und Technologien (**Faktorspezifität**).

Der Agent führt gegenüber dem Prinzipal Nachweis über sein Qualitätsmanagement durch **Zertifizierung** mittels Anwendung der Normenreihe DIN ISO 9000-9004, welche die Qualitätssicherungs-Nachweisstufen von der Forschung & Entwicklung bis zu den Endprüfungen enthalten.

Unsicherheitsvermindernde Wirkungen auf den Prinzipal gehen auch von der **Reputation** des Agenten aus. Sein guter Ruf bezüglich Qualität, Sorgfalt und Fleiß stärkt das Sicherheitsempfinden des Prinzipals (SPREMANN, 1988: 618 ff, 1990: 578).

4.3.6.4 Hold-up – Hidden Intention

Im Gegensatz zu durch *Hidden Action* bewirktem *Moral Hazard*, das auch nach Vertragsabschluss weitestgehend unentdeckt bleiben kann, geschieht *Hold-up* nach Vertragsabschluss ganz offen durch opportunistische Ausnutzung von Vertrags- oder Vereinbarungslücken gegenüber dem Vertragspartner mit dem Ziel der **Aneignung von Quasirentenanteilen** (zur *Quasirente* vgl. Abschn. 2.3.1). Die Grundlage hierfür bietet eine vor Vertragsabschluss vorhandene heimliche Absicht (*Hidden Intention*).

Beispiele:

Klassisches Beispiel ist die plötzliche Strompreiserhöhung nach Errichtung eines Stahlwerkes (Prinzipal) in der Nähe eines Kraftwerkes (Agent), mit welchem zuvor günstige Strompreise vereinbart worden waren (RICHTER/FURUBOTN, 1999: 145f.).

Hidden Intentions verfolgen Außendienstmitarbeiter, die bei den Kontakten mit ihren Kunden Wissen über die dortigen innerbetrieblichen Bedingungen sammeln und diese Informationen bei Preisverhandlungen opportunistisch ausnutzen (LARGE, 1999: 20).

Die Anwendung des *Quasirenten-Ansatzes* im Investitionsgütermarketing durch BACKHAUS ET AL. stellt den Spezifitätsgrad von Investitionen in den Mittelpunkt (BACKHAUS ET AL., 1994: 37 ff.). Die Janusköpfigkeit spezifischer Investitionen (BACKHAUS) besteht darin, dass sie einerseits aufgrund ihrer Kundenindividualität ein hohes Ertragspotential in sich bergen. Die Kehrseite ist die entstehende große Abhängigkeit des Lieferanten (Prinzipal) von seinem Kunden (Agent). Fällt dieser aus, bleibt jenem im ungünstigsten Fall nur der Schrottwert, denn das hochspezifische, nur für den Einsatz beim Agenten vorgesehene Investitionsgut ist anderweitig nicht verwendbar. Die nächstbeste Verwendung (durch einen anderen Abnehmer) ist – wenn überhaupt – nur mit finanziellen Einbußen, die mit wachsender Spezifität sprunghaft steigen, möglich. Die Differenz zwischen dem Ertrag aus planmäßiger und dem aus nächstbester Verwendung wird als **Quasirente** bezeichnet.

Abbildung 4.17 macht diese Zusammenhänge deutlich: mit fortschreitender Spezifität s auf dem Kontinuum s_{min} ... s_{max} wächst der (planmäßige) Gewinn G und schwindet der Gewinn aus nächstbester (alternativer) Verwendung GA. Die Differenz zwischen G und GA ist die Quasirente QR. QR und G erreichen bei s_{max} ihren Höhepunkt, GA seinen Tiefpunkt bzw. Null. Bei s_{min} sind G und GA gleich, denn die niedrigste Spezifität lässt problemlos und relativ kostenfrei andere Verwendungen zu. QR ist hier gleich Null.

Der Zusammenhang zwischen *Quasirenten*-Ansatz und *Hidden-Intention*-Problematik besteht darin, dass *Hold-up* immer opportunistische Aneignung eines Teils der Quasirente des Prinzipals durch den Agenten ist. Dieser Teil wird als **aneigenbare (appropriierbare) Quasirente** bezeichnet (KLEIN ET AL., 1978: 297; Abb. 4.18). *Hold-up* kann auftreten, wenn der Prinzipal höhere spezifische Investitionen als der Agent durchgeführt hat. Diese Aufwendungen sind unumkehrbar und stellen *sunk costs* (*versunkene Kosten*) dar, wodurch der Prinzipal in die Abhängigkeit des Agenten gerät.

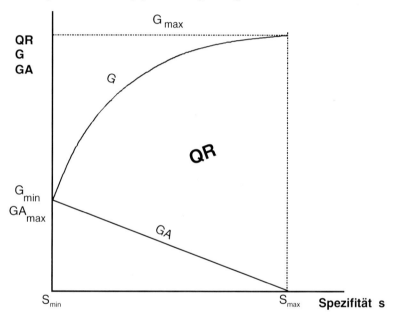

Abbildung 4.17   *Spezifität von Investitionsgütern und Quasirente (nach BACKHAUS, 1994: 47)*

Beispiel 1:

Der Automobilzulieferer (Prinzipal), der seine Fertigung ganz auf die Lieferung spezieller Teile für einen bestimmten Autohersteller (Agent) abgestellt hat, könnte seine Produktionsanlagen nur unter erheblichem Kostenaufwand auf die Teilefertigung für andere Autofirmen umstellen. Andererseits ist auch der Autohersteller (Prinzipal) aufgrund der Teilespezifik vom Zulieferer (Agent) abhängig. Der Wechsel zu einem anderen wäre ebenfalls nur unter Kostenaufwand möglich.

Beispiel 2 (KLEIN ET AL., 1978: 298, 300; Abb. 4.18):

Druckerei **A** hat sich in Erwartung laufender Aufträge und eines mit Verlag **B** vereinbarten täglichen Mietpreises von 5500 $ eine neue Druckmaschine angeschafft und druckt dem **B** zu diesem Preis täglich Zeitungen. Die Betriebskosten belaufen sich auf 1500 $ pro Tag. Der Gewinn G' beträgt somit 4000 $. Als Ertrag aus der nächstbesten Verwendung GA werden als ungünstigster Fall 1000 $ der

Tagesmiete unterstellt (Schrottwert). Die Quasirente QR des Druckbetriebes **A** beträgt somit 3000 $, nämlich 5500 minus 1500 minus 1000.

Bietet ein anderer Verlag **C** einen Preis von nur 3500 $, kann **B** versuchen, seinen Mietpreis von 5500 $ auf fast dieses Niveau herunterzudrücken und sich so aufgrund seines Informationsvorsprunges (Kenntnis des Angebotes von **C**) bis zu 2000 $ der Quasirente von **A** aneignen (appropriieren). Dies bedeutete für **A** einen Gewinn G'' von nur noch 2000 $ - Die appropriierbare, d. h. von **B** opportunistisch angeeignete Quasirente QR_{appr} von 2000 $ ergibt sich also aus der Differenz zwischen 4000 $ und 2000 $. Der Druckerei bliebe nur noch eine restliche Quasirente QR_{rest} von 1000 $, nämlich 3000 minus 2000 bzw. 5500 (bisherige Miete von **B**) minus 1500 (Betriebskosten) minus 1000 (Schrottwert) minus 2000 (von **B** angeeignete Quasirente).

B begründet sein *Hold-up* dem überraschten **A** mit schlechtem Zeitungsgeschäft, das er bei bisherigem Mietpreis aufgeben müsste. **A** will das Geschäft nicht verlieren, welches ihm ja immer noch Gewinn und Quasirente einbringt, und stimmt wohl oder übel zu. – Andererseits kann sich Druckhaus **A**, wenn es zur Zeit am Standort das einzig verfügbare ist und Kenntnis vom Gewinnanstieg des **B** erhalten hat, einen Teil von dessen Quasirente anzueignen versuchen, indem es einen höheren Tagesmietpreis als 5500 $ verlangt. Es nutzt so seinen Informationsvorsprung, behauptet aber, dass Havarien und hohe Instandhaltungskosten es dazu zwingen. **B** kann so schnell keine geeignete Druckerei finden und muss einwilligen.

Die appropriierbare Quasirente verringert sich jedoch in Abhängigkeit von der Spezifitätsentwicklung. Mit fortschreitender Entfernung von s_{min} und Annäherung an s_{max} schwindet der Anteil von QR_{appr} an QR und nimmt die Rest-Quasirente QR_{rest} zu. Die Differenz zwischen G' und G'' verringert sich ebenfalls. Der aneigenbare Teil der Quasirente geht zurück, weil die Zahl der Wettbewerber mit wachsender Spezifität kleiner wird bis ganz ausscheidet. Die Aneignung von QR hochspezifischer Anbieter wird somit unmöglich. Mit dem spezifitätsbedingten Rückgang der aneigenbaren Quasirente gehen jedoch auch die Rückgänge der Erträge aus nächstbester Verwendung einher.

Maßnahmen der Nachfrager- und Anbieterorganisation zur Bewältigung von Hold-up

Nachfrager- und Anbieterorganisation, die auf jeden Fall einen durch Informationsungleichverteilung möglichen überfallartigen Zugriff der Gegenseite auf ihre Quasirente ausschließen wollen, können potenzielle *Hold-up*s durch Veranlassung spezifischer Investitionen beim Partner (**Faktorspezifität**) vermeiden. Sie nehmen den Partner als „Geisel". Dies kann auch durch **Selbstbindung**, Verpflichtungen zu spezifischen Investitionen, beider Seiten geschehen. Jedoch sind Faktorspezifität und Geiselbereitstellung wiederum ihrerseits Voraussetzungen für *Hold-up*s.

*Hold-up*s des Agenten sind durch seine **Reputation**, d. h. durch Ansehen und Ruf, ausgeschlossen. Dies bedeutet, dass die höheren irreversiblen Investitionen der einen Seite (des Prinzipals) durch die andere (des Agenten) *nicht* opportunistisch ausgenutzt werden. Der Agent verhält sich gegenüber dem Prinzipal großzügig, fair und zuvorkommend, er zeigt *Kulanz* (SPREMANN, 1988: 618 ff., 1990: 572, 578, 580).

Eine ähnliche Bedeutung für die Vermeidung von *Hold-up* wie die Reputation hat die **Autorität** des Prinzipals. Sie ist *Macht*, die auf Leistung und Tradition beruht und Sanktionsmöglichkeiten gegen den Agenten einschließt (vgl. SPREMANN, 1990: 580f.; MACNEIL, 1981: 1036).

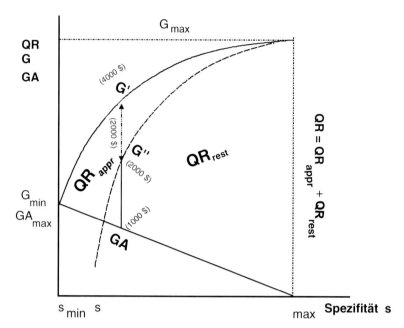

Abbildung 4.18   Spezifität, appropriierbare (QR_{appr}) und restliche Quasirente (QR_{rest})
(in Anlehnung in BACKHAUS, 1994: 47; Zahlenangaben nachKLEIN
ET AL.,1978: 298)

Kontrollinstrumente zur Abwehr von *Hold-up* sind dreiseitige und zweiseitige Überwachungssysteme. **Dreiseitige Überwachung** schließt unabhängige **Schiedsrichter** zur Beilegung von Streitigkeiten und zur Leistungsbeurteilung im Bereich gelegentlicher gemischt- und hochspezifischer Investitionen ein (WILLIAMSON, 1990: 84; MACNEIL, 1978: 866). **Zweiseitige Überwachung** erfolgt bei häufigen Transaktionen im gemischt- und hochspezifischen Investitionsbereich, also im Rahmen von entwickelten Geschäftsbeziehungen (WILLIAMSON, 1990: 85 ff., 89).

Bedingung für absolute Hold-up-Vermeidung ist die **vereinheitlichte Überwachung** im Ergebnis einer Fusion der Transaktionspartner (*vertikale Integration*; WILLIAMSON, 1990: 88f.).

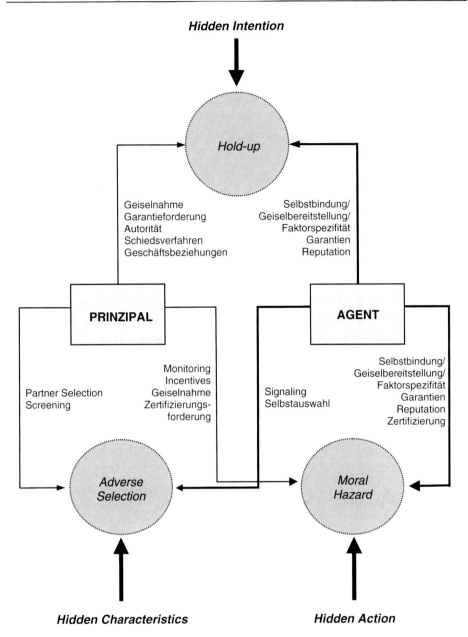

Hidden Intention

Hold-up

Geiselnahme
Garantieforderung
Autorität
Schiedsverfahren
Geschäftsbeziehungen

Selbstbindung/
Geiselbereitstellung/
Faktorspezifität
Garantien
Reputation

PRINZIPAL

AGENT

Partner Selection
Screening

Monitoring
Incentives
Geiselnahme
Zertifizierungs-
forderung

Signaling
Selbstauswahl

Selbstbindung/
Geiselbereitstellung/
Faktorspezifität
Garantien
Reputation
Zertifizierung

*Adverse
Selection*

*Moral
Hazard*

Hidden Characteristics

Hidden Action

Abbildung 4.19   Arten des Opportunismus und Instrumente zu ihrer Kontrolle

4.4   Kontrollfragen

1. Was versteht man unter organisationalem Beschaffungs- und Absatzverhalten?

2. Beschreiben Sie die idealtypische Zusammensetzung von Buying Centers und Selling Centers!

3. Erläutern Sie Aufgaben, allgemeine Kriterien und Situationsfaktoren von Buying Centers!

4. Welche Kriterien haben die Rollenkonzepte und Entscheidertypologien von Buying Centers?

5. Erläutern Sie die Rollenmodelle von WEBSTER/WIND ET AL. und von WITTE!

6. Erläutern Sie Ziel und Inhalt des Psychotypenmodells von MYERS-BRIGGS und der Entscheidertypologien von STROTHMANN und DROEGE ET AL.!

7. Welche Machtarten dienen zur Charakterisierung der Beziehungen innerhalb des Buying Centers?

8. Erläutern Sie Einflussstrategien in den interorganisationalen Beziehungen!

9. Erläutern Sie den Agency-Ansatz als Interpretationsmuster der interorganisationalen Beziehungen auf Investitionsgütermärkten!

10. Was versteht man unter nichtopportunistischem und opportunistischem Verhalten der Transaktionspartner?

11. Erläutern Sie Informationsasymmetrien im Zusammenhang mit Hidden Characterstics /Adverse Selection, Hidden Action/Moral Hazard und Hidden Intention /Hold-up!

12. Welche Auswirkungen hat Hold-up auf die Quasirente des Prinzipals?

5 Produkt- und Geschäftstypologien

5.1 Zielsetzung

Das fünfte Kapitel behandelt die Einordnung der Investitionsgüter gemäß ihrer Spezifität und Relationalität in Produkt- und Geschäftstypologien. Das Ziel besteht

- in der Darlegung bewährter Typologien der verschiedenen Investitionsgütermarketingschulen
- der Schaffung von Voraussetzungen für die Generierung produkt- und transaktionsspezifischer Marketingprogramme
- in der Schaffung von Grundlagen für die spezifitäts- und relationalitätsbestimmte Ausgestaltung der Instrumentalbereiche und Instrumente des Investitionsgütermarketings

5.2 Transaktionstypen im Investitionsgütermarketing

Transaktionen bzw. Geschäfte sind durch Charakteristik und Spezifik ihres Transaktions- bzw. Geschäftsgegenstandes bestimmt. Der Verkauf von Konsumgütern wird mittels konsumgütergemäßer Marketinginstrumente realisiert, die im Marketing Mix adäquat miteinander kombiniert sind. Verbraucherzielguppengerichtete Instrumente, wie Werbung, Verkaufsförderung, Preisbestimmung oder Absatzwegewahl spielen eine im Vergleich zu produktpolitischen Maßnahmen nahezu gleichberechtigte, oftmals bestimmende Rolle.

Der Absatz von Investitionsgütern erfolgt im Rahmen von Transaktionen zwischen Anbieter- und Nachfragerorganisationen. Das Investitionsgütermarketing ist eine Variante des Business-to-Business-Marketing, die durch die Bestimmungsfaktoren Organisationalität, Spezifität und Relationalität charakterisiert ist. Diese Faktoren bestimmen die Absatzpolitik der Investitionsgüter anbietenden Unternehmen grundsätzlich, und zwar in Richtung auf

- die Anforderungen an die strategische Analyse mittels Informationsgewinnung und -auswertung (Investitionsgütermarktforschung)
- die Bestimmung der Marketingziele des Investitionsgüter anbietenden Unternehmens
- den Inhalt und die Generierung von investitionsgüterspezifischen Marketingstrategien
- die Bedeutung und den Wandel der „klassischen" Marketinginstrumente
- die Schaffung investitionsgüterrelevanter Marketinginstrumente, die insbesondere dem Spezifitätskontinuum Rechnung tragen
- die Kombination der absatzpolitischen Instrumente, ausgehend vom „klassischen" Marketing Mix bis zu spezifitätsbedingten Instrumentalkombinationen

Strategische Analyse, Marketingziele, Marketingstrategien und Instrumentalkombinationen bilden das Grundgerüst des **Marketingprogramms** der Unternehmen. Das Investitionsgütermarketingprogramm muss der Organisationalität, Spezifität und Relationalität Rechnung tragen. Die Herausarbeitung der jeweils besonderen Anforderungen an das Marketing, die insbesondere vom Spezifitätsgrad der jeweiligen Transaktionsobjekte ausgehen, erfordert die Gestaltung von **Produkt- und Geschäftstypologien**.

Produkttypen von Investitionsgütertransaktionen umfassen Gruppen von Investitionsgütern, deren *Spezifitätsgrad* annähernd übereinstimmt. Beispiele für niedrige Spezifität sind Standardmaschinen und Normteile, für hohe Spezifität anwenderspezifische Fertigungssysteme. Diese Gruppen sind bezüglich bestimmter Charakteristika in sich relativ homogen, im Vergleich untereinander relativ heterogen (vgl. BACKHAUS, 1997: 275). **Geschäftstypen** von Investitionsgütertransaktionen umfassen Gruppen von Transaktionen, deren *Spezifitätsgrad* und *Relationalitätsgrad* annähend gleich ist. Die jeweiligen Transaktionsgruppen sind in sich relativ homogen, untereinander relativ heterogen.

5.3   Typologie von KLEINALTENKAMP

In dieser Typologie wird eine Differenzierung der Grundarten von Investitionsgütern nach ihren spezifischen kommoditären Charakteristika vorgenommen (KLEINALTENKAMP, 1995: 145 ff.). Es wird zwischen Großanlagen, Einzelaggregaten und Systemtechnologien unterschieden.

Großanlagen stellen technologieorientierte Kombinationen von Einzelinvestgütern und Dienstleistungen dar, die gemeinsam vermarktet werden. Die Transaktion wird im Allgemeinen von einem Konsortium realisiert, dem mehrere Anbieter angehören. Beispiele für Großanlagen sind komplette Fertigungsstätten, wie Zementanlagen oder Walzwerke. Aus der Spezifik dieser Güterart resultieren Besonderheiten des Großanlagengeschäftes, die es von anderen Business-Transaktionen unterscheiden:

– Komplexe Kundenprobleme erfordern die Bereitstellung komplexer Problemlösungen in Form von Industrieanlagen durch den Anbieter, die sich durch einen hohen Grad der **Leistungsindividualisierung** entsprechend den spezifischen Anforderungen und Bedingungen der Kunden auszeichnen.

– Großanlagen repräsentieren **hohe Wertvolumina** und machen einen wesentlichen Teil des internationalen Marketings aus; ihre Realisierung erstreckt sich im Allgemeinen über **längere Zeiträume**. Damit sind sie mit hohen **Risiken** für die Transaktionspartner verbunden. Die Kaufentscheidungen der Nachfrager unterliegen **komplexen Beschaffungsentscheidungsprozessen** durch umfangreiche Buying Center, an denen Führungskräfte und Mitarbeiter verschiedener Unternehmensebenen und verschiedener Organisationen beteiligt sind.

– Aus der Komplexität der Kundenproblemlösung ergibt sich ein entsprechend hoher **Engineering-Anteil** an der Leistung der Anbieter mit entsprechenden Konsequenzen für Umfang und Struktur der Selling Center sowie für die Mitwirkung anderer Organisationen (z. B. Konsortial- bzw. Kooperationspartner, Consultants u. a.).

– Wichtige Aufgaben des Großanlagengeschäftes sind die **Projektplanung** (Ermittlung des Kundenproblems und darauf beruhende Problemlösung), die Beschaffung der vom Anbieter nicht selbst erstellten **Teilleistungen**, die Sicherstellung der **Finanzierung** und die **Projektabwicklung** (Projektmanagement zur Bewältigung der technischen, ökonomischen und organisatorischen Schnittstellen). Im Falle nicht vorhandener oder nicht ausreichender Qualifikation des Käufers tritt als weitere Aufgabe des Anlagengeschäftes der **Betrieb der installierten Anlage** durch den Verkäufer hinzu.

–   Neben dem kompletten Neugeschäft wächst die Bedeutung von Erweiterungen, Modernisierungen, technologischen und umweltgerechten Anpassungen bereits existierender Anlagen (sog. **Revamping**).

–   Ein wachsender Anteil des Großanlagengeschäftes entfällt auf Dienstleistungen. Es wird zwischen **Systemdienstleistungen** (zur Gewährleistung der Funktionsfähigkeit der Anlage) und **Anwenderdienstleistungen** (zur Unterstützung des Anwenders beim optimalen Betrieb der Anlage) unterschieden.

Einzelaggregate sind Investitionsgüter, die, ihrem Singularcharakter entsprechend, einzeln verkauft und isoliert eingesetzt werden. Beispiele sind Einzelmaschinen der verschiedenen fertigungstechnischen Bereiche, wie spanabhebende Werkzeugmaschinen, Umformmaschinen, Holzbearbeitungsmaschinen und Textilmaschinen oder Nutzkraftfahrzeuge, Personalcomputer usw.

Aufgrund ihrer Kombinationsfähigkeit können Einzelaggregate, z. B. der Fertigungstechnik, unter Einbeziehung von Materialbe- und -entsorgungs- sowie Qualitätssicherungssystemen, rechnergestützt in **Systemen** miteinander verknüpft werden. Sie stehen mit dem Ziel der Lösung komplexer Aufgaben im Fertigungsverbund, wie z. B. bei der Produktion von Autos, Möbeln und Textilien, und werden systemar verkauft. Beispiele aus der Metallindustrie sind NC- (numerisch, d. h. elektronisch gesteuerte) Bearbeitungszentren (NCMC) als Einzelmaschinen für die automatische, maximal fünfseitige Bearbeitung von Werkstücken; des weiteren *flexible Fertigungszellen (FFC)*, bestehend aus NC-Produktionsmaschine, Werkstücklager und -beschickung, die rechnerverknüpft und -gestützt arbeiten. Höchste Form des Fertigungsverbundes von Einzelaggregaten stellen *flexible Fertigungssysteme (FFS* bzw. *FMS)* dar, in welche verschiedene Metallbearbeitungstechnologien, wie Bohren, Fräsen, Ausbohren, mit Werkzeug- und Werkstückflusssystemen rechnergestützt integriert sind.

Systemtechnologien sind auf der Grundlage von Systemphilosophien erfolgende Kombinationen von serien- und einzelgefertigten Hardware- und Softwareprodukten sowie Dienstleistungen. Hierzu zählen Fertigungs-, Informations-, Ver- und Entsorgungssysteme. Als Systemtechnologie für die Produktionsautomatisierung ist das *Computer Integrated Manufacturing (CIM)* bekannt. Sie stellt die Integration aus Informations-, Werkstück- und Werkzeugfluss- sowie Montage-, Lager- und Qualitätssicherungssystemen dar. Systembausteine sind die Produktionsplanung und -steuerung *(PPS)*, die rechnergestützte Konstruktion *(CAD)*, die rechnergestützte Arbeitsplanung und -programmierung *(CAP)*, die rechnergestützte Fertigung *(CAM)* und die rechnergestützte Qualitätssicherung *(CAQ)*. Das Systemtechnologie-Geschäft weist Parallelen zum Anlagengeschäft auf.

Zu den **Dienstleistungen** als eigenständiger Bereich des Investitionsgütermarketings zählen immaterielle Leistungen, wie Beratung, Marketing Services u. a. Ein wesentlicher Teil der Dienstleistungen entfällt auf Handelsleistungen des Produktionsverbindungshandels *(PVH)*. Die Unternehmen des *PVH* fungieren als spezialisierte Handelsbetriebe, die Investitionsgüter an Organisationen verkaufen, die diese mit dem Ziel spezifischer Leistungserbringung einsetzen.

In einem neueren Ansatz stützt KLEINALTENKAMP seine Typologie auf die Dimensionen des Business-to-Business-Marketings „**Integrationsgrad des externen Faktors**" (Integrativität: Einbeziehung des Kunden in den Leistungsprozess) und „**Intensität der Geschäftsbeziehungen**" (KLEINALTENKAMP, 1997: 753 ff.; Abb. 5.1).

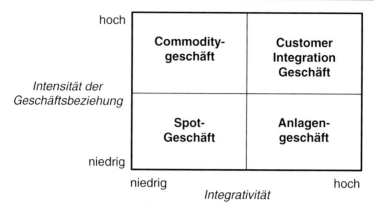

Abbildung 5.1   Transaktionstypologie von KLEINALTENKAMP (1997: 757)

Spotgeschäfte sind Transaktionen, deren Güter äußerst homogen sind, so dass Lieferantensubstitutionen problemlos verlaufen, Lieferanten also austauschbar sind. Im Prinzip bestehen zwischen den Transaktionspartnern keine Geschäftsbeziehungen (niedrige Geschäftsbeziehungsintensität). Es findet bei der Leistungserstellung keine Integration externer Faktoren oder Kundenbeteiligung (*Customer Integration* bzw. *Customer Participation*) statt (niedrige Integrativität).

Commodity-Geschäfte beinhalten homogene Leistungen, die vom Hersteller ohne oder nur mit geringer Kundenbeteiligung erstellt werden (niedrige Integrativität). Dabei existieren enge Geschäftsbeziehungen zwischen den beiden Partnern (hohe Geschäftsbeziehungsintensität), da die Nutzung dieser homogenen Leistungen Zusatzleistungen, wie Lieferservice, Beratung und Entsorgung erfordert.

Anlagengeschäfte erfordern einen hohen Grad der Kundenbeteiligung bei der Leistungserstellung (hohe Integrativität). Die Anbieter-Nachfragerbeziehung beschränkt sich jedoch auf das betreffende Geschäft und bricht im Allgemeinen mit dessen Abschluss ab (niedrige Geschäftsbeziehungsintensität).

Customer-Integration-Geschäfte weisen aufgrund des ausgeprägten Spezifitätsgrades eine hohe Kundenbeteiligung bei der Leistungserstellung auf (hohe Integrativität). Es bestehen enge Geschäftsbeziehungen (hohe Geschäftsbeziehungsintensität).

5.4   Typologie von BACKHAUS

BACKHAUS legt, ausgehend von der zwischen Anbieter- und Nachfragerorganisation herrschenden Transaktionsspezifik, seiner Typologie des Investitionsgütermarketings vier Geschäftsarten zugrunde: Produktgeschäft, Anlagengeschäft, Systemgeschäft und Zuliefergeschäft (BACKHAUS, 1997: 290 ff.).

Als Kriterien zur Bestimmung der vier Geschäftstypen werden herangezogen:

- der Grad der gegenseitigen Abhängigkeit der Transaktionspartner, bestimmt durch die Spezifität ihrer Leistung und ausgedrückt durch ihre **Quasirente**. Die durch spezifische Investitionen des Anbieters/Nachfragers entstehende anbieterseitige/nachfragerseitige Quasirente QR bedeutet hohe Erträge des Anbieters bei dessen gleichzeitig hoher Abhängigkeit vom Nachfrager/hohe Erträge des Nachfragers bei dessen gleichzeitig hoher Abhängigkeit vom Anbieter

- der Grad der Anbieter-Nachfrager-Beziehung, die im Kontinuum zwischen Einzelgeschäft (z. B. Anlagengeschäft) und durch kontinuierliche Transaktionen (Kaufverbund) gekennzeichneten Geschäftsbeziehungen (z. B. Zuliefergeschäft) positioniert ist

- das von der Kundenspezifik bis zum anonymen Marktsegment reichende Spektrum der Marktbearbeitung

Diese Kriterien werden einem Geschäftstypenportfolio zur Systematisierung der vier Transaktionstypen zugrunde gelegt (Abb. 5.2). (Die Portfolioform wurde von ENGEL-HARDT ET AL. zur Systematisierung von materiellen und immateriellen sowie autonomen und integrativen Leistungsprozessen gewählt, s.u. [ENGELHARDT ET AL., 1992/93: 417]).

1. Zuliefergeschäft

Der hohe Spezifitätsgrad der Anbieterleistung (Module für OEM's, z. B. Spezialmotore, NKW-Lenksysteme) bewirkt einerseits hohe Erträge beim Kunden, zieht aber gleichzeitig dessen starke Abhängigkeit vom Lieferanten nach sich. Es fällt somit eine nachfragerseitige QR an. Gleichzeitig besteht eine QR beim Anbieter. Dessen kundenspezifische Leistung ist ebenfalls ertragreich, macht ihn aber seinerseits vom Kunden abhängig. Es besteht Kaufverbund durch kontinuierliche Geschäftsbeziehungen. Die Marktbearbeitung konzentriert sich auf Einzelkunden. Es herrschen intensive Geschäftsbeziehungen (Kaufverbund).

2. Systemgeschäft

Gegenstand des Systemgeschäftes sind kundenunabhängig entwickelte Leistungen, die in Kaufverbunden, welche aus technologisch und zeitlich determinierten Teilprozessen bestehen, auf einem anonymen Markt bzw. in einem Marktsegment verkauft werden (Fertigungssysteme [*CIM*-Systeme], Informationssysteme). Es entsteht keine anbieterseitige, wohl aber eine nachfragerseitige QR. Der Anbieter entwickelt keine einzelkundenspezifischen Leistungen, sondern verkauft auf einem anonymen Markt. Damit gerät er in keine Abhängigkeit vom Kunden. Hingegen ist der Kunde aufgrund der Spezifität seiner Investition vom Verkäufer abhängig.

3. Anlagengeschäft

Hier verkaufen ein bzw. mehrere Anbieter (Konsortium) in einer abgeschlossenen Transaktion (Einzeltransaktion) komplette Projekte als funktionsfähige Bündel kundenspezifischer Leistungen (Montagewerke, Zementanlagen, Schlachthöfe, Ölraffinerien). Dabei folgt die Erstellung der Einzelleistungen durch den Anbieter und ihre Montage beim Kunden zeitlich dem Verkauf. Die Leistung weist aufgrund ihrer ausgesprochenen Kundenindividualisierung einen hohen Spezifitätsgrad auf, der eine eventuelle Weiterveräußerung an Dritte (nächstbeste Verwendung) extrem erschwert bzw. ganz ausschließt. Demzufolge besteht eine Anbieter-QR, denn hoher Ertrag des Anbieters ist mit dessen hoher Abhängigkeit vom Nachfrager gepaart. Beim Nachfrager entsteht keine QR, da eine abgeschlossene Transaktion ohne Kaufverbund vorliegt.

4. Produktgeschäft

Als Produkte bezeichnet Backhaus ständig reproduzierte Standardleistungen (Norm- bzw. DIN-Teile, Standardmaschinen, Standard-NKW, Motore, Personalcomputer). Der niedrige Spezifitätsgrad eröffnet dem Produktgeschäft einen großen, anonymen Markt. Die Transaktionen sind Einzelgeschäfte ohne Kaufverbund. QR entstehen weder anbieter- noch nachfragerseitig. Der Anbieter kann seine kundenunspezifischen Standardleistungen an beliebige Nachfrager verkaufen. Für den Nachfrager besteht die latente Möglichkeit der Anbietersubstituierung. Zwischen Anbieter und Nachfrager entstehen keine transaktionsbedingten Abhängigkeiten.

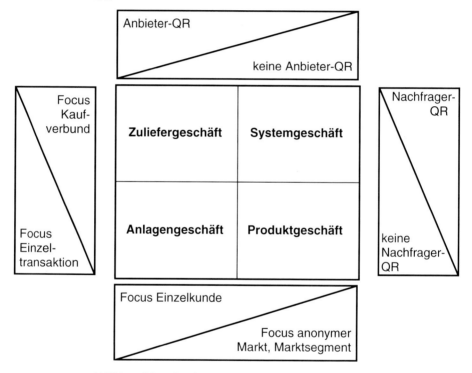

Abbildung 5.2   Geschäftstypologie von BACKHAUS (1997: 295)

5.5   Typologie von ENGELHARDT ET AL.

Die Typologie von ENGELHARDT/KLEINALTENKAMP/RECKENFELDERBÄUMER trägt der zunehmenden Integration von Dienstleistungen in das Leistungsspektrum der Investitionsgüteranbieter Rechnung (ENGELHARDT ET AL., 1993:395 ff.). Kriterien sind (Abb. 5.4)

1. der Leistungsprozess als Einheit von autonomer Tätigkeit und Integration des externen Faktors (Integrativitätsachse)

2. das Leistungsergebnis als Einheit materieller und immaterieller Bestandteile (Materialitätsachse)

Entsprechend ergeben sich folgende Merkmalskombinationen:

Kombination	Beispiel
integrativ/materiell	Sondermaschine
integrativ/immateriell	Unternehmensberatung
autonom/materiell	vorproduziertes Teil
autonom/immateriell	Datenbankdienst

Abbildung 5.3   Leistungskombinationen nach ENGELHARDT ET AL. *(1993: 417)*

Eine eindeutige Positionierung von Systemlösungen ist im Leistungsschema nicht möglich. Vielmehr kann eine Kombination aller vier Leistungstypen vorliegen. Dies würde z. B. bei rechnerintegrierter Fertigung mittels CIM-Systemen Folgendes bedeuten: es gehen als *autonom-materielle* Leistungskombination in das System vorproduzierte Teile (z. B. Normteile und Einzelmaschinen) ein. Eine Kundenbeteiligung im Leistungsprozess erfolgt dabei nicht. *Integrativ-immaterielle* Leistungen sind Beratungsleistungen, die mit Beteiligung des Kunden oder von unabhängigen Consultants erstellt werden. *Integrativ-materiell* ist die gemeinsam mit dem Kunden entwickelte Fertigungstechnik. Als *autonom-immaterielle* Leistungen können Softwareprogramme angesehen werden.

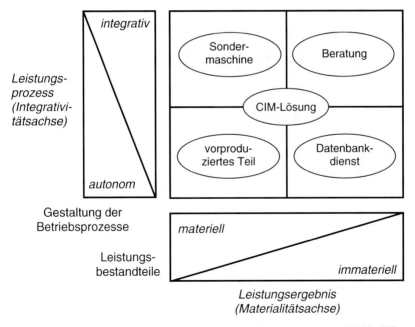

Abbildung 5.4   Leistungstypologie nach ENGELHARDT ET AL. *(1993: 417)*

5.6 Typologie von PLINKE

Der Typenansatz des Business-to-Business-Marketings von PLINKE geht von der Erkenntnis aus, dass das Absatzverhalten der Anbieter und das Beschaffungsverhalten der Nachfrager situationsbezogen von zwei grundsätzlichen Alternativen bestimmt sind: a) von den Bedingungen des Einzelgeschäftes (**Transaction Buying** und **Transaction Selling**) und b) als fortlaufender Prozess im Rahmen einer auf Geschäftsbeziehungen beruhenden Transaktionsfolge (**Relationship Buying** und **Relationship Selling**). In Zusammenfassung der beiden Alternativen wird vom **Transaction Marketing** und vom **Relationship Marketing** gesprochen. Mit der Unterscheidung von Selling und Marketing soll deutlich gemacht werden, dass Relationship Selling des Verkäufers ohne entsprechende Reaktion des Nachfragers genauso erfolglos ist wie Transaction Selling des Anbieters bei Relationship Buying des Nachfragers. Kriterien der beiden Marketingalternativen sind

- die Häufigkeit der Kaufentscheidung

- die Spezifität der Investitionsleistung

- die Unsicherheit bei der Kauf- bzw. Verkaufsentscheidung

Die Vorteilhaftigkeit des Relationship Marketing, d. h. des immer wiederkehrenden Kaufs des Nachfragers beim gleichen Anbieter bzw. des immer wiederkehrenden Verkaufs des Anbieters an den gleichen Nachfrager, ist umso größer, je höher der Unsicherheitsgrad, je häufiger die Transaktionen erfolgen und je höher der Spezifitätsgrad des Transaktionsobjektes ist. Hingegen ist Transaction Marketing günstiger bei geringer Transaktionsabfolge, geringer Unsicherheit und niedriger SpezifitätAls ein weiteres Unterscheidungsmerkmal der beiden Transaktionstypen enthält das Modell das Transaktionsvolumen (hoch/niedrig).

		Volumen	
		niedrig	hoch
Häufigkeit	niedrig	*Transaction*	*Marketing*
Unsicherheit			
Spezifität	hoch	*Relationship*	*Marketing*
		Typ 1	Typ 2

Abbildung 5.5 *Typologie des Business-to-Business-Marketings von PLINKE (PLINKE, 1997: 15)*

Unter Berücksichtigung der Transaktionshäufigkeit (Focus Transaktion und Wiederkauf) und der Nachfragerstruktur (Focus Einzelkunde und Marktsegment) entwirft PLINKE eine Typologie, die vier Transaktionstypen umfasst (PLINKE, 1992: 15, zit. BACKHAUS, 1997: 280 ff.): Project Management, Transaction Marketing, Relationship Marketing und Key Account Marketing (Abb. 5.6).

Beim **Project Management** werden einzelne Transaktionen mit Einzelkunden abgewikkelt.

Im **Transaction Marketing** wendet sich die Anbieterorganisation im Rahmen von Einzeltransaktionen an einen anonymen Markt (Marktsegment). Bindungen zwischen den Transaktionspartnern bestehen nicht. Die Interessenlage des Anbieters ist vom Absatzvolumen bestimmt.

Das **Relationship Marketing** ist durch Bindungen zwischen den Transaktionspartnern gekennzeichnet. Es finden Wiederkäufe des Nachfragers statt.
Key Account Management trägt hohen Absatzvolumina Rechnung. Der Anbieter ist stark an den entsprechenden Schlüsselkunden interessiert.

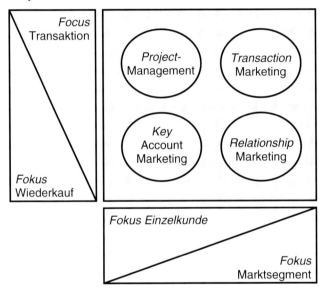

Abbildung 5.6   Transaktionstypologie nach PLINKE *(*PLINKE, *1992: 15; zit.* BACKHAUS, *1997: 281)*

5.7   Typologie von WEIBER/ADLER

Die Typologie beruht auf Erkenntnissen der Neuen Informationenökonomik. Die im Zusammenhang mit der Reduzierung seiner Unsicherheiten notwendige Informationstätigkeit des Nachfragers zur Beurteilung des Leistungsangebotes führt über dabei auftretende drei Beurteilungsalternativen zur Herausbildung von drei Kaufentscheidungstypen. Es wird zwischen Suchkäufen, Erfahrungskäufen und Vertrauenskäufen unterschieden (Abb. 5.7). Diese Kauftypen treten komplementär in *jedem* Kaufakt bei Dominanz eines der drei Typen auf (WEIBER/ADLER,1995a: 59 ff.; 1995b: 99 ff.).

Suchkäufe sind Kaufprozesse mit einer Dominanz von Sucheigenschaften. Vor dem Kauf verfügt der Nachfrager im Ergebnis seiner Informationssuche über ausreichende Kenntnis des Leistungsangebotes. Im Investitionsgütersektor stellt die Mehrzahl der Beschaffungsprozesse Suchkäufe dar. Technische Konsumgüter (Fernseher, Autos, PC) sind weitere Beispiele für solche Leistungsangebote.

Erfahrungskäufe sind Kaufprozesse mit einer Dominanz von Erfahrungseigenschaften. Der Nachfrager verfügt erst nach dem Kauf aufgrund des Verbrauches oder Gebrauches der Leistung über Informationen, die eine ausreichende Beurteilung gestatten. Beispiele sind Reparaturleistungen oder Theateraufführungen. Beim Kauf von Investitionsgütern neuer Hersteller dominieren Erfahrungseigenschaften.

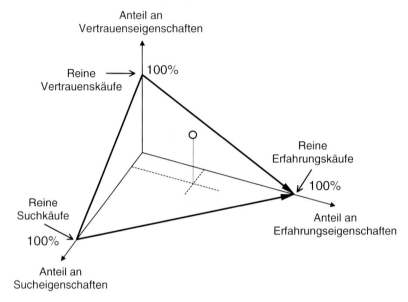

Abbildung 5.7   Komplementarität von Leistungseigenschaften (WEIBER/ADLER, 1995: 61)

Vertrauenskäufe sind Kaufprozesse mit einer Dominanz von Vertrauenseigenschaften. Ausreichende Beurteilungsfähigkeit der Angebotsleistung ist dem Nachfrager aufgrund fehlender Sachkenntnis oder wegen zu hohen Aufwandes zu ihrer Erlangung weder vor dem Kauf noch danach gegeben. Typische Beispiele sind Beratungsleistungen (Finanzen, Gesundheit, Recht). Die Beschaffung komplexer Fertigungslösungen hoher Spezifität stellt zu einem wesentlichen Teil Vertrauenskäufe dar.

5.8   Typologie von KAAS

Diese ebenfalls auf der Neuen Institutionenökonomik beruhende Transaktionstypologie umfasst Austauschgüter, Kontraktgüter und Geschäftsbeziehungen (KAAS, 1995: 23).

Austauschgüter sind fertige, standardisierte Produkte, die dem Gegenstand klassischer Verträge (MACNEIL) entsprechen. Sie können auf Vorrat hergestellt und auf anonymen Märkten angeboten werden. Lieferanten dieser Güter sind aufgrund ihrer Standardisierung und niedriger Spezifität substituierbar. In diesem Zusammenhang wird vom **Austauschgütermarketing** gesprochen. Dies betrifft z. B. Standardmaschinen und Standardsoftware.

Kontraktgüter erfordern spezifische Investitionen der Transaktionspartner und liegen zum Zeitpunkt des Vertragsabschlusses physisch noch nicht vor. Vielmehr handelt es sich um ein Versprechen auf eine in der Zukunft zu erstellende Leistung, was von dem von Macneil formulierten neo-klassischen Vertragstyp entspricht (MACNEIL, 1978: 856, 863). Kontraktgüter sind komplexe und hochspezifische Leistungen, die im Rahmen des **Kontraktgütermarketings** abgesetzt werden. Hierzu zählen z. B. kundenspezifische Fertigungslösungen.

Im Rahmen von **Geschäftsbeziehungen** werden von den Transaktionspartnern auf der Grundlage relationaler Verträge (MACNEIL, 1978: 886 ff.) miteinander in Beziehung stehende Geschäfte durchgeführt. Transaktionsgegenstand können auch Austauschgüter (z. B. Aggregate) oder Kontraktgüter (z. B. spezifische, kundenindividuelle Leistungen) sein. Im Zusammenhang mit Geschäftsbeziehungen wird vom **Beziehungsmarketing** gesprochen.

5.9 Die Typologie von HORVÁTH/BROKEMPER

Die im Zusammenhang mit Untersuchungen des strategieorientierten Kostenmanagements im Maschinenbau durch HORVÁTH/BROKEMPER herangezogene Typologie (HORVÁTH/BROKEMPER, 1998: 591 ff.) unterscheidet in Bezug auf die Auftragslosgröße und die Auftragsart zwischen Standarderzeugnissen, Produktvarianten und Sonderfertigungen.

Standarderzeugnisse weisen eine niedrige Spezifität auf und sind im Allgemeinen durch hohe Fertigungslose und deshalb geringe Umrüst- und Transaktionskosten gekennzeichnet.

Produktvarianten nehmen einen spezifitätsbedingt mittleren Platz ein. Sie engen naturgemäß den Spielraum der Auftragslosgrößen ein und erhöhen die Umrüst- und Abwicklungskosten.

Sonderfertigungen sind hochspezifisch, haben die geringsten Losgrößen bis hin zur Einzelfertigung und verursachen die höchsten Kosten.

Abgestellt auf die speziellen Bedingungen der Herstellung von Kupplungen für den Maschinen- und Anlagenbau werden vier Strategien abgeleitet, die auf die Kriterien „**Standardisierungsgrad**" und „**Losgröße**" aufbauen und in einer Vierfeldermatrix dargestellt sind (HORVÁTH/BROKEMPER, 1998: 596; Abb. 5.8).

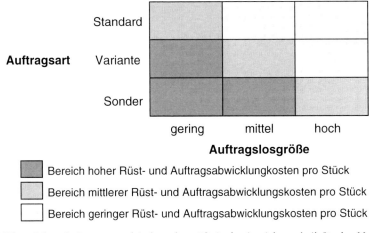

Abbildung 5.8   Auftragsart und Auftragslosgröße in der Antriebstechnik für den Maschinen- und Anlagenbau nach HORVÁTH/BROKEMPER (1998: 592 u. 595)

5.10 Zusammenfassende Charakterisierung der Typologien

Zusammengefasst lassen sich aus den Produkt- und Transaktionstypologien folgende allgemeine Merkmale ableiten:

Erstes Merkmal

- die **Spezifität der Transaktionsobjekte**, die sich über ein bipolares Kontinuum spannt, das von minimaler (Standardleistungen) bis zu maximaler Spezifität (Spezialleistungen) reicht

Zweites Merkmal

- die **Güterstruktur der Transaktionsobjekte**, von Normteilen über Systemtechnik, wie Verarbeitungs- und Informationstechnologien, bis zu kooperativer Entwicklung kundenspezifischer Problemlösungen

Drittes Merkmal

- die **Geschäftsbeziehungen zwischen den Transaktionspartnern**, die sich über ein bipolares Kontinuum, das von Einzelgeschäften (diskreten Transaktionen) und engen Kooperationsbeziehungen begrenzt wird, erstrecken

Allen Typologien ist also ein Bewertungsspektrum gemeinsam, das einerseits von hohem Standardisierungs- und hohem Spezialisierungsgrad und andererseits von Einzeltransaktionen und intensiven Geschäftsbeziehungen begrenzt ist. Somit können Investitionsgüter entsprechend ihrer Leistungsspezifik in ein bipolares Kontinuum mit den Extrema „**Standardleistung**" und „**Spezialleistung**" und in ein weiteres bipolares Kontinuum mit den Extrema „**Diskrete Transaktion**" und „**Geschäftsbeziehungen**" eingeordnet werden.

5.11 Kontrollfragen

1. Welchem Zweck dient die Typologisierung der Investitionsgüter und welchen Kriterien unterliegt sie?

2. Was verstehen Sie unter Spot-, Commodity-, Customer-Integration- und Anlagengeschäft?

3. Erläutern Sie die unterschiedliche Rolle der Quasirente in Bezug auf die Beziehungen zwischen den Transaktionspartnern!

4. Worin besteht der Unterschied zwischen Transaction Marketing und Relationship Marketing?

5. Was versteht man unter Suchkäufen, Erfahrungskäufen und Vertrauenskäufen?

6. Erläutern Sie das allgemeine Bewertungsspektrum von Produkt- und Geschäftstypologien!

6 Strategische Analyse und Marktsegmentierung als Informations- und Entscheidungsgrundlagen des Marketingprogramms

6.1 Zielsetzung

Gegenstand des sechsten Kapitels sind die **Informationsgrundlagen** des Investitionsgütermarketings und seines Marketingprogramms. Das Ziel ist

– die Charakterisierung der strategischen Analyse als Informationsgrundlage des Marketingprogramms

– die Darlegung der Bestandteile der strategischen Analyse (**SWOT-Analyse**) als Einheit von Unternehmens- und Umweltanalyse

– die Darlegung der **Segmentierung** von Investitionsgütermärkten

6.2 Die strategische Analyse (SWOT-Analyse)

Das Marketingprogramm des Investitionsgüterunternehmens enthält auf der Grundlage umfangreicher Informationstätigkeit die Entscheidungen über Marketingziele, absatzpolitische Konstrukte, Marketingstrategien und den Einsatz der absatzpolitischen Instrumente. Von BECKER wurde ein Grundmodell für Marketingprogramme entwickelt, das alle wesentlichen konzeptionellen Elemente enthält und sich in der Praxis bewährt hat (BECKER, 1998: 4 und passim). Dieses Modell, auch als **Marketingkonzeptionspyramide** bzw. -**dreieck** bezeichnet, besteht aus den Konzeptionsebenen Marketingziele, Marketingstrategien und Marketing Mix (Abb. 6.1).

Abbildung 6.1   Marketingkonzeptions-Pyramide von BECKER (BECKER, 1998: 4)

Die absatzpolitischen Entscheidungen bedürfen eines operativ und strategisch nutzbaren Informationsfundaments. Dieses wird mit der systematisch erstellten und kontinuierlich fortgeschriebenen **Umwelt- und Unternehmensanalyse** geschaffen (KREILKAMP, 1987: 69 ff.).

Das Grundraster der Umwelt- und Unternehmensanalyse umfasst die *Stärken und Schwächen* des Unternehmens sowie die aus der Unternehmensumwelt herrührenden *Chancen und Risiken* des Unternehmens. Es spiegelt somit die Grundstruktur des Unternehmens-Portfolios wider. In der angelsächsischen Literatur wird die Umwelt- und Unternehmensanalyse entsprechend dem angegebenen Grundraster **SWOT-Analyse** genannt (*Strengths and Weaknesses, Opportunities and Threats*). Diese Bezeichnung ist auch in der deutschen Fachliteratur gebräuchlich (z.b. DEHR/BIERMANN, 1998: 66 ff; MEFFERT, 1998: 65 ff).

Die Umwelt- und Unternehmensanalyse umfasst die Hauptteile Unternehmensanalyse, Umweltanalyse, Chancen- und Gefahrenprofil des Unternehmens, Strategische Ausgangssituation des Unternehmens und Unternehmensportfolio. Die Umweltanalyse besteht aus den Analyseteilen Mikroumwelt (Branche, relevanter Markt) und Makroumwelt (globale Rahmenbedingungen der Mikroumwelt und des Unternehmens).

6.2.1 Die Unternehmensanalyse

Ziel der Unternehmensanalyse ist die Bestimmung der *relativen* Stärken und Schwächen des Unternehmens und erfolgt immer im Vergleich mit dem wichtigsten Wettbewerber. Der Inhalt ist durch die Elemente der Wertschöpfungskette bestimmt. Dabei wird der relative Standort des Unternehmens in Bezug auf die Bereiche

- Führungssystem
- Unternehmensinfrastruktur
- Personal
- Beschaffungs- und Distributionslogistik
- Forschung & Entwicklung
- Fertigungspotenzial
- Marketing- und Vertriebspotenzial

ermittelt und ein **Stärken-Schwächen-Profil** erstellt.

6.2.2 Die Umweltanalyse des Unternehmens

Gegenstand der Analyse der **Mikroumwelt** des Unternehmens sind der Markt (Branche und Nachfragebranche) und die vom Marketingdreieck bzw. -viereck erfassten Elemente (vgl. Abb. 2.6 und 3.2).

Die Untersuchung des Marktes beinhaltet die Analyse seiner Situation und die Prognose seiner Entwicklungstendenzen. Wichtigste Anliegen sind dabei die Bestimmung der Marktaufnahmefähigkeit für das jeweils konkrete Unternehmensangebot in Bezug auf Kunden und Marktsegmente sowie die branchenrelevanten Technologie- und Produktentwicklungen. Hilfreich für eine systematische Vorgehensweise in Bezug auf die Bestimmung der Marktaufnahmefähigkeit ist dabei die Unterscheidung der **Marktkategorien** (vgl. MEFFERT, 1992: 333f.).

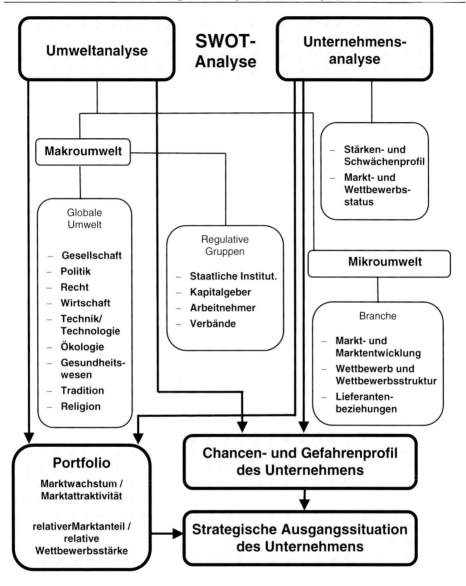

Abbildung 6.2   Umwelt- und Unternehmensanalyse - SWOT-Analyse (nach KREILKAMP, 1987: 69 ff)

Marktvolumen   die Gesamtheit der in einem Vergangenheitszeitraum (Vorjahr, Vormonat usw.) getätigten Nachfrage auf einem definierten Markt

Marktpotenzial   die Gesamtheit der auf einem definierten Markt möglichen Nachfrage

Absatzvolumen	der *von einem Unternehmen* in einem Vergangenheitszeitraum auf einem definierten Markt getätigte Absatz
Absatzpotenzial	der auf einem definierten (gegenwärtigen und zukünftigen) Markt mögliche Absatz *eines Unternehmens*
Marktanteil	der prozentuale Anteil des Absatzes eines Unternehmens am Marktvolumen
relativer Marktanteil	das Absatzvolumen eines Unternehmens in Relation zum wichtigsten Wettbewerber

Die Untersuchung der branchenrelevanten Technologie- und Produktentwicklung ist Gegenstand der Produkt-, Kunden- und Konkurrenzforschung (s. Abschn. 8.2.4, 8.2.5, 8.2.6).

Marktakteure sind die **Nachfrager** (Abnehmer, Kunden, Verwender), die **Anbieter** bzw. **Hersteller**, die **Wettbewerber** und die **Lieferanten**. Auf Investitionsgütermärkten treten die Nachfrager mit ihren fertigungstechnischen und fertigungsorganisatorischen sowie Dienstleistungsbedürfnissen den Anbietern gegenüber, die über das entsprechende Problemlösungs-Know-how verfügen. Die Anbieter stehen zueinander in Konkurrenz. Die Konkurrenzintensität ist abhängig vom Spezifitätsgrad der Transaktionsobjekte und dadurch bedingt von der Anzahl der Marktteilnehmer bzw. der jeweiligen Marktform. Auf Investitionsgütermärkte treffen die Überlegungen von PORTER vom **erweiterten Wettbewerb** in besonderem Maße zu (PORTER, 1983: 26; siehe Abb. 6.3). Er nimmt in sein Wettbewerbsschema neben der „eigentlichen" Konkurrenz rivalisierender Unternehmen weitere Elemente auf, die Wettbewerbscharakter tragen. Im Investitionsgütermarketing sind zu berücksichtigen:

- die Rivalität innerhalb der Investitionsgüterbranchen

- die Verhandlungsmacht der Abnehmer in den Nachfragebranchen

- die Verhandlungsstärke der Zulieferer

- Bedrohungen durch neue Technologien, Rechentechnik und Materialien

- Bedrohungen durch weltweite Investitionsgüteranbieter

Gegenstand der Analyse der **Makroumwelt** des Unternehmens (im englischen Sprachraum auch als **PEST**-Analyse bezeichnet, von **p**olitical, **e**conomic, **s**ocio-cultural, **t**echnological) sind die allgemeinen („globalen") Rahmenbedingungen und die regulativen Gruppen (KREILKAMP, 1987: 75 ff.).

Globale Umwelt und Rahmenbedingungen existieren außerhalb der Unternehmens-Mikroumwelt, können aber das Unternehmen und seinen Handlungsspielraum mehr oder weniger stark positiv oder negativ beeinflussen. Die Einbeziehung solcher Einflüsse folgt den Anforderungen des strategischen Marketings und hat neben der Berücksichtigung aktueller Tatbestände das frühzeitige Erkennen schwacher Signale künftiger unternehmensrelevanter Entwicklungen (*weak signals* nach ANSOFF) zum Ziel.

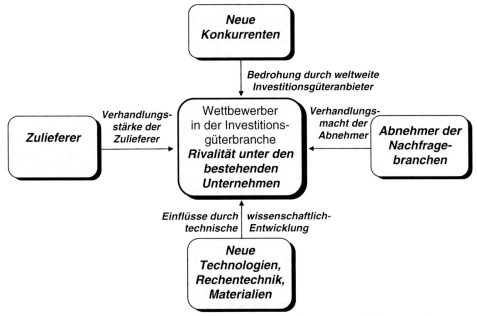

Abbildung 6.3   Wettbewerb in der Investitionsgüterbranche – das erweiterte Wettbewerbsschema nach PORTER

Die globale Umwelt der Investitionsgüterbranchen konstituiert sich aus den Bereichen Gesellschaft, Politik, Recht, Wirtschaft, Technik/Technologie, Ökologie, Gesundheitswesen, Tradition und Religion.

GESELLSCHAFT   Auswirkungen der demografischen Entwicklung und gesellschaftlicher Normen auf den Investitionsgütersektor

Beispiele:

Veränderungen der Bevölkerungsgröße und -struktur beeinflussen über den Güterverbrauch die Nachfrage nach Verarbeitungstechnologien für Werkstoffe (Metall, Holz, Kunststoff, Textil usw.), agrarische Produkte und Informationen.

Der Wandel im Verbraucherverhalten führt zu Prioritäten beim Verzehr von Lebensmitteln in Richtung auf so genanntes *Functional Food* – gesundheitsfördernde Erzeugnisse – und *Convenience Produkte* – hochwertige Fertiggerichte – mit Konsequenzen für die betreffenden Lebensmitteltechnologien.

POLITIK   Auswirkungen politischer Entwicklungen auf nationale und internationale Investitionsgütermärkte

Beispiele:

Veränderte politische Konstellationen nach Wahlen führen zum Wandel wirtschaftspolitischer Prioritäten, die Bereiche des Investitionsgütersektors tangieren.

Politische Bedingungen auf Überseemärkten erhöhen die Unsicherheit Investitionsgüter exportierender Unternehmen.

Infrastrukturelle Maßnahmen und Tendenzen der Investitionspolitik wirken sich auf Höhe und Struktur der Investitionsgütereinfuhren von Importländern aus.

RECHT

Auswirkungen der Rechtssysteme und Rechtssprechung auf den Investitionsgütersektor

Beispiele:

Die Weiterführung der Lebensmittelgesetzgebung erfordert produktpolitische Maßnahmen der Lebensmitteltechnologien anbietenden Unternehmen hinsichtlich Verbraucherschutz, Verarbeitung, Monitoring usw.

Aus den Vorschriften des Abfallgesetzes ergeben sich Konsequenzen für die Entwicklung neuer und die Verbesserung vorhandener Abfallbeseitigungsanlagen.

WIRTSCHAFT

Auswirkungen von nationaler, supranationaler und internationaler Wirtschaftsentwicklung und -politik sowie der Globalisierung auf den Investitionsgütersektor

Beispiele:

Aus der Globalisierung erwachsen außer den überwiegenden Chancen auch Bedrohungen des Wettbewerbsstatus der Unternehmen durch internationale Kräfteverschiebungen, Auftreten neuer Investitionsgüteranbieter, Zusammenschlüsse und Übernahmen.

Währungspolitische Entwicklungen (z. B. Währungskursschwankungen zwischen US-\$ und €) beeinflussen die Ertragsentwicklung der Investitionsgüter exportierenden Unternehmen.

Die zyklisch auftretenden Konjunkturschwankungen und ihre branchentypischen, nationalen und internationalen Besonderheiten wirken sich durch überdurchschnittliche Ausschläge besonders stark auf Investitionsgüter geringer Spezifität aus.

TECHNIK

Auswirkungen der wissenschaftlich-technischen Entwicklung auf den Investitionsgütersektor und seine Nachfragebranchen

Beispiele:

Grundlagenforschung, Technologiemanagement, Verfahrenstechnologie, Automatisierung, Verfahrensprozesssteuerung und Werkstoffentwicklung bewirken eine mit dem latenten wissenschaftlich-technischen Fortschritt einhergehende weitere tendenzielle Verkürzung der Produkt- und Marktlebenszyklen. Materialsubstitutionen (z. B. Kunststoff vs. Metall und Holz, Kunstfaser vs. Naturfaser) rufen Veränderungen der Investitionsgüternachfrage hervor.

ÖKOLOGIE

Auswirkungen ökologischer Systeme (gesellschaftliches Bewusstsein, Politik, Technik, Recht) auf den Investitionsgütersektor

Beispiele:

Die Weiterentwicklung von Recyclingtechnologien führen zur Herausbildung neuer Investitionsgüterbereiche. Es werden weitere technologische Lösungen durch die Vorschriften des Bundes-Imissionsschutzgesetzes angeregt (Schutz vor schädlichen Umwelteinwirkungen durch Schadstoffe).

GESUNDHEITS-WESEN

Berücksichtigung internationaler und interkontinentaler medizinischer Entwicklungen bei der Durchführung des Investitionsgüter-Außenhandels

Beispiele:

Regionale gesundheitliche und medizinische Bedingungen (z. B. in den Tropen und Subtropen) sowie das Entstehen neuer oder Wiederaufleben überwunden geglaubter Krankheiten erfordern eine erhöhte Sorgfalt medizinischer Vor- und Nachsorge für die im Überseegeschäft operativ Tätigen (Außendienstmitarbeiter, Monteure, Baufachleute u. a.).

Der Nationale Sicherheitsrat der USA befürchtet aufgrund der schnellen Ausbreitung der Immunschwächekrankheit Aids in Afrika und Indien gravierende politische und wirtschaftliche Instabilitäten und stuft diese Entwicklung als Bedrohung der nationalen Sicherheit der USA ein.

TRADITION/
RELIGION

Berücksichtigung soziokultureller, ethnischer, religiöser, sprachlicher, mentaler und historischer Besonderheiten auf den internationalen Investitionsgütermärkten der verschiedenen Kulturkreise

Beispiele:

Einhergehend mit der Bedeutung der jeweiligen Transaktionsobjekte ist die Achtung und Beachtung von Kultur und Religion der Gastgeberländer in allen Interaktionen wesentliche Voraussetzung für die Entwicklung gegenseitig vorteilhafter Bedingungen und den Geschäftserfolg.

Bei der strategischen und operativen Marketingplanung der Anbieterorganisationen sind kulturelle, religiöse und mentale Bedingungen, Gebräuche, Feiermonate (z. B. Ramadan), Feiertage, Besonderheiten der Verhandlungsführung, Verhaltensnormen usw. zu berücksichtigen und zu instrumentalisieren.

Regulative Gruppen gehören nicht zur Unternehmensbranche oder -nachfragebranche, üben aber auf die Unternehmen einen direkten oder indirekten (regulierenden) Einfluss aus. Zu ihnen zählen u. a.

staatliche und kommunale Einrichtungen
Kapitalgeber (Banken, Aktionäre)
Wirtschafts-, Industrie- und sonstige Interessenverbände
Parteien und Gewerkschaften
Bürgerbewegungen kirchliche und religiöse Einrichtungen

6.2.3 Chancen- und Gefahrenprofil und Portfolio

Die Zusammenfassung der Ergebnisse aus Umwelt- und Unternehmensanalyse erfolgt in der Chancen- und Gefahrenanalyse mit der Darstellung eines Chancen- und Gefahrenprofils. Die komplexe Erfassung und Positionierung der strategischen Geschäftseinheiten bzw. der einzelnen Leistungsbereiche des Unternehmens erfolgt durch die Erstellung von Portfolios (Unternehmens-, Technologie-, Länder-, Kundenportfolios). Beide münden in die Formulierung der strategischen Ausgangsposition des Unternehmens.

Das **Chancen- und Gefahrenprofil** visualisiert in komprimierter Form die Stärken und Schwächen sowie die Chancen und Risiken des Unternehmens (Abb. 6.4). Es stellt die einzelnen Strategischen Geschäftseinheiten (SGE) den Umweltbereichen auf der Grundlage einer Bewertungsskala gegenüber, so dass die möglichen Auswirkungen von Chancen und Bedrohungen aus der komplexen Unternehmensumwelt in ihrer unterschiedlichen Intensität deutlich werden.

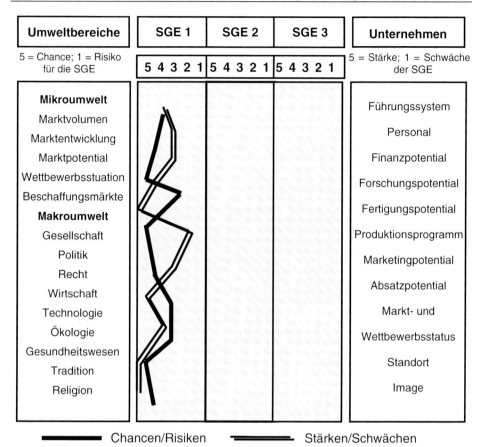

Umweltbereiche	SGE 1	SGE 2	SGE 3	Unternehmen
5 = Chance; 1 = Risiko für die SGE	5 4 3 2 1	5 4 3 2 1	5 4 3 2 1	5 = Stärke; 1 = Schwäche der SGE

Mikroumwelt — Marktvolumen, Marktentwicklung, Marktpotential, Wettbewerbsstuation, Beschaffungsmärkte

Makroumwelt — Gesellschaft, Politik, Recht, Wirtschaft, Technologie, Ökologie, Gesundheitswesen, Tradition, Religion

Unternehmen — Führungssystem, Personal, Finanzpotential, Forschungspotential, Fertigungspotential, Produktionsprogramm, Marketingpotential, Absatzpotential, Markt- und Wettbewerbsstatus, Standort, Image

▬▬▬▬ Chancen/Risiken   ═════ Stärken/Schwächen

Abbildung 6.4   Chancen- und Gefahrenprofil der strategischen Geschäftseinheiten des
Unternehmens (in Anlehnung an KREILKAMP, *1987: passim)*

Das **Unternehmensportfolio** visualisiert die Positionen der einzelnen strategischen Geschäftseinheiten bzw. Leistungsbereiche eines Unternehmens in nach bestimmten Dimensionen konstruierten Matrizen und bildet damit den Ausgangspunkt für strategische Ableitungen durch die Erstellung von **Zielportfolios**. In der Marketingpraxis sind verschiedene Portfolios gebräuchlich. Bewährt haben sich das Vierfelder-Portfolio und das Neunfelder-Portfolio in Bezug auf die Darstellung der Unternehmensposition sowie eine Reihe weiterer (F&E-Programm-, Technologie-, Kunden-, Länder-Portfolio u. a.).

Das **Vierfelder-Unternehmens-Portfolio**, das die *Boston Consulting Group (BCG)* entwickelte, ist als Matrix mit vier Feldern konstruiert. Es enthält zum einen stellvertretend für die Chancen und Risiken der strategischen Geschäftseinheiten die Dimension „**Marktwachstum**". Die Dimension „**relativer Marktanteil**" repräsentiert die Stärken und Schwächen der SGE. Die vier Quadranten des *BCG*-Portfolios stimmen im Wesentlichen mit den Phasen des Produkt-Lebenszyklus überein. Sie sind mit *Fragezeichen (Question Marks;* Einführungsphase des Produktlebenszyklus), *Sterne (Stars;* Wachstumsphase), *Milchkühe (Cash Cows;* Reifephase) und *Arme Hunde (Poor Dogs;* Rückgangs- bzw. Degenerationsphase) bezeichnet.

	hoch	Einführungs- phase **Fragezeichen**	Wachstums- phase **Stars**
Markt- wachstum	mittel		
		Rückgangsphase **Dogs**	Reifephase **Cows**
	niedrig		
		niedrig	mittel	hoch

rel. Marktanteil

Abbildung 6.5   Das Vierfelder-Unternehmens-Portfolio der Boston Consulting Group

Eine Weiterentwicklung des Vierfelder-Portfolios ist das **Neunfelder-Unternehmens-Portfolio** von *McKinsey*. Dabei sind die Inhalte wesentlich erweitert worden, und zwar von der Dimension „Marktwachstum" in Richtung auf die Dimension „**Marktattraktivität**" und von der Dimension „relativer Marktanteil" in Richtung auf die Dimension „**relative Wettbewerbsstärke**" bzw. „**relative Geschäftsfeldstärke**". Auch hier ist die Anlehnung an das Lebenszyklus-Konzept zu erkennen.

Zur Darstellung der technologischen Position eines Unternehmens und als Grundlage technologisch-strategischer Entscheidungsfindung finden **Technologie-Portfolios** Anwendung. Im Portfolio von PFEIFFER ET AL. erfolgt die Positionierung der Technologiefelder mithilfe der Dimensionen „**Technologieattraktivität**" und „**Ressourcenstärke**" (PFEIFFER ET AL., 1991: 85 ff.). Das Portfolio der Unternehmensberatung A.D. LITTLE beruht auf den Dimensionen „**Wettbewerbsposition**" und „**Technologische Position**" (zit. bei KREILKAMP, 1987: 538).

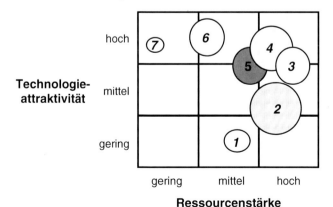

Abbildung 6.6   Technologieportfolio eines Getriebeherstellers (1 ... 7 Getriebetyp)
(nach PFEIFFER ET AL., 1991: 93 ff).

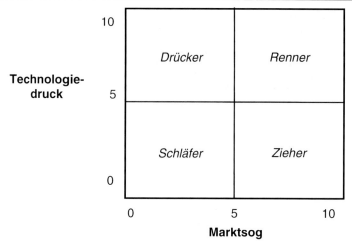

Abbildung 6.7   *F&E-Programm-Portfolio (MÖHRLE, 1994: 230 ff.)*

Zur Steuerung der Forschung und Entwicklung als wesentliche Grundlage des Wertschöpfungsprozesses des Unternehmens und seiner Technologieentwicklung liegt ein Portfolio vor, das Markt- und Technologiekriterien miteinander vereinigt. Das **F&E-Programm-Portfolio** ist nach den Kriterien **„Technologiedruck"** (Schrittmacher-Technologien) und **„Marktsog"** (starke Marktnachfrage) strukturiert, die mittels eines Punktesystems quantifiziert werden (Abb. 6.7). Das Portfolio zeigt die strategische Position der einzelnen Projekte und visualisiert Struktur und Erfüllungsstand des F&E-Programms (MÖHRLE, 1994: 227 ff.). **Renner** mit hohem Technologiedruck und hohem Marktsog stellen die Idealkonstellation dar. **Drücker** sind langfristig angelegte Grundlagenprojekte, weshalb nur geringer Marktsog vorliegt. **Zieher** beschreiben Kundenanfragen oder Wettbewerbsanforderungen, die ohne technologische Neuerung erfüllt werden sollen. **Schläfer** sind unattraktive Projekte, die aus Drückern und Ziehern hervorgegangen sein können: Drücker, die allmählich ihre Technologieattraktivität verloren haben, Zieher, deren Marktchancen mit der Zeit geschwunden sind (MÖHRLE, 1994: 232f.).

6.2.4 Die strategische Ausgangssituation des Unternehmens

Resultat der Umwelt- und Unternehmensanalyse und Basis des strategischen, auf die Zukunft gerichteten Prozesses ist die genaue Bestimmung und Diagnose der strategischen Ausgangssituation des Investitionsgüterunternehmens. Sie ist durch folgende Gesichtspunkte gekennzeichnet (KREILKAMP, 1987: 242/243):

- Bestimmung des Absatzpotenzials des Unternehmens
- Nutzenerwartungen und Bedürfnisstruktur der Kunden
- Beschaffungsverhalten der Nachfragerorganisationen
- Entwicklungsphase des Marktes und der Produktlebenszyklen
- Bedrohung durch weltweite Investitionsgüteranbieter
- Stärken, Schwächen, Potenziale und Marktstellung des eigenen Unternehmens und der Wettbewerber
- Strategien der Wettbewerber

- Preis-Leistungs-Verhältnis der Produkte
- Entwicklung des Einflusses der Makroumwelt und der regulativen Gruppen

6.3 Marktsegmentierung im Investitionsgütermarketing

6.3.1 Inhalt und Ziel der Investitionsgüter-Marktsegmentierung

Der Markt als mehrdimensionales und heterogenes Konstrukt umfasst eine Vielzahl von Elementen, die sich in Gruppen relativer Ähnlichkeit gliedern lassen. Diese in sich relativ homogenen Gruppen verhalten sich gegeneinander heterogen. Das Konstrukt Markt ist zuallererst durch Verkäufer und Käufer sowie deren Beziehungen zueinander gekennzeichnet. Käufer auf Konsumgütermärkten werden von den Verkäufern nach soziodemografischen (Alter, Einkommen, Familienstatus u. a.), psychographischen (psychologische Persönlichkeitsmerkmale, Einstellungen, Lebensstile u. a.), verhaltensmäßigen (Einkaufsverhalten, Markenwahl, Präferenzen u. a.) und geografischen (regional-spezifischen) Gesichtspunkten gegliedert, voneinander abgegrenzt und der Marketingpolitik zugrunde gelegt (vgl. MEFFERT, 1998: 174 ff.; BECKER, 1998: 246 ff.).

Die konstitutiven Faktoren von Investitionsgütermärkten und -marketing sind Organisationalität, Spezifität und Relationalität mit ihren relevanten Variablen. Anbieterorganisationen unterhalten zu Nachfragerorganisationen organisationale, spezifitätsbedingte, relationale und in Wertumfang, Raum und Zeit dimensionierte Beziehungen. Sie gliedern die potenziellen Nachfragerorganisationen nach **unternehmensdemografischen** (Nachfragebranche, Einsatzgebiet, Betriebsgröße, Umsatz u. a.), **organisationalen** (Beschaffungsverhalten und -organisation, Buying-Center-Problematik, Entscheidertypologie u. a.), **spezifitätsbedingten** (Technizität, Produktindividualität u. a.) **relationalen** (Geschäftsbeziehungen, Transaktionstyp u. a.) und **dimensionsbedingten** (Transaktionswert, Ertrag, Zeit und Raum) Gesichtspunkten. Die auf der Grundlage dieser Faktoren und Variablen vorgenommene Differenzierung der Nachfragerorganisationen durch die Anbieterorganisationen ist Gegenstand der **Investitionsgüter-Marktsegmentierung**.

> **Investitionsgüter-Marktsegmentierung** ist die in Abhängigkeit von der Organisationalität, Spezifität und Relationalität des Investitionsgütermarketings durch die Anbieterorganisation erfolgende Aufspaltung des heterogenen Investitionsgütermarktes in relativ homogene Teilmärkte, Kundengruppen bzw. Einzelkunden (Segmente). Das Ziel ist die *Durchführung* (aktiver) segmentadäquater Marketingpolitik bzw. optimaler *Reaktion* auf segmentadäquate Anforderungen der Nachfragerorganisationen an die (reaktive) Marketingpolitik (Abb. 6.8).

Aufgaben der Marktsegmentierung bestehen in:

1. der Analyse des Gesamtmarktes zur Bestimmung der Nachfragetriebkräfte und zur Identifizierung von Marktsegmenten

2. der Auswahl der der Anbieterkompetenz am besten entsprechenden Segmente

3. der Ausrichtung des Marketingmanagements auf die Anforderungen der verschiedenen Segmente mit dem Ziel der Gewinnung von wesentlichen Konkurrenzvorteilen (BONOMA/SHAPIRO, 1984:1/2; KLEINALTENKAMP, 1995: 665)

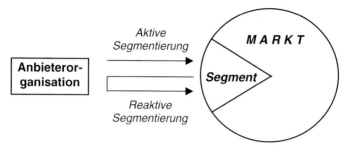

Abbildung 6.8   Aktive und reaktive Marktsegmentierung

Eine in der Marketingpraxis übliche Segmentierungsmethode besteht im schrittweisen Vorgehen vom Investitionsgut und seinen Verwendungsgebieten bis zur Bestimmung der konkreten Nachfrager (Abb. 6.9). Diese eindimensionale Vorgehensweise genügt jedoch nicht den Erfordernissen der auf Investitionsgütermärkten herrschenden Mehrdimensionalität.

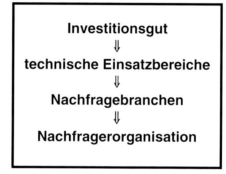

Abbildung 6.9   Operativ gebräuchliche, schrittweise Marktsegmentierung

Bezüglich der Investitionsgüter-Marktsegmentierung ist eine Reihe von Ansätzen entwikkelt worden. Sie lassen sich in Abhängigkeit von den herangezogenen Kriterien und von der Aufeinanderfolge bzw. Gleichzeitigkeit ihrer Nutzung in ein- und mehrdimensionale bzw. ein- und mehrstufige Segmentierungsmodelle (KLEINALTENKAMP, 1995: 669 ff.) BACKHAUS, 1997: 184 ff.) unterteilen.

6.3.2   Eindimensionale einstufige Modelle

Diese Gruppe von Segmentierungsmodellen berücksichtigt aus der Vielzahl von Kriterien lediglich einzelne, wie z. B. die Nachfragebranchen, organisationsdemografische und Buying-Center-Aspekte, Geschäftsbeziehungen, das Beschaffungsverhalten oder regionale Absatzmärkte. Einstufige Modelle sind in der Marketingpraxis durchaus gebräuchlich, denn sie tragen den Wünschen nach schneller und unkomplizierter Entscheidungsfindung Rechnung. Jedoch wird diese Herangehensweise der Komplexität des industriellen Beschaffungsverhaltens keineswegs gerecht, lässt möglicherweise ausschlaggebende kaufverhaltensbestimmende Faktoren außer Acht und kann zu strategischen Fehleinschätzungen führen (KLEINALTENKAMP, 1995: 672).

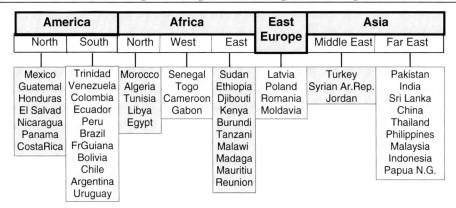

America		South	Africa			East Europe	Asia	
North	South	North	West	East			Middle East	Far East

Mexico	Trinidad	Morocco	Senegal	Sudan	Latvia	Turkey	Pakistan
Guatemal	Venezuela	Algeria	Togo	Ethiopia	Poland	Syrian Ar.Rep.	India
Honduras	Colombia	Tunisia	Cameroon	Djibouti	Romania	Jordan	Sri Lanka
El Salvad	Ecuador	Libya	Gabon	Kenya	Moldavia		China
Nicaragua	Peru	Egypt		Burundi			Thailand
Panama	Brazil			Tanzani			Philippines
CostaRica	FrGuiana			Malawi			Malaysia
	Bolivia			Madaga			Indonesia
	Chile			Mauritiu			Papua N.G.
	Argentina			Reunion			
	Uruguay						

Abbildung 6.10   Einstufige Segmentierung ausgewählter Ländergruppen nach dem Prokopfverbrauch von Industriegütern (NAKIP, 1999: 186)

Zu den verbreiteten einstufigen Modellen zählen *geografische* bzw. *Ländersegmentierungen.* Beliebige Kriterien können dazu herangezogen werden, wie z. B. die Auftragsvergabekriterien ausgewählter Länder (KLEINALTENKAMP, 1995: 670 ff.) oder der Prokopfverbrauch von Industrieprodukten in verschiedenen Wirtschaftsgebieten der Erde (NAKIP, 1999: 177 ff.). Ziel der *Nachfragebranchensegmentierungen* von Produkten bzw. Produktgruppen ist die Einordnung von Produkten in eine branchenbezogene Nachfragestruktur (DEHR/BIERMANN, 1998: 76). Das Ergebnis von Ländersegmentierungen besteht im Allgemeinen in der Bildung kriterienabhängiger homogener Ländergruppen (Abb. 6.10). Nachfragebranchensegmentierungen geben Auskunft über die Einsatzgebiete von ausgewählten Industriegütern (Abb. 6.11).

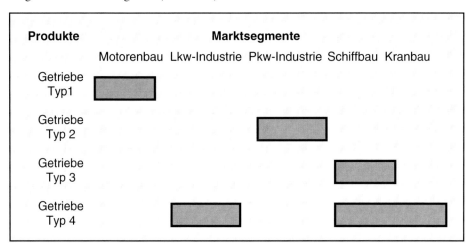

Abbildung 6.11   Einstufige Nachfragebranchensegmentierung von Getrieben (DEHR/BIERMANN, 1998: 76)

6.3.3 Eindimensionale mehrstufige Segmentierungsmodelle

Zweistufige Segmentierungsmodelle

Sie dienen zur Identifizierung der Bestimmungsfaktoren des Beschaffungsverhaltens der Nachfragerorganisation und gehen auf den klassischen Ansatz von WIND/CARDOZO zurück, dessen Kerngedanke in der Unterteilung in die Stufen **Makrosegmentierung** und **Mikrosegmentierung** besteht (WIND/CARDOZO, 1974: 153 ff.).

Gegenstand der **Makrosegmentierung** ist die Identifizierung wichtiger organisationaler Kriterien der Nachfragerorganisation, wie Unternehmensgröße,   Organisationsstruktur, SIC-Bereich (Nachfragebranchen in der amerikanischen Industriestatistik – *Standard Industrial Classification*) u. a. sowie die Auswahl entsprechender Makrosegmente. Weisen die ausgewählten Makrosegmente unterschiedliche Reaktionen auf das Marketing der Anbieterorganisation auf , werden diese als Zielsegmente verwendet. Zeigen sie keine unterschiedlichen Reaktionen, so sind in einem zweiten Schritt innerhalb der Makrosegmente **Mikrosegmente** bezüglich wichtiger Kriterien der **Entscheidungsbeteiligten** zu identifizieren. Solche Kriterien sind z. B. deren hierarchische Stellung, Entscheidertypologien und Entscheidungsregeln. Im Ergebnis der beiden Stufen wird das Segmentprofil als Einheit von organisationalen und personalen Kriterien bestimmt (ENGELHARDT/GÜNTER, 1981: 91).

Zweistufige Mikrosegmentierung

Die Bedeutung der individuellen Merkmale einkaufsentscheidender Personen und der Bestimmungsfaktoren der Beschaffungsentscheidung auf organisationalen Märkten führte zur Entwicklung zweistufiger Mikrosegmentierungsmodelle. In der **ersten Stufe** werden die *wahrnehmbaren* Käufermerkmale erfasst, wie Alter, Berufsjahre, Ausbildung und Tätigkeitsdauer im gegenwärtigen Einkaufsjob (BARCLEY/RYAN, 1996: 8 ff.). Gegenstand der **zweiten Segmentierungsstufe** sind Entscheidungsdeterminanten, wie der durch den Einkauf beabsichtigte Nutzen (*WAS* möchten sie kaufen?) und die relevanten Einkaufsbedingungen (*WIE* kaufen sie?)

Dreistufige Segmentierungsmodelle

In diesen Modellen, die insbesondere auf die Überlegungen von SCHEUCH und GRÖNE zurückgehen (Abb. 6.13 und 6.14), erfolgt über drei Ebenen hinweg eine fortlaufende Präzisierung der beschaffungsrelevanten Kriterien (SCHEUCH, 1975: 70 ff.; GRÖNE, 1977: 34 ff.). Von der ersten Ebene, welche Umweltmerkmale bzw. organisationsdemografische Kriterien beinhaltet, wird zu innerorganisatorischen Merkmalen der Beschaffungsorganisation übergegangen, welche entscheidertypologische Charakteristika der Buying-Center-Mitglieder münden.

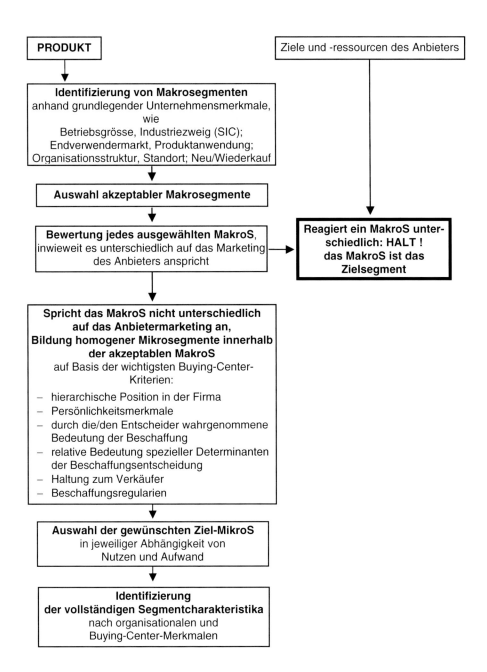

Abbildung 6.12 Zweistufige Segmentierung organisationaler Märkte (nach WIND/CARDOZO, 1974: 156)

Segmentierungsmodell von SCHEUCH

1. Ebene Umweltbezogene Merkmale

Organisationsbezogene Merkmale
- – Standort
- – Betriebsform usw.

Kauf- und Verwendungsverhalten
- – Auftragsgrößen
- – Zahlungsverhalten usw.

Position der Organisation in der Umwelt
- – politische Bedingungen
- – technische Bedingungen

2. Ebene Innerorganisatorische Merkmale

Zielsystem der Organisation
- – Restriktionensystem
  know-how-Begrenzungen
  Finanzrestriktionen usw.
- – Hierarchische Struktur usw.

3. Ebene Merkmale der Mitglieder des BC
- – Alter
- – Beruf
- – soziale Schicht usw.

Abbildung 6.13   Dreistufiges Segmentierungsmodell von SCHEUCH (SCHEUCH, 1975: 70 ff.; Darstellung nach BACKHAUS, 1997: 188, und BECKER, 1998: 283)

Drei-Ebenen-Segmentierung

Ein käufertypbezogenes Segmentierungsmodell für industrielle Märkte geht von drei Ebenen nachfragerbezogener Anforderungen an den Anbieter aus (ROBERTSON/BARICH, 1992: 5-11; Abb. 6.15). Es wird zwischen drei Käufersegmenten unterschieden:

- **Segment 1:**   **Potenzielle Kunden** (*First-Time Prospects*); Potenzielle Käufer haben Bedarf am Produkt des Anbieters, waren aber noch keine Kunden. Sie fühlen sich unsicher hinsichtlich ihrer Entscheidung und legen großen Wert auf die führende Hand der Anbieterorganisation.

- **Segment 2:**   **Erstkäufer** (*Novices*) Sie sind bereits Kunden, haben aber erst ein einziges Mal beim Anbieter gekauft. Ihre Unsicherheit ist überwunden, sie sind an der optimalen Unterstützung durch die Anbieterorganisation bei der Nutzung der gelieferten Ausrüstung interessiert.

- **Segment 3:**   **Erfahrene Käufer** (*Sophisticates*);Sie gehören zu den Stammkunden. Ihr Hauptaugenmerk bei weiteren Käufen gilt der Kompatibilität mit den vorhandenen Ausrüstungen und der Problemlösungsfähigkeit des Anbieters.

Segmentierungsmodell von GRÖNE

---

1. Ebene O-Segmentierung
(organisationsbezogene Kriterien)

– Organisationsdemografische Merkmale
  Standort, Branche
  Betriebsform, -größe usw.

– Institutionalisierung der Einkaufsfunktion
  Zentralisation/Dezentralisation
  Aufgabenbereich usw.

– Organisatorische Beschaffungsregeln
  Ablauf der Einkaufsentscheidung
  Angebotsbewertung
  EDV als Einkaufshilfsmittel usw.

---

2. Ebene K-Segmentierung
(Merkmale des Entscheidungskollektivs)

– Größe des Buying Centers usw.

– Zusammensetzung des BC usw.

– Interpersonelle Beziehungen

---

3. Ebene I-Segmentierung
(Merkmale des entscheidungsbeteiligten Individuums)

– Informationsverhalten (-quellen)

– Motivation

– Einstellungen

Abbildung 6.14   Dreistufiges Segmentierungsmodell von GRÖNE *(*GRÖNE*, 1977: 34 ff.;*
Darstellung nach BACKHAUS*, 1997: 188, und* BECKER*, 1998: 283)*

Das mehrstufige Segmentierungsmodell von BONOMA/SHAPIRO

BONOMA/SHAPIRO stellten bereits 1983 einen mehrstufigen Segmentierungsansatz vor, der das Spektrum von der Unternehmensdemografie bis zu den persönlichen Charakteristika der einkaufsentscheidenden Akteure der Nachfragerorganisation abdeckt (BONOMA/SHAPIRO, 1983: 7 ff.). Dieses „Nest-„ bzw. „Schalen"-Modell umfasst fünf Stufen, die nach Art einer russischen Holzpuppe (*Matrjoschka*) ineinander eingebettet sind (MITCHELL/WILSON, 1998: 429 ff.).

Den Ausgangspunkt bilden, wie auch in anderen Modellen, unternehmensdemografische Merkmale. In diese sind die Betriebs-(Operations-) variablen eingefügt, welche Faktoren umfassen, wie die Technologie, den Anwender- bzw. Nichtanwender-Status und die operativen, technischen und finanziellen Kundenpotenziale. In die Betriebsvariablen sind die verschiedenen Beschaffungsaspekte eingebettet, wie die Einkaufspolitik und -prozedur sowie die Buying-Center-Problematik. Weiter zum Kern der Beschaffungsentscheidungen vordringend, bilden die situativen Faktoren die nächste Schale, wie die Dringlichkeit der Beschaffung, spezielle Anwendungen und der Auftragsumfang. Den Kern des Nests bilden Personalcharakteristika, wie Motivation, die Käufer-Verkäufer-Beziehungen und Risikowahrnehmungen. Die Segmentierung erfolgt durch stufenweises Vorgehen von außen (Allgemeinem) nach innen (Besonderem) mit dem Ziel der Identifizierung möglichst homogener Segmente.

S E G M E N T E		
Potenzielle Kunden *(First-Time Prospects)*	*Erstkäufer* *(Novices)*	*Erfahrene Kunden* *(Sophisticates)*
Dominantes Kundenmotto: „Take care of me"	**Dominantes Kundenmotto:** „Help me make it work"	**Dominantes Kundenmotto:** „Talk technology to me"
Gewünschte Unterstützung – ADM-Verständnis der Kundenprobleme – Redlichkeit der ADM – Erfahrung der Lieferfirma – Einfühlsamkeit der ADM – Erprobungsphase – qualifiziertes Training	**Gewünschte Unterstützung** – leicht verständliche Bedienungsanleitungen – Hot Line zum Kundendienst – Qualifiziertes Training – Produktseitig versierte ADM	**Gewünschte Unterstützung** – Kompatibilität mit vorhandener Technik – kundenindividuelle Technik – Referenzen des Lieferanten – Reaktionsschnelligkeit bei Havarien – Betreuung und technische Unterstützung nach Verkauf
Weniger wichtig – Produktbezogene Detailkenntnis der ADM	**Weniger wichtig** – Redlichkeit der ADM – ADM-Verständnis der Kundenprobleme	**Weniger wichtig** – Training – Erprobungen – Leicht verständliche Bedienungsanleitungen – Einfühlsamkeit der ADM

Anm.: ADM - Außendienstmitarbeiter

Abbildung 6.15   Drei-Ebenen-Segmentierung (ROBERTSON/BARICH, 1992: 7)

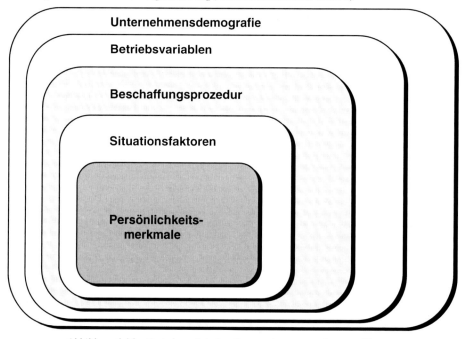

Abbildung 6.16   Nest- bzw. Schalen-Segmentierung von BONOMA/SHAPIRO (BONOMA/SHAPIRO, 1984: 10)

6.3.4 Drei- und mehrdimensionale Segmentierungsmodelle

Im Vergleich zu den eindimensionalen Modellen, deren Charakteristikum in der stufenweisen Abfolge der Segmentierungsschritte besteht, erfolgt beim mehrdimensionalen Ansatz die Segmentidentifizierung durch gleichzeitiges (simultanes) Heranziehen relevanter Dimensionen.

Das Modell der Geschäftsfeldbestimmung von ABELL verdeutlicht den Ansatz **dreidimensionaler Marktsegmentierung** unter Berücksichtigung folgender Dimensionen (ABELL, 1980: 17, 169):

- der Kundengruppen (*„Who is being satisfied?“*)

- der durch das betreffende Gut zu befriedigenden Kundenbedürfnisse (*„What is being satisfied?“*)

- der zur Befriedigung der Kundenbedürfnisse einzusetzenden Technologien (*„How customer needs are satisfied?“*)

ABELL demonstriert die dreidimensionale Geschäftsfeldbestimmung mit den Kriterien **„Kundengruppen“**, **„Kundenfunktionen“** und **„Alternative Technologien“** am Beispiel computergesteuerter Röntgengeräte (Abb. 6.17; ABELL, 1980: 110 ff.).

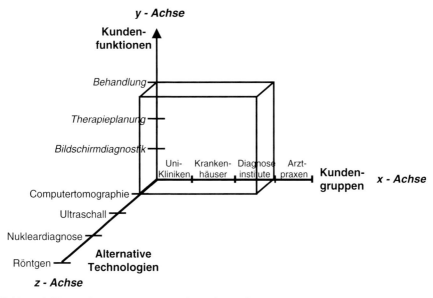

Abbildung 6.17   Marktsegment eines amerikanischen Anbieters computergesteuerter Diagnosegeräte (nach ABELL, 1980: 110, 112)

Das dreidimensionale zweistufige Modell von STROTHMANN/KLICHE zielt auf die Segmentierung von Unternehmen nach ihrem Innovationsvermögen (STROTHMANN/KLICHE, 1989: 76f., KLICHE, 1991: 117 ff.). Auf der Grundlage von relevanten Kriterien werden Unternehmen mit hohem (**HIP**), mittlerem (**MIP**) und niedrigem Innovationspotenzial (**NIP**) unterschieden. **HIP**-Unternehmen beispielsweise betreiben Corporate-Identity-

Politik, beschicken oft Messen, haben Kontakte zu Universitäten und Hochschulen, verfügen über ein junges Produktprogramm usw.

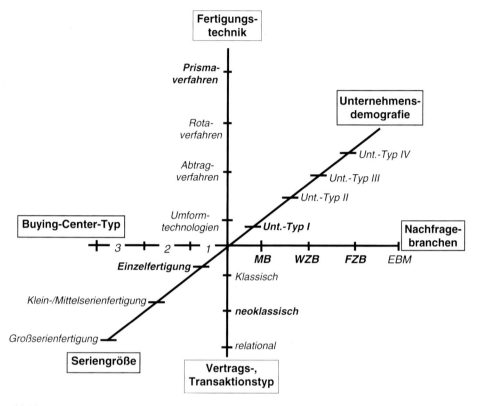

Abbildung 6.18   Mehrdimensionale Segmentierung des Werkzeugmaschinenmarktes
(Beispiel: numerisch gesteuerte Bearbeitungszentren [NCMC])

Interpretationsbeispiel zu Abb. 6.18:

Numerisch gesteuerte Bearbeitungszentren (NCMC) werden in den Nachfragebranchen Maschinenbau, Werkzeugbau und Fahrzeugbau zur spangebenden Bearbeitung prismatischer Metallteile (z. B. Bohr- und Fräsarbeiten an Metallteilen) in der Einzelfertigung in Unternehmen vom Typ I eingesetzt. Das Beschaffungsverhalten dieser Unternehmen ist von Buying Centers des Typs 2 bestimmt. Die Transaktionen beruhen aufgrund des mittleren Spezifitätsgrades der NCMC auf neoklassischen Verträgen.

Die Berücksichtigung der **Mehrdimensionalität** des Segmentierungsansatzes (Nachfragebranche, Technologie, Funktionen, Unternehmensdemografie, Transaktionstyp, Beschaffungsprozeduren, Buying-Center-Typus, Entscheidertypologien u. a.) kann durch Einbeziehung des gesamten Koordinatensystems, also auch der Bereiche jenseits des Schnittpunktes der x-, y- und z-Achsen erfolgen. Ein aus der Werkzeugmaschinenindustrie gewähltes Beispiel für numerisch gesteuerte Bearbeitungszentren NCMC (Abb. 6.18) hat die Dimensionen:

    – Nachfragebranchen   – Unternehmensdemografie
    – Fertigungstechnik der Metallbearbeitung   – Seriengröße
    – Buying-Center-Typ   – Vertragstyp

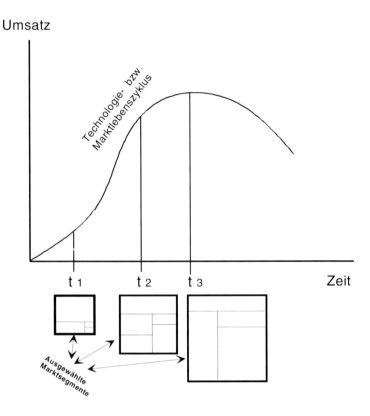

*Abbildung 6.19   Lebenszyklusabhängige dynamische Segmentierung nach BREUER
(BREUER, 1993: 134)*

6.3.5 Dynamische Marktsegmentierung

Die Dynamik der heterogenen Investitionsgütermärkte, insbesondere die inhaltliche und zeitliche Instabilität der Marktsegmente, erfordert eine kontinuierliche **Dynamisierung und Bedürfnisorientierung der Marktsegmentierung** (BREUER, 1993: 127 ff.; Abb. 6.19). Sie beinhaltet

– die kontinuierlich anpassende Aufteilung des Marktes in Segmente anhand bedürfnisorientierter Kriterien

– die kontinuierliche Neubewertung und -auswahl der Segmente

– die Anpassung der segmentspezifischen Produktpolitik an die sich wandelnden Anforderungen der bestehenden und der sich neu konstituierenden Segmente

– und damit die Lebenszyklusbezogenheit der dynamischen Marktsegmentierung

6.4 Kontrollfragen

1. Welche Funktion erfüllt die Umwelt- und Unternehmensanalyse im Rahmen des Marketingprogramms?

2. Welche Analyseteile umfasst die Umwelt- und Unternehmensanalyse und welche Grundaussage vermitteln sie?

3. Worin bestehen die Ziele der Marktsegmentierung? Erläutern Sie Zielsetzung, Aufbau und Inhalt eindimensionaler Segmentierungsmodelle!

4. Erläutern Sie die mehrstufigen Segmentierungsmodelle von SCHEUCH, GRÖNE und BONOMA/SHAPIRO!

5. Erläutern Sie drei- und mehrdimensionale sowie dynamische Segmentierungsmodelle!

7 Das Marketingprogramm des Investitionsgüterunternehmens

7.1 Zielsetzung

Kapitel 7 dieses Buches setzt sich zum Ziel,

- den Zusammenhang zwischen der durch die Bestimmungsfaktoren „Spezifität" und „Relationalität" gekennzeichneten **Produkt- und Geschäftstypologie** des Investitionsgütermarketings und dem **Marketingprogramm** des Investitionsgüterunternehmens darzulegen

- das Marketingprogramm des Investitionsgüterunternehmens als Einheit der Teile strategische Analyse, Marketingzielsetzungen, absatzpolitische Konstrukte, Marketingstrategien, Instrumente und Instrumentalkombinationen zu strukturieren

- die **Marketingzielsetzungen** und ihren engen Zusammenhang mit **absatzpolitischen Zielkonstrukten** darzustellen

- geschäftstypusrelevante **Strategieansätze** abzuleiten

- geschäftstypusrelevante **Marketinginstrumente** zu bestimmen

- **Instrumentalkombinationen** in Abhängigkeit von Spezifität und Relationalität zu entwickeln

7.2 Produkt- und geschäftstypologische Ausgangssituation und Struktur des Marketingprogramms

7.2.1 Die produkt- und geschäftstypologische Ausgangssituation

Das Investitionsgütermarketing ist durch die Bestimmungsfaktoren Organisationalität, Spezifität und Relationalität charakterisiert. **Organisationalität** bedeutet, dass das Investitionsgütermarketing auf absatz- und bezugspolitische Aktivitäten gerichtet ist, die zwischen Anbieter- und Nachfrager*organisationen* stattfinden. – **Spezifität** kennzeichnet die Position der Investitionsgüter in einem von Standardleistungen und Spezialleistungen begrenzten Kontinuum (S_{min} ... S_{max}).– Die Beziehungen zwischen Anbieter- und Nachfragerorganisationen und ihre Positionierung im Kontinuum des Intensitätsgrades der Beziehungen (R_{min} ... R_{max}) werden unter dem Terminus **Relationalität** subsummiert.

Aus den Beziehungen zwischen den Bestimmungsfaktoren Spezifität und Relationalität lassen sich ableiten:

- die Hauptbereiche des Investitionsgütermarketings
- die Geschäftstypen des Investitionsgütermarketings
- die Erzeugnisstruktur der Geschäftstypen des Investitionsgütermarketings
- die geschäftstypusrelevanten Instrumentalkombinationen und Instrumente des Investitionsgütermarketings

7.2.1.1 Hauptbereiche des Investitionsgütermarketings

Wird aus dem Spezifitätskontinuum S_{min} ... S_{max} und dem Relativitätskontinuum R_{min} ... R_{max} eine Matrix gebildet, so treten die Hauptbereiche des Investitionsgütermarketings deutlich hervor (Abb. 7.1). Die linke (vertikale) Seite repräsentiert den Bereich der **Standardleistungen** (niedrige Spezifität, zwischen S_{min} und S_{med} gelegen), die rechte (vertikale) den Bereich der **Spezialleistungen** (hohe Spezifität, zwischen S_{med} und S_{max} gelegen). Der obere (horizontale) Teil repräsentiert den Bereich der **Geschäftsbeziehungen** (hohe Relationalität, zwischen R_{med} und R_{max} gelegen), der untere (horizontale) den **Bereich diskreter (einzelner) Transaktionen** (niedrige Relationalität, zwischen R_{med} und R_{max} gelegen).

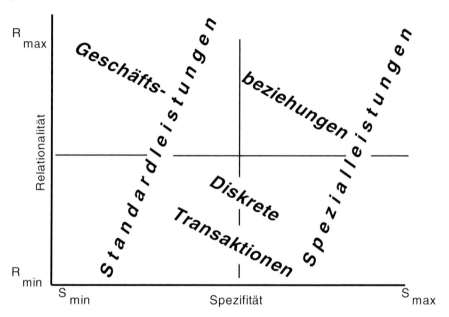

Abbildung 7.1: Vierfelder-Matrix aus Spezifitätskontinuum und Relationalitätskontinuum

7.2.1.2 Geschäftstypen des Investitionsgütermarketings

Die Matrix beinhaltet zunächst vier Spezifitäts-Relationalitäts-Kombinationen, welche vier **Geschäftstypen** repräsentieren (Abb. 7.2):

1. niedrige Spezifität – niedrige Relationalität = Geschäftstyp „**Mengengeschäfte**"

2. niedrige Spezifität – hohe Relationalität = Geschäftstyp „**Kundengeschäfte**"

3. hohe Spezifität – hohe Relationalität = Geschäftstyp „**Kooperationsgeschäfte**"

4. hohe Spezifität – niedrige Relationalität = Geschäftstyp „**Komplexgeschäfte**"

An der Schnittstelle der vier Quadranten kann ein fünfter Geschäftstyp positioniert werden, in welchem Elemente der vier Geschäftstypen zur Systemtechnik kombiniert sind:

5. mittlere Spezifität - mittlere Relationalität = Geschäftstyp „**Kombinationsgeschäfte**"

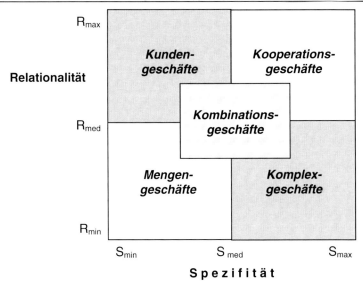

Abbildung 7.2   Geschäftstypen des Investitionsgütermarketings

7.2.1.3 Erzeugnisstruktur der Geschäftstypen des Investitionsgütermarketings

Die Geschäftstypen umfassen Produkte, die den jeweiligen Spezifitäts-Relationalitäts-Kombinationen entsprechen (Abb. 7.3). Der Geschäftstyp **Mengengeschäfte** ist für Erzeugnisse niedriger bis mittlerer Spezifität und Relationalität charakteristisch, wobei deren jeweiliges Kontinuum innerhalb des Quadranten berücksichtigt werden muss. Zu diesem Typ zählen Massengüter, wie Normteile, Wälzlager, Computerchips, einfache Elektromotore u. a., die dem linken unteren Sektor des Quadranten zuzuordnen sind (Massengüter I). Hier werden Einzeltransaktionen ohne Etablierung von Geschäftsbeziehungen abgewickelt. Lieferanten wie Abnehmer sind leicht substituierbar. Demzufolge entsteht keine Quasirente und damit keine Abhängigkeit.

Des Weiteren sind Güter zu nennen, die einen vergleichsweise höheren Spezifitäts- und Relationalitätsgrad aufweisen, wie Einzelinvestgüter I (z. B. Verarbeitungsmaschinen, Personalcomputer) und kompliziertere Bauteile. Sie sind im rechten oberen Sektor des Quadranten zu positionieren. In diesem Sektor fällt schon eine geringe Quasirente an.

Diesem Sektor mittlerer Spezifität und Relationalität, an der Schnittstelle zum Geschäftstyp Kooperationsgeschäfte gelegen, ist auch autonom erstellte und für einen relativ anonymen Markt bestimmte standardisierte *Systemtechnik* als Kombination von Einzelinvestgütern, Automatisierungseinrichtungen (Fertigungssteuerung, Ver- und Entsorgung, Transport) und Dienstleistungen zuzuordnen. Hierfür sind in der Metallverarbeitung eingesetzte Flexible Fertigungszellen (**FC** - *Flexible Manufacturing Cells*) und Flexible Fertigungssysteme (**FMS** - *Flexible Manufacturing Systems*) markante Beispiele.

Der Geschäftstyp **Kundengeschäfte** ist für Erzeugnisse niedriger bis mittlerer Spezifität und mittlerer bis hoher Relationalität charakteristisch. Sie werden im Rahmen von Geschäftsbeziehungen abgesetzt und beschafft. Hierzu gehören kompliziertere Teile (z.B. Hydraulik, Pneumatik, Bausteine/Module) und Einzelinvestgüter II (z.B. NC-Bearbeitungszentren), aber auch Massengüter als Gegenstand von Geschäftsbeziehungen zwischen Anbieter- und Nachfragerorganisation (Massengüter II). Der Schwerpunkt liegt jedoch in den rechten Sektoren des Quadranten. Im Quadranten entsteht in Abhängigkeit vom Spezifitäts- und Relationalitätszuwachs eine um ein durchschnittliches Abhängigkeitsniveau streuende, mittlere Quasirente.

Den Geschäftstyp **Kooperationsgeschäfte** kennzeichnet hohes bis höchstes Niveau sowohl der Spezifität als auch der Relationalität. Entsprechend den Problemlösungsbedürfnissen der Nachfragerorganisation werden kundenindividuelle Leistungen kooperativ entwickelt. Dies kann auf verschiedenen Wegen der Zusammenarbeit zwischen Anbieter- und Nachfragerorganisation geschehen:

- Erstellung kooperativer Entwicklungsleistungen mit ausgewogener Beteiligung beider Seiten (**harmonische Kooperation**); höchstes Niveau von Spezifität und Relationalität, Positionierung im rechten oberen Sektor des Quadranten

- Erstellung kooperativer Entwicklungsleistungen mit Dominanz einer beteiligten Seite (**laterale Kooperation**), d. h. entweder mit Anbieterdominanz (**Technologiedominanz**) oder mit Nachfragerdominanz (**Nutzungsdominanz**; vgl. GEMÜNDEN, 1980: 26); sehr hohes bzw. hohes Niveau von Spezifität und Relationalität, Positionierung im rechten unteren Sektor des Quadranten.

Im Quadranten der Kooperationsgeschäfte ist weiterhin solche *Systemtechnik* zu positionieren, die einen mehr oder weniger hohen Anteil kundenangepasster Technik enthält. Insofern liegt ein oberhalb mittlerer Spezifität angesiedelter Spezifitätsgrad vor. Des Weiteren ist ein oberhalb mittlerer Relationalität befindlicher Relationalitätsgrad zu unterstellen. Im Gegensatz zur autonom entwickelten Systemtechnik im Mengengeschäft handelt es sich hier um teilweise kooperativ erstellte Systemtechnik mit Anbieterdominanz (Technologiedominanz).

Der Geschäftstyp **Komplexgeschäfte** repräsentiert hohes bis höchstes Spezifitätsniveau bei gleichzeitig niedrigem Relationalitätsiveau. In diesen Bereich fallen komplette, einzig auf die Nachfragerbedürfnisse zugeschnittene Industrieanlagen , nach deren Fertigstellung und Übergabe die Transaktion abgeschlossen ist und im Allgemeinen keine Geschäftsbeziehungen unterhalten werden. Anlagen stellen *„ein durch die Vermarktungsfähigkeit abgegrenztes kundenindividuelles Hardware- oder Hardware/Software-Bündel zur Fertigung weiterer Güter bzw. Leistungen dar"* (BACKHAUS, 1997: 427). Des Weiteren befinden sich in diesem Quadranten, und zwar im linken unteren Sektor (Bereich $> S_{med} < S_{max}$; R_{min}), Projekte von Unterlieferanten des Generalauftragnehmers als Teile kompletter Anlagen sowie im linken oberen Sektor (Bereich $> S_{med} < S_{max}$; $< R_{med} > R_{min}$) *Systemtechnik* mit Projektcharakter als Teil kompletter Anlagen.

Der die Schnittstelle aller vier Quadranten umgebende Geschäftstyp **Kombinationsgeschäfte** trägt der Bedeutung der Systemtechnik Rechnung, deren höchste Ausprägung rechnerintegrierte Fertigungssysteme (CIM - Computer Integrated Manufacturing) darstellen.

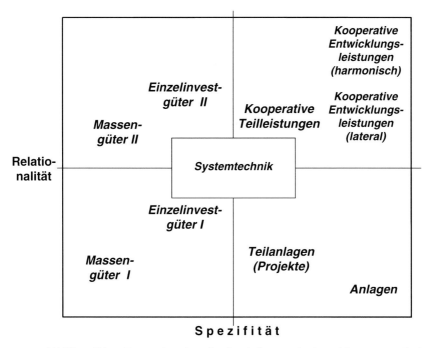

Abbildung 7.3   Erzeugnisstruktur der Geschäftstypen des Investitionsgütermarketings

Grundsätzlich kann zwischen autonom erstellter Systemtechnik mit hohem Standardisierungsgrad (im rechten oberen Sektor des Quadranten „Mengengeschäfte" gelegen) und Systemtechnik mit einem Anteil kundenindividueller Leistung (im linken unteren Sektor des Quadranten „Kooperationsgeschäfte" gelegen) unterschieden werden. Systemtechnik enthält weiterhin Elemente der Mengengeschäfte und kann als Bestandteil kompletter Industrieanlagen in Komplexgeschäfte eingehen.

7.2.1.4 Geschäftstypusrelevante Instrumentalkombinationen und Instrumente

Die aus den Spezifitäts-Relationalitäts-Kombinationen abgeleiteten Geschäftstypen Mengen-, Kunden-, Kooperations-, Komplex- und Kombinationsgeschäfte, die jeweils eine bestimmte Produktpalette repräsentieren, haben entsprechende Konsequenzen für die Durchführung des Marketings. Je nach Positionierung der Geschäftstypen im Spezifitäts- und Relationalitätskontinuum sind geschäftstypische Marketinginstrumente in bestimmten Instrumentalkombinationen einzusetzen.

So ist der Einsatz des klassischen Marketing-Mixes mit seinen Instrumentalbereichen Produkt-, Kontrahierungs-, Kommunikations- und Distributionspolitik („4 p's") für die Absatzpolitik im Mengengeschäft typisch. Geschäfte mit Investitions-Massengütern können am ehesten mithilfe der traditionellen Instrumente in der geschäftstypusrelevanten Kombination des Marketing-Mixes durchgeführt werden.

Zunehmender Spezifität, die mit den Problemlösungsbedürfnissen jeweiliger Nachfrager einhergeht, müssen Instrumente und Instrumentalkombinationen entsprechen. Hohe Spezifität als Ausdruck hoher Technizität der Investitionsgüter erfordert umfangreiche Unterstützung des Nachfragers durch den Anbieter bezüglich Beratung und Herstellung der Betriebsbereitschaft. Die klassischen Instrumente reichen hierfür nicht mehr aus, neue spezifitäts- und relationalitätsadäquate müssen entwickelt und eingesetzt werden. Einige Instrumente, wie die Preispolitik als Teil der Kontrahierungspolitik, treten dabei als absatz*politisches*, d. h. absatzförderndes Instrument in den Hintergrund, da für den Nachfrager nicht mehr ein „günstiger Preis" und vorteilhafte Konditionen im Vordergrund des Geschäftes stehen, sondern allein die Problemlösungsqualität des Anbieters. Klassische Kommunikationsformen, wie die Werbung, weichen den vielfältigen Formen des persönlichen Verkaufes und aussagekräftiger Informationstätigkeit. Es kommt also zum Bedeutungswandel bekannter und zur Entwicklung und zum Einsatz neuer Marketinginstrumente, die in unterschiedliche Kombinationsformen eingebunden sind. Am ausgeprägtesten zeigt sich diese Entwicklung bei harmonischen Kooperationsgeschäften. Hier findet gemeinsame Entwicklungsarbeit zur Lösung von Kundenproblemen unter ausgewogener Beteiligung von Anbieter und Nachfrager bei teilweiser Aufhebung ihrer Betriebsautonomie statt. Damit ist der höchste Relationalitätsgrad erreicht, denn Integration des Nachfragers in den Problemlösungsprozess des Anbieters und Integration des Anbieters in die internen Probleme des Nachfragers sind maximal.

Aus den entwickelten Geschäftstypen können folgende **Instrumentalkombinationen** abgeleitet werden (Abb. 7.4):

Mengengeschäfte

Geringe Spezifität und Relationalität lassen hier aufgrund der vorherrschenden Massengüter das im traditionellen Marketing bewährte **Marketing-Mix** mit seinen typischen Subinstrumenten als geeignete Instrumentalkombination erscheinen. Instrumentalbereiche sind die Produkt- und Programmpolitik, die Kontrahierungspolitik als Einheit von Preis- und Konditionenpolitik, die Kommunikationspolitik mit der Vielzahl ihrer im Rahmen integrierter Kommunikation vernetzten Instrumente und die Distributionspolitik. Bei Mengengeschäften können im Gegensatz zu den anderen Geschäftstypen Kontrahierung und Distribution als Bestandteile des Marketing-Mixes (in Abhängigkeit von ihrer Gewichtung) noch nachfragestimulierende Wirkungen ausüben. Reaktionen auf Preisveränderungen sind auf der „klassischen" Preis-Absatz-Funktion ablesbar, d. h. Preiserhöhungen bewirken Nachfrageverminderungen und umgekehrt.

Kundengeschäfte

Die in diesem Geschäftsbereich herrschenden Bedingungen höherer Spezifität und Relationalität erfordern ein stärkeres Engagement der Anbieterorganisation bei ihren Kunden. Dies betrifft in Bezug auf Einzelinvestgüter:

- die intensivere, immer stärker Beratungscharakter annehmende Akquisition zur Reduktion von Unsicherheit des potenziellen Kunden

- die Herstellung der Betriebsbereitschaft des gelieferten Investitionsgutes in der Fertigungsorganisation des Kunden

- Beratung und Betreuung des Kunden während der gesamten Nutzungsperiode des Investitionsgutes

– den Kundendienst nach Verkauf (After-Sales-Service; Reparaturdienst und Ersatzteil-versorgung)

Alle diese Aktivitäten – vor und nach Vertragsabschluss – stellen für die Anbieterorgani-sation ein entscheidendes Akquisitionspotenzial dar und werden insbesondere mit dem Ziel der Festigung der Geschäftsbeziehungen zur Nachfragerorganisation und der Zurück-drängung des Wettbewerbs genutzt.

Auswahl, Gewichtung und Kombination der Marketinginstrumente sowie die Intensität des Instrumenteeinsatzes hängen vom jeweiligen Spezifitäts- und Relationalitätsgrad ab. In Bezug auf den Geschäftstyp Kundengeschäfte werden im vorliegende Kontext in Wei-terentwicklung des Marketing-Mixes die betreffenden Instrumentalkonstellationen als **ab-satzpolitische Instrumentekombinationen des Investitionsgütermarketings (AIM)** bezeichnet.

Den Schwerpunkt der dabei einbezogenen „**klassischen" Marketinginstrumente** bilden die Produkt- und Programmpolitik sowie die allgemein gebräuchliche Kommunikati-onspolitik (persönlicher Verkauf, Werbung). In diesem Geschäftsfeld kann bereits von einer Gewichtungsverminderung der Kontrahierungs- und Distributionspolitik gesprochen werden, denn die Bedeutung der Produkt- und anderer Kernleistungskriterien lässt Kon-trahierung und Distribution als absatz*politische* Argumente graduell zurücktreten.

Neue, dem Geschäftstyp Rechnung tragende Instrumente sind die Funktionspolitik (STROTHMANN, 1979: 114 und passim; STROTHMANN/KLICHE, 1989: 92 ff.; KLICHE, 1991: 123 ff.), die speziell kundengerichtete Kommunikationspolitik und die Referenzpo-litik. **Funktionspolitik** beinhaltet alle Aktivitäten zur reibungslosen Inbetriebnahme des Investitionsgutes bei der Nachfragerorganisation. **Kundengerichtete Kommunikation** beinhaltet persönlichen, beratungsintegrierten Verkauf, prozessbegleitende Beratung, Be-treuung und Pflege der Geschäftsbeziehungen. **Referenzpolitik** trägt der mit zunehmender Spezifität der Investitionsgüter wachsenden Unsicherheit und Unschlüssigkeit des Nach-fragers im Beschaffungsentscheidungsprozess Rechnung (vgl. GÜNTER, 1979: 145 ff.; BACKHAUS, 1997: 541 ff., 618 ff.). Zu den referenzpolitischen Maßnahmen der Anbieter-organisation zählen die Gewinnung von Referenzkunden, die Integrierung von Referenzen in den Absatzprozess des Anbieters/Beschaffungsprozess des Nachfragers und referenz-politische Kommunikation, wie Referenzwerbung, Fachpublikationstätigkeit und refe-renzorientierte Veranstaltungen (Symposien, Präsentationen, Messen/Ausstellungen). Mit zunehmender Spezifität wird aufgrund wachsender Unsicherheit des potenziellen Kunden der Einsatz des Marketinginstrumentes **Kundenrisiko-Management** erforderlich. Hier geht es insbesondere um die Reduzierung der vom Kunden subjektiv wahrgenommenen Risiken, wie Innovations-, Qualitäts-, Funktions- u. a. Risiken (BAAKEN, 1993: 14 ff.).

Kooperationsgeschäfte

Kooperationsgeschäfte sind durch enge Zusammenarbeit zwischen Anbieter- und Nach-fragerorganisation bei der Lösung von Problemen des Nachfragers gekennzeichnet. Ent-wicklungszusammenarbeit ist im Wesentlichen Innovationskooperation. Organisatorische und räumliche Barrieren werden durch den Einsatz gemeinsamer Arbeitsgruppen und Per-sonalaustausch   überwunden   (KIRCHMANN,   1994:   109   ff.,   1996:   449   ff.; WHEELWRIGHT/CLARK, 1994: 262 ff.). Dies ist gleichbedeutend mit partieller Aufhebung der beidseitigen betrieblichen Autonomie. Der Anbieter trägt seine Entwicklungsarbeit in den Leistungsprozess des Nachfragers hinein. Das im Zusammenhang mit der Vorberei-tung und Durchführung kooperativer Entwicklungsarbeit eingesetzte zentrale Marketinginstrument kann als **Kooperative Entwicklungspolitik** bezeichnet werden. Voraussetzung für sein Wirksamwerden ist der Einsatz der Instrumente **Leistungspolitik**, **kundengerichtete Kommunikation**, **Referenzpolitik** und von Elementen der **Funktionspolitik** und der **Integrationspolitik**. Mithilfe funktionspolitischer Maßnahmen wird die Funktionsfähigkeit des gelieferten Investitionsgutes beim Nachfrager sichergestellt (vgl. STROTHMANN/ LICHE, 1989: 94). Integrationspolitik (vgl. STROTHMANN/KLICHE, 1989: 95 ff., 1990: 139 ff.; KLICHE, 1991: 127 ff., 172f.) umfasst die Maßnahmen des Anbieters zur Übertragung seiner Problemlösungsleistungen in den Leistungsprozess des Kunden. Dies betrifft vorbereitende und implementierende Aktivitäten. Aufgrund der Entwicklungskooperation ist der Umfang der funktions- integrationspolitischen Maßnahmen geringer als bei Kombinationsgeschäften (Verkauf von Systemtechnik). Kontrahierung und Distribution des klassischen Mix-Schemas sind auch in Kooperationsgeschäften unabdingbare Elemente des Absatzprozesses, haben jedoch keine oder nur sehr geringe absatz*politische* Bedeutung, etwa im Sinne einer Nachfragestimulierung durch preisliche Anreize.

Die im Zusammenhang mit der Durchführung von Kooperationsgeschäften erforderliche Instrumentalkombination kann unter dem Begriff **IntegralMarketing (IntM)** subsumiert werden.

Komplexgeschäfte

In erzeugnismäßiger Hinsicht sind Komplexgeschäfte durch Industrieanlagen und entsprechende Teilprojekte sowie Systemtechnik mit Projektcharakter als Teil von Anlagen charakterisiert. Die Verknüpfung von umfangreicher Hardware und Software zu einem extrem kundenindividuellen, abgeschlossenen Leistungsbündel (BACKHAUS) bzw. die Kombination von Standard- und Spezial-Investitionsgütern untereinander sowie mit relevanten Produktions- und Investiv-Dienstleistungen (KLEINALTENKAMP, 1997: 754), deren Einsatz der Erstellung weiterer, spezifischer Leistungen dient (z. B. Zementanlagen, Autofabriken, Schlachthöfe), setzt ein spezifisches marketingpolitisches Instrumentarium voraus. Ein wichtiges Merkmal von Komplexgeschäften besteht im Vergleich zu Mengen- und Kundengeschäften darin, dass der Vermarktungs- dem Herstellungsprozess der Leistung zeitlich vorangeht (BACKHAUS, 1997:427).

Das Marketinginstrumentarium muss der Komplexität, der Wertintensität, dem Konsortialcharakter, der Langfristigkeit sowie der allgemeinen und speziell internationalen Risikoproblematik der Komplexgeschäfte, insbesondere der Anlagengeschäfte, Rechnung tragen. Es beinhaltet die Instrumente **Leistungs- bzw. Produktpolitik, Angebotspolitik, Konsortialpolitik, Projektorganisation, Funktionspolitik, Integrationspolitik, Finanzierung, Wirtschaftlichkeitssicherung** (Preisbestimmung, Preissicherung, Konditionenfestlegung und -sicherung), **allgemeines und internationales Risikomanagement, Referenzpolitik, Informationspolitik und Distributionslogistik**.

Die in Abhängigkeit von der Vielschichtigkeit der Komplexgeschäfte erforderlichen Instrumentalkombinationen können unter den Begriff **KomplexMarketing (KompM)** gestellt werden.

Kombinationsgeschäfte

Systemtechnik als kommoditärer Bestandteil von Kombinationsgeschäften stellt Kombinationen von Hardware-Modulen (z. B. Maschinen und Automatisierungseinrichtungen) und Dienstleistungen dar, deren Entwicklung auf der Grundlage von Systemphilosophien erfolgt (vgl. KLEINALTENKAMP, 1997: 754). Die Herstellung der Module liegt zeitlich im

Wesentlichen vor dem Verkauf. Hier handelt es sich um vom Hersteller autonom erstellte Systemtechnik. Wenn Systemtechnik einen Anteil kundenangepasster Leistung enthalten soll, ist die Einbeziehung von Elementen kooperativer Entwicklung erforderlich, die erst nach Vertragsabschluss wirksam werden.

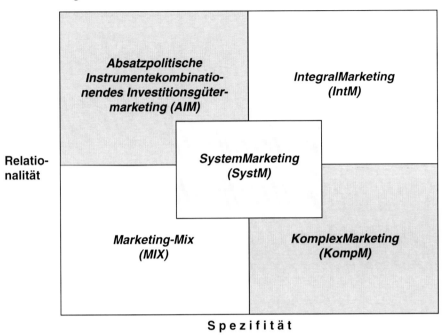

Abbildung 7.4   Geschäftstypusrelevante Instrumentalkombinationen des Investitionsgütermarketings

Allgemeine Voraussetzung für die Durchführung von Kombinationsgeschäften ist der Einsatz der marketingpolitischen Instrumente **Leistungs- bzw. Produktpolitik, Funktionspolitik, Branchenkommunikation, Integrationspolitik** und **Referenzpolitik**. Bei Kundenanpassung ist das Instrument **Kooperative Entwicklungspolitik** einbezogen. Weiterhin gewinnt das **Kundenrisiko-Management** an Bedeutung.

Die Instrumente Kontrahierung und Distribution haben im Bereich autonom erstellter Standardsysteme eine absatz*politische* Funktion im Rahmen des Marketing-Mixes. Mit Zunahme des Anteils kundenindividueller Leistung an einem System nimmt diese graduell ab.

Dem Charakter der Systemtechnik entsprechend, die produkt- und geschäftstypologische Elemente aller vier Quadranten der Spezifitäts-Relationalitäts-Matrix in sich vereinigt und im Rahmen von Kombinationsgeschäften vermarktet wird, ergeben sich fließende Instrumentalkombinationen. Sie setzen sich aus absatzpolitischen Instrumenten der vier Geschäftstypen Mengen-, Kunden-, Kooperations- und Komplexgeschäfte zusammen. Die diesen speziellen Konstellationen entsprechende Instrumentalkombination wird als **SystemMarketing (SystM)** bezeichnet.

7.2.2 Die Kernstruktur des Marketingprogramms

Der Kern des Marketingprogramms des Investitionsgüterunternehmens besteht aus den Teilen:

- strategische Analyse (SWOT-Analyse, Umwelt- und Unternehmensanalyse; Ergebnisse der Investitionsgütermarktforschung)
- Festlegung der Marketingziele
- Festlegung absatzpolitischer Zielkonstrukte
- Generierung der Marketingstrategien und Bestimmung von Strategienkombinationen
- Bestimmung der marketingpolitischen Instrumentekombinationen

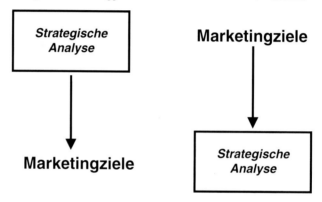

Abbildung 7.5   *Strategische Analyse und Marketingziele*

Durch die SWOT-Analyse (s. Abschn. 6.2) werden die analysierten und prognostizierten Informationsgrundlagen bereitgestellt, die für die Bestimmung der Marketingziele des Unternehmens erforderlich sind. Hierbei sind die Wechselbeziehungen zwischen strategischer Analyse und Zielfestlegung zu beachten. Analyserichtung und -intensität sind davon abhängig, ob die Marketingziele aus den Resultaten der Makro- und Mikroumweltanalyse, z. B. der Bestimmung des Absatzpotenzials des Unternehmens, abgeleitet werden sollen oder ob sich die Analysetätigkeit an einer relativ autonom festgelegten Marketingzielsetzung zu orientieren und die Bedingungen zu ihrer Realisierung zu untersuchen hat (Abb. 7.5).

Das von BECKER entwickelte Modell für Marketingkonzeptionen wird den Marketingprogrammen von Investitionsgüterunternehmen in modifizierter Form, unter Berücksichtigung der absatzpolitischen Zielkonstrukte und der geschäftstypusrelevanten Instrumentekombinationen, zugrunde gelegt (Abb. 7.6). Es beinhaltet die Programmteile in hierarchischer Anordnung. Nach der strategischen Analyse und der Festlegung der Marketingziele sowie der absatzpolitischen Zielkonstrukte werden die Marketingstrategien zu deren Durchsetzung generiert. Das letzte Glied in der marketingprogrammatischen Kette, die operative Stufe des Marketingprogramms, befindet sich an der Basis des Programmdreiecks. In dieser Stufe sind die operativen Maßnahmen und Instrumente sowie die Instrumentalkombinationen zur Durchsetzung der Marketingstrategien in Realisierung der Marketingziele enthalten.

Abbildung 7.6   Das Marketingprogramm-Dreieck des Investitionsgüterunternehmens (in Anlehnung an BECKER, 1998)

7.2.3 Weitere Inhalte des Marketingprogramms

Das Marketingprogramm berücksichtigt weiterhin die verbleibenden Teile des Marketingsystems des Unternehmens. Hierzu sind zu nennen

- die Marktforschung (s. Kap. 8)
- die strategische und operative Marketingplanung
- die Instrumente zur Verankerung des Marketing im Unternehmen, wie:

  Marketingorganisation und
  Marketingkontrolle

7.3 Marketingzielsetzungen und absatzpolitische Zielkonstrukte

Die **Marketingziele** des Investitionsgüterunternehmens unterscheiden sich zunächst einmal nicht von denen anderer Wirtschaftszweige. Aufgrund der Besonderheiten der Branche, wie abgeleitete Nachfrage, hohe Wertvolumina, Informationsasymmetrien, Spezifität (Technizität) und Relationalität, Absatz- und Beschaffungsprozesse, multipersonale Entscheidungsprozesse u. a., werden in die Zielplanung **absatzpolitische Konstrukte**, z. B. Kundenzufriedenheit, eingeführt.

Es ist zwischen ökonomischen und psychologischen Marketingzielen zu unterscheiden. Zu den **ökonomischen Marketingzielen** zählen:

- Gewinn
- Deckungsbeitrag
- Umsatz
- Absatzmenge
- Marktanteil
- neue Märkte

Ökonomische Marketingziele sind überwiegend metrisch messbar, wie Gewinn, Deckungsbeitrag und Umsatz in Mill. €, Absatzmenge in Stück, Marktanteil in Prozent. Das Marketingziel „neue Märkte" ist ein nominales, wie Regionen, Bundesländer, Postleitzahlbereiche, Länder, Wirtschaftsgebiete, und wird im Zusammenhang mit metrischen Zielgrößen festgelegt, wie z. B. „Umsatz in Mill. US-$ in der Republik Südafrika" oder „Absatzmenge in Stück im Postleitzahlgebiet 06 (Halle/Dessau)".

Eine wesentliche Verbesserung der Transparenz der Marketingzielsetzung erreicht man durch die Kombination der konstitutiven ökonomischen Zielgrößen Umsatz und Deckungsbeitrag je Kunde. Auf diese Weise wird von vornherein einem einseitigen Umsatzdenken zugunsten des Gewinnprimats vorgebeugt. Die Zielgrößen gehen in ein **Kundenportfolio** ein und gestatten somit die Visualisierung und strategische Ableitung effizienter Kundenstrukturen (GRITZNER, 1995: 25, 46; s. Abb. 7.7). Ein AA-Kunde ist ein Kunde, mit dem ein hoher Umsatz bei hohem Deckungsbeitrag erzielt wird. Ein AC-Kunde erbringt zwar hohen Umsatz, der Deckungsbeitrag ist jedoch niedrig.

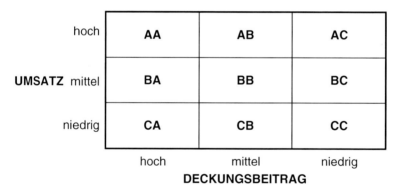

Abbildung 7.7   Kunden-Portfolio (GRITZNER, 1995: 25, 46)

Psychologische Marketingziele sind:

- Image
- Bekanntheitsgrad
- Markentreue

Psychologische Marketingziele stellen zunächst Konstrukte dar, d. h. nicht exakt beobachtbare und zunächst nicht messbare Markttatbestände. Um ihnen als Marketingziele einen konkreten Ausdruck zu geben, müssen sie in eine metrisch messbare Form überführt werden. Dies kann mittels durchschnittlicher Positionierung repräsentativer Stichproben auf Rating-Skalen mittels Befragung geschehen (Abb. 7.8).

Absatzpolitische Konstrukte stellen den Besonderheiten der Investitionsgüter geschuldete notwendige Ergänzungen der ökonomischen und psychologischen Marketingziele dar.

Konstrukte sind Hypothesen zur Beschreibung von Dingen und Erscheinungen, die sich der direkten Beobachtung entziehen. Als solche Konstrukte können in die unternehmerische Marketingzielplanung aufgenommen werden:

         – die Kundenzufriedenheit
         – die Geschäftsbeziehungsqualität
         – Problemlösungskompetenz

Abbildung 7.8   Imagebestimmung eines Unternehmens mittels Befragung

Die Operationalisierung der absatzpolitischen Konstrukte **K** erfolgt auf der Grundlage konstruktrelevanter Kriterien, deren allgemeine Gewichtung und unternehmensbezogene Ausprägung auf dem Wege von Befragungen ermittelt werden. Dies geschieht mithilfe der folgenden Grundformel:

$$K_{iu} = \sum_{k=1}^{n} W_{ikU} \cdot A_{iku}$$

und z. B. bezüglich der Kundenzufriedenheit (Abb. 7.9) unter Einbeziehung der Merkmale der Kundenzufriedenheit *z* nach der Formel:

$$Kz_{iu} = \sum_{z=1}^{n} w_{izU} \cdot a_{izu}$$

Die Grundformel ist wie folgt zu interpretieren: das absatzpolitische Konstrukt **K** bezüglich eines Unternehmens **u** in der Beurteilung der Stichprobe **i** (Vertreter repräsentativer Nachfragerorganisationen) ist gleich den summierten Produkten aus der konstruktrelevanten Kriteriengewichtung W_k für alle Unternehmen **U** in der Beurteilung durch die Stichprobe **i** *und* der konstruktrelevanten Kriterienausprägung A_k beim betreffenden Unternehmen **u** in der Beurteilung durch die Stichprobe **i**.

Der Kundenzufriedenheitsindex **Kz** ist wie folgt zu interpretieren: Kundenzufriedenheit **Kz** bezüglich des Unternehmens **u** in der Beurteilung der Kunden **i** ist gleich den summierten Produkten aus der zufriedenheitsrelevanten Kriteriengewichtung w_z für alle Unternehmen **U** in der Beurteilung durch die Kunden **i** *und* der zufriedenheitsrelevanten Kriterienausprägung a_z beim Unternehmen **u** in der Beurteilung durch die Stichprobe **i**.

Beispiel:

Zufriedenheit der Kunden mit Unternehmen **U** im Vergleich zu den Wettbewerbern A und B. Wettbewerber A erhält die höchste Bewertung. Gründe: sehr gute Produktqualität, höhere Flexibilität und bessere Kundenbetreuung im Vergleich zu U und B.

Kriterien	Kriterien-gewichtung w_z					Kriterienaus-prägung a_z Unternehmen **U**					Produkt w_z x a_z (Bewertung von U)	zum Vergleich: Bewertung von Wettbewerber	
	5	4	3	2	1	5	4	3	2	1		**A**	**B**
Produktqualität	X					X					**20**	25	20
Beratungsqualität	X						X				**20**	20	15
Servicequalität	X						X				**20**	20	15
Flexibilität		X						X			**12**	16	12
Kundenbetreuung		X						X			**12**	16	8
Information		X							X		**8**	8	8
											92	105	78

5 - sehr wichtig / sehr gut; 1 - völlig unwichtig / sehr schlecht

Abbildung 7.9   Bestimmung des absatzpolitischen Konstruktes „Kundenzufriedenheit"

7.4   Die Strategieansätze

7.4.1 Der allgemeine Marketingstrategieansatz

Strategien sind grundsätzliche Vorgehensweisen zur Realisierung von Zielen. Marketingstrategien beinhalten die generelle Zielrichtung bei der Durchsetzung der Marketingziele. Sie finden ihren Niederschlag in der Formulierung von Strategieprofilen, in denen die gewichteten markt- und marketingrelevanten Elemente verankert sind.

Allgemein wird im Marketing zwischen vier Basisstrategien unterschieden, die alle wesentlichen Aspekte strategischer Absatzpolitik enthalten und in ihrer Kombination Strategieprofile bilden (BECKER, 1998: 135 ff.). Es handelt sich um die Strategiearten:

- Markt-Feld-Strategien
- Marktstimulierungsstrategien
- Marktparzellierungsstrategien
- Marktarealstrategien

Markt-Feld-Strategien beinhalten die Festlegung der Leistungen bzw. der strategischen Geschäftsfelder des Unternehmens. Grundlage bildet die langfristige Einschätzung der Tendenzen des Absatzpotenzials des Unternehmens auf seinen aktuellen und potenziellen Märkten (*„relevanter Markt"*; KREILKAMP, 1987: 96 ff.; BACKHAUS, 1997: 178 ff.). Bestimmung und Strukturierung des relevanten Marktes erfolgt durch Marktforschung und Marktsegmentierung. Im Ergebnis der durch die SWOT-Analyse bestimmten Stärken und Schwächen sowie Chancen und Risiken werden die marktfähigen Leistungen und Leistungspotenziale, deren Marktaufnahmefähigkeit und die betreffenden Segmente bzw. Zielgruppen ermittelt. Die Leistungen können nach den Entscheidungstatbeständen der Produktpolitik (Innovation, Variation, Differenzierung, Diversifikation, Kooperation, Eliminierung, Marken und Verpackung) strukturiert werden.

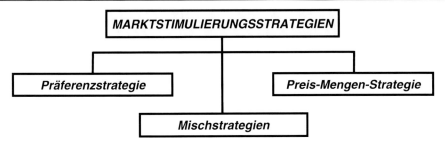

Abbildung 7.10 Alternativen der Marktstimulierungsstrategien

Marktstimulierungsstrategien beinhalten die Vorgehensweise, den Markt für das Leistungsangebot des Unternehmens in Nachfragebereitschaft zu versetzen, ihn zu stimulieren (Abb. 7.10). Dazu bieten sich zwei grundsätzliche Alternativen an. Anreize zum Kauf gehen zum einen von qualitativ herausragenden Leistungen und zum anderen von günstigen Vertragskonditionen (Preis) aus. Dementsprechend wird zwischen Präferenzstrategien und Preis-Mengen-Strategien unterschieden. In der Marketingpraxis werden auch Mischstrategien, die sowohl Elemente der Präferenz- als auch der Preis-Mengen-Strategien enthalten, angewendet.

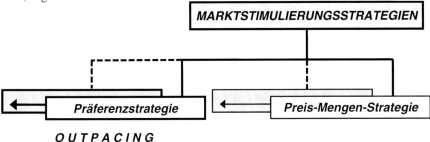

Abbildung 7.11 Marktstimulierungsstrategien und Outpacing

Präferenzstrategien innovativer Unternehmen müssen mit zunehmendem zeitlichen Abstand von einer Innovation in wachsendem Maße gegen Unternehmen verteidigt werden, die Preis-Mengen-Strategien verfolgen. Drohen deren Kostenvorteile, kombiniert mit eigenen Produktverbesserungen, allmählich die Präferenzposition der Ersteren zu gefährden oder gar einzuholen, ist die weitere Verfolgung der Präferenzstrategie nur durch fortlaufende, den Abstand zu den Verfolgern wieder herstellende Innovationstätigkeit gesichert. Diese Strategie, im Innovations- oder Qualitätsniveau den Wettbewerbern immer einen entscheidenden Schritt voraus zu sein, wird als **Outpacing** bezeichnet (von engl. *to outpace* überholen) (KLEINALTENKAMP, 1995: 1014 f.; GODEFROID, 1995: 154 ff.; BACKHAUS, 1997: 271 ff.).

Marktparzellierungsstrategien sprechen die Frage nach den Abnehmern an (Abb. 7.12). Die Anbieterorganisation hat dabei zwei grundsätzliche Alternativen: den gesamten Markt zu beliefern oder nur Teile (Segmente, Zielgruppen) desselben. Demgemäß wird im allgemeinen Marketing zwischen den alternativen Marktparzellierungsstrategien Massenmarkt- und Segmentierungsstrategie unterschieden. Gleichwohl sind hier auch Mischstrategien gebräuchlich.

Im Investitionsgütersektor ergeben sich in Abhängigkeit vom Geschäftstyp Entscheidungsmöglichkeiten in dreierlei Hinsicht:

- Massenmarktstrategie   Mengengeschäfte
- Segmentierungsstrategie   Kundengeschäfte, Kombinationsgeschäfte
- Kundenstrategie   Kooperationsgeschäfte, Komplexgeschäfte

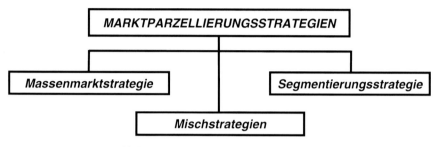

Abbildung 7.12   Marktparzellierungsstrategien

Marktarealstrategien betreffen gebietespezifische Entscheidungen (Städte, Landkreise, Regionen, Länder, Wirtschaftsgebiete, Kontinente usw.). Diese spielen im Investitionsgütermarketing angesichts landesweiter Geschäftsbeziehungen und hoher Exportanteile eine besonders große Rolle, z. B. in Bezug auf den Einsatz des Außendienstes, Gestaltung der Absatzorganisation, Einfuhrbedingungen usw.

Aus den vier Strategiearten werden **Strategieprofile** gebildet (Abb. 7.13). Diese enthalten die Elemente Leistung (welche?), Stimulanz (wie?), Nachfrager (wer?) und Absatzgebiet (wo, wohin?).

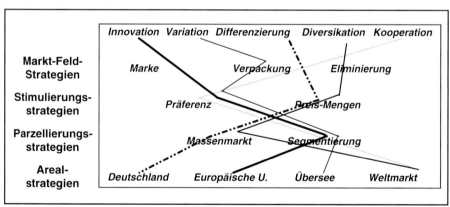

Abbildung 7.13   Beispielhafte Strategieprofile (nach BECKER, 1998: 356)

7.4.2 Investitionsgüter-Marketingstrategien

Die Generierung der **Marketingstrategien im Investitionsgütermarketing** beruht auf den dort herrschenden spezifischen Bedingungen und erfordert deshalb die Erweiterung des allgemeinen Strategieschemas. Strategierelevante Faktoren sind hier:

- die Technologiedominanz
- Mitwirkung der Nachfrager bei der Leistungserstellung
- Kooperationen bei der Leistungserstellung (insbesondere in Anlage- und OEM-Geschäften)
- die Rolle der Geschäftsbeziehungen zwischen Anbieter- und Nachfragerorganisationen
- hohe Wertvolumina der Transaktionen
- das organisationale Absatz- und Beschaffungsverhalten
- zeitliche Differenzen innerhalb der Absatz- und Beschaffungsentscheidungsprozesse
- örtliche Distanzen zwischen Investitionsgüterherstellern und -verwendern

Diese und weitere Aspekte bilden die **Zellen der Investitionsgütermarktstrategien**. Zellen im vorliegenden Kontext sind in sich relativ geschlossene Bausteine, die miteinander in engen Wechselbeziehungen stehen und in ihrem Zusammenwirken die strategische Hauptstoßrichtung bilden. Der Zusammenhang der einzelnen Zellen im Rahmen einer Strategie lässt sich visualisiert im einem **Strategiemosaik** darstellen. In Abhängigkeit von den marketingpolitischen Zielsetzungen können sich trotz des allgemeinen Primats der Leistung unter den Zellen Verschiebungen der Prioritäten ergeben.

Zellen bzw. Bausteine von Investitionsgütermarktstrategien sind:

- **Leistungen**
- **der Geschäftstyp**
- **die Stimulierungsart**
- **Abnehmer (Kunden)**
- **Marktformen und Wettbewerber**
- **die Lieferantenstruktur**
- **Kooperationspartner**
- **Absatzgebiete**
- **Belieferungsintervall (timing)**
- **Wertumfang und Absatzmenge**

Materielle oder immaterielle **Leistungen oder Kombinationen** aus diesen (Systemtechnik) bilden im Allgemeinen den Strategiekern (**WELCHE** *Leistungen sind abzusetzen bzw. weiter- oder neu zu entwickeln?*). Sie sind das Ergebnis autonomer Leistungspolitik des Unternehmens oder mit dem Nachfrager kooperativ durchgeführter Entwicklungen. Wenn die Produktpolitik als Herz des Marketing (MEFFERT) bezeichnet wird, so trifft dies in besonderem Masse auf die Erzeugnis- bzw. Leistungsstrategie des Unternehmens zu. Langfristig vorausschauende Überlegungen über die Erzeugnis- und Programmpolitik helfen die Unternehmensexistenz auf lange Dauer zu sichern.

Instrumente zur Operationalisierung der Leistungsstrategie sind das Produktlebenszyklus-Konzept und das Portfolio-Management.

Das **Produktlebenszyklus-Konzept** ist idealtypisch mithilfe der abgewandelten GAUSS'schen Formel der statistischen Normalverteilung kalkulierbar:

$$y = ae^{-b(t-\tau)^2}$$

Stellt **y** den Umsatz dar, so ist **a** der höchste Umsatzbetrag, τ die **a** entsprechende Zeiteinheit und **b** der Formparameter. Zunehmende **b** bedingen die Verengung der Funktionskurve, was der Tendenz zu verkürzten PLZ entspricht (Abb. 7.14).

b wird durch Linearisierung von **y** und Umstellung gewonnen.

$$\ln y = \ln a - b(t - \tau)^2$$

$$\ln a = \ln y + b(t - \tau)^2$$

$$b = \frac{\ln a - \ln y}{(t - \tau)^2}$$

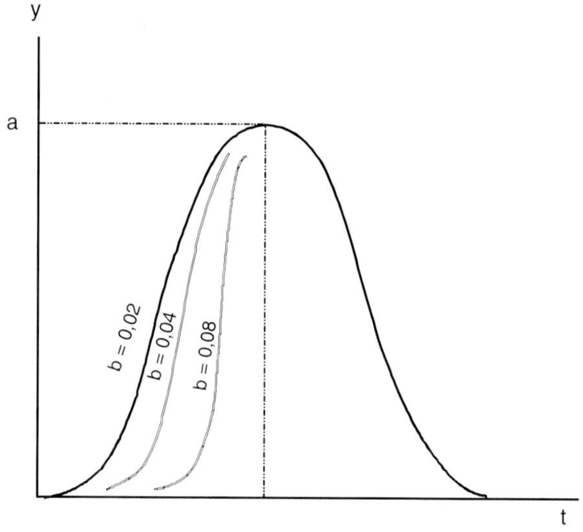

Abbildung 7.14   Idealtypische Darstellung des Produktlebenszyklus und seiner Parameter

Die **Portfolioanalyse** gestattet auf der Grundlage von Markt- und Technologiekriterien die Visualisierung und das Management von Unternehmensleistungen bzw. von strategischen Geschäftseinheiten (s. Abschn. 6.2.3).

Der **Geschäftstyp** ist spezifitäts- und relationalitätsbezogen zu bestimmen (**WIE** *ist der Absatz durchzuführen?*). Aus den Beziehungen zwischen Spezifität und Relationalität wurden die Geschäftstypen Mengengeschäft, Kundengeschäft, Kooperationsgeschäft, Komplexgeschäft und Kombinationsgeschäft abgeleitet. Die Bestimmung des Geschäftstyps impliziert gleichzeitig die relevante Instrumentekombination.

Die konkrete **Kundschaft** (**WER** *sind die Kunden?* **WEM** *sind die Leistungen zu verkaufen?*) zählt zu den wesentlichsten Strategiezellen. Ihre Bestimmung erfolgt durch Marktsegmentierung. Hierfür steht eine Reihe verschiedener Modellansätze zur Verfügung. Es kann zwischen Einzelkunden (im ausgeprägtesten Fall Schlüsselkunden, die im Rahmen des Key-Account-Managements betreut werden), Kunden im Marktsegment oder Kunden auf Massenmärkten unterschieden werden.

In inhaltlichem Zusammenhang mit dem Geschäftstyp stehen die Alternativen, dem Markt nachfragestimulierende Anreize zu bieten. Die Möglichkeiten der **Stimulierung**

(WODURCH bzw. *WIE sind die Nachfrager zum Kauf anzureizen?*) bestehen in der Bereitstellung herausragender Leistungen durch den Anbieter, die auf eine Präferierung durch den Nachfrager abzielen. Dieser ist bereit, die Leistung wegen des zu erwartenden Nutzens durch entsprechend hohes Entgelt zu honorieren. So verfolgen die *Heidelberger Druckmaschinenwerke* eine auf permanenten Produktinnovationen beruhende (hochpreisige) Präferenz- und damit Outpacingstrategie, die sich für die Druckhäuser jedoch aufgrund der Qualitäts- und Produktivitätsvorteile spürbar auszahlen (TIME, 25.9.1995: 36f.). Alternative zur Präferenzstrategie ist die Stimulierung des Marktes durch günstige Preise aufgrund von Kostenvorteilen. Auf diese Weise erzielt der Anbieter seine Gewinne durch große Umsatz- bzw. Mengenvolumina (Preis-Mengen-Strategie).

Weiterhin sind die Aktivitäten der **Wettbewerber** bei der Strategiengenerierung zu berücksichtigen (*WELCHE Wettbewerber sind WIE auf dem relevanten Markt tätig und WIE ist ihnen zu begegnen?*). Hierbei spielt die Bestimmung der verschiedenen **Marktformen** eine Rolle. So sind hochspezifische Güter Transaktionsobjekte monopolistischer Märkte und standardisierte Systemtechnik oligopolistischer und pleopolistischer Märkte.

Investitionsgüterhersteller sind in unterschiedlichem Maße auf **Zulieferungen** und damit die betreffenden **Lieferanten** angewiesen (*WER erfüllt qualitativ und relational die an Lieferanten zu stellenden Anforderungen optimal?*). Spezifitätsmäßig können die Zulieferungen aus Massengütern (z. B. Normteilen), Modulen (z. B. Hydraulik), elektronischen Steuerungen (z. B. Numerik), Maschinen und Automatisierungseinrichtungen (als Bestandteile von Systemen und Anlagen) bestehen. Den Extremfall bilden totale Zulieferungen, die von so genannten *OEMs (Original Equipment Manufacturers* – Module kombinierende Montagebetriebe bzw. erstausrüstende M. [KLEINALTENKAMP]) zu den eigentlichen Endleistungen (Industrieausrüstungen) montiert werden. In relationaler Hinsicht bilden Geschäftsbeziehungen und Vertrauen wesentliche Kriterien der Lieferantenauswahl.

Die Realisierung komplexer Aufgaben (z. B. im Komplexgeschäft oder bei kooperativer Entwicklungsarbeit) erfordert das optimale Zusammenspiel von **Kooperationspartnern** (*WELCHE Partner sind in den Problemlösungsprozess einzubeziehen?*).

Der Regionalaspekt der Strategie beinhaltet die Frage nach den **Absatzgebieten** (*WO liegen die Absatzpotenziale, WOHIN kann verkauft werden?*). Hierbei ist die Portfoliobeziehung zwischen Marktattraktivität und relativer Wettbewerbsstärke in gebietespezifischer Hinsicht nützlich. Neben der Marktattraktivität (Marktpotenzial u. a.) sind Marktbarrieren (Einfuhrbeschränkungen, politische und ökonomische Risiken) als Determinanten regionalstrategischer Überlegungen zu berücksichtigen (vgl. BACKHAUS, 1997: 236 ff.).

Der **Zeitaspekt** (*timing*) der Marketingstrategie (*WANN soll sich eine Leistung auf dem Markt befinden?*) beinhaltet Festlegungen im Zusammenhang mit dem Produktlebenszyklus der Leistung., d. h. dem Belieferungsintervall zwischen Markteintritt und Marktaustritt (vgl. BACKHAUS, 1997: 219 ff.). Auf der Grundlage verschiedener Modelle (ANSOFF, PERILLIEUX u. a.) kann zwischen mehreren Dimensionen unterschieden werden:

– *First-to-Market*	Innovator, Pionier, Leader (Führer)
– *Following-the-Leader*	frühe Folger
– *Late-to-Market*	späte Folger
– *Me-too*	Nachahmer

Schließlich spielen bei strategischen Überlegungen **Wert- und Mengenumfänge** eine wichtige Rolle (***WIEVIEL €*** *oder Stück umfasst die Marketingzielstellung?*)

Kern der Marketingstrategie ist im Allgemeinen die Leistung, das Produkt. Jedoch erfordern unterschiedliche Schwerpunktsetzungen **zeitweilige Prioritätsänderungen** bezüglich einzelner Strategiezellen. Zeitweilig außer der Leistung heraustretende Schwerpunkte können sein: Kunden (z. B. Key Accounts), Regionen (Markterschließung, Sicherung von Marktanteilen), Wettbewerber, Zeitaspekte, Wert- und Mengenvolumina, Kooperationspartner.

Die Visualisierung der Investitionsgüter-Marketingstrategie und ihrer einzelnen Aspekte erfolgt mithilfe eines **Strategiemosaiks** (s. Abb. 7.15). Die Abbildung 7.16 erläutert es am Beispiel flexibler Fertigungszellen, die in den Zweigen der metallverarbeitenden Industrie bei der Teilefertigung eingesetzt werden. Die Marketingstrategie ist gekennzeichnet durch den Geschäftstyp Kundengeschäfte, Hauptkunden sind Unternehmen des Verarbeitungsmaschinenbaus (Hersteller von Holzbearbeitungs-, Textil-, Kunststoffmaschinen usw.) in Industrieländern. Es wird eine Mischstrategie aus Präferenz- und Preis-Mengen-Strategie verfolgt. Als wichtige Kooperationspartner und Zulieferer fungieren Hersteller von NC-Steuerungen. Wettbewerber sind deutsche, schweizerische und amerikanische Werkzeugmaschinenbauer (Hersteller von Systemtechnik). Das Marketingziel im Dreijahreszeitraum von 2000 bis 2002 beläuft sich auf jährlich 30-40 Mill. US-$ bzw. 20-30 Fertigungszellen.

Abbildung 7.15   Idealtypisches Strategiemosaik

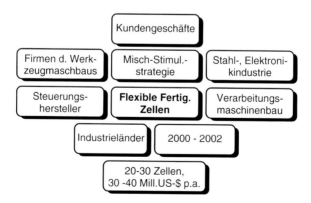

Abbildung 7.16   Strategiemosaik (Beispiel: Hersteller flexibler Fertigungszellen)

7.5 Instrumentalbereiche, Instrumente und Instrumentalkombinationen

7.5.1 Instrumentalbereiche und Instrumentalkombinationen

Die Bestimmungsfaktoren des Investitionsgütermarketings sind Organisationalität, Spezifität und Relationalität. **Organisationalität** kennzeichnet die absatz- und bezugspolitischen Aktivitäten zwischen Anbieter- und Nachfrager*organisationen* der Investitionsgüterbranche und der Nachfragebranchen, welche durch spezielles, organisationales Absatz- und Beschaffungsverhalten bestimmt sind. – Mit dem **Spezifitätsgrad** wird der Standort jeweiliger Investitionsgüter in einem von Standardleistungen und Spezialleistungen begrenzten Kontinuum (S_{min} ... S_{max}) positioniert. Die Beziehungen zwischen Anbieter- und Nachfragerorganisationen und ihr Standort in dem zwischen diskreten Transaktionen und Geschäftsbeziehungen befindlichen Kontinuum (R_{min} ... R_{max}) werden unter den Begriff **Relationalität** gestellt.

Geringe Spezifität und Relationalität sind charakteristisch für Massengüter und andere standardisierte Investitionsgüter. Die dort vorherrschenden **Mengengeschäfte** werden mithilfe der im traditionellen Marketing gebräuchlichen absatzpolitischen Instrumente im Rahmen der Instrumentalkombination **Marketing-Mix** abgewickelt. Marketing-Mix kann als planmäßige **Auswahl, Gewichtung, Kombination und Strukturierung der absatzpolitischen Instrumente** aus den vier traditionellen Instrumentalbereichen definiert werden. Es handelt sich um

- **Produkt- und Programmpolitik**
- **Kontrahierungspolitik**
- **Kommunikationspolitik**
- **Distributionspolitik**

Zunehmende Spezifität und Relationalität charakterisieren den Geschäftstyp **Kundengeschäfte**. Die in diesem Geschäftsbereich herrschenden Bedingungen erfordern die Entwicklung von Geschäftsbeziehungen zu den aktuellen und potenziellen Kunden durch den Anbieter. Dieser Prozess geht, insbesondere bei Einzelinvestgütern, wie Maschinen und Aggregaten, mit dem wachsenden Anteil von Beratungsleistungen im Rahmen der Akquisition, den Mitwirkungspflichten bei der Inbetriebsetzung, der Kundenberatung und -betreuung während der Nutzung und der Intensivierung des After-Sales-Service einher. Diese Aktivitäten wirken gleichzeitig als wichtige Akquisitionspotenziale für weitere Geschäfte.

Aufgrund der in Kundengeschäften auftretenden Spezifitäts-Relationalitäts-Konstellationen werden die absatzpolitischen Maßnahmen mithilfe traditioneller Marketinginstrumente in Verbindung mit solchen, die den spezifitäts- und relationalitätsbedingten Veränderungen Rechnung tragen, durchgeführt.

Den Schwerpunkt der in Kundengeschäften eingesetzten „klassischen" Marketinginstrumente bilden die

- **Produkt- und Programmpolitik**
- **integrierte Kommunikationspolitik (persönlicher Verkauf, Werbung, Öffentlichkeitsarbeit u. a.)**

Die Zunahme des Gewichts der Produkt- und Programmpolitik führt zur graduellen Bedeutungsminderung der Kontrahierung und Distribution als absatz*politische* Instrumente. Kundengeschäftsadäquate, neu hinzutretende Marketinginstrumente sind die

- **Funktionspolitik**
- **kundengerichtete Kommunikationspolitik**
- **Referenzpolitik**

Die sich aus traditionellen und geschäftstyprelevanten Marketinginstrumenten ergebenden neuen Instrumentalkombinationen werden im vorliegenden Kontext **absatzpolitische Instrumentekombinationen des Investitionsgütermarketing (AIM)** genannt.

Kombinationsgeschäfte, welche den Rahmen für den Absatz von Systemtechnik bilden, überlagern teilweise sowohl in kommoditärer als auch in geschäftstypischer Hinsicht die vier anderen Geschäftstypen (s. Abschn. 7.2.1.2). Die Herstellung von autonom erstellter Systemtechnik liegt zeitlich vor dem Verkauf. Ist ein Anteil kundenangepasster Leistung enthalten, so werden im Kombinationsgeschäft Elemente kooperativer Entwicklung wirksam, die nach Vertragsabschluss eingesetzt werden. Des Weiteren ist Systemtechnik als Bestandteil von Anlagen im Rahmen von Komplexgeschäften zu berücksichtigen.

Marketinginstrumente, die in Kombinationsgeschäften eingesetzt werden, sind

- **Leistungs- bzw. Produktpolitik**
- **Funktionspolitik**
- **Branchenkommunikation**
- **Integrationspolitik**
- **Referenzpolitik**
- **Kooperative Entwicklungspolitik**

Die Instrumente Kontrahierung und Distribution haben eine absatz*politische* Funktion im Bereich autonom erstellter Standardsysteme. Mit Zunahme der Spezifität und damit des Anteils kundenindividueller Leistung an einem System nimmt diese graduell ab.

Dem Charakter der Systemtechnik entsprechend, die produkt- und geschäftstypologische Elemente aller vier Quadranten der Spezifitäts-Relationalitäts-Matrix in sich vereinigt, ergeben sich fließende Instrumentalkombinationen. Sie setzen sich aus absatzpolitischen Instrumenten der vier Geschäftstypen Mengen-, Kunden-, Kooperations- und Komplexgeschäfte zusammen. Die diesen speziellen Konstellationen entsprechende Instrumentalkombination kann als **SystemMarketing (SystM)** bezeichnet werden.

Entwicklungszusammenarbeit zwischen Anbieter- und Nachfragerorganisation ist Gegenstand von **Kooperationsgeschäften** und dabei im Wesentlichen Innovationskooperation. Durch den Einsatz gemeinsamer Arbeitsgruppen und Personalaustausch bestehen für die Dauer der Kooperation häufig keine organisatorischen und räumlichen Barrieren mehr zwischen den beteiligten Organisationen. Kooperative Entwicklungspolitik ist das konstitutive Marketinginstrument der Vorbereitung und Durchführung kooperativer Entwicklungsarbeit. Es ist eng mit den Instrumenten Leistungspolitik, Kundengerichtete Kommunikation, Referenzpolitik und Elementen der Integrationspolitik verknüpft. Kontrahierung und Distribution des klassischen Mix-Schemas sind auch in Kooperationsgeschäften unabdingbare Elemente des Absatzprozesses, haben jedoch keine oder nur sehr geringe absatz*politische* Bedeutung, etwa im Sinne einer Nachfragestimulierung durch preisliche Anreize.

Die im Rahmen von Kooperationsgeschäften in Anwendung gebrachte Instrumentalkombination ist durch den integrativen Charakter des Geschäftstyps geprägt und wird deshalb als **IntegralMarketing (IntM)** bezeichnet. Es umfasst die Instrumente

- **Leistungspolitik**
- **kundengerichtete Kommunikation**
- **Funktionspolitik**
- **Referenzpolitik**
- **Integrationspolitik**
- **kooperative Entwicklungspolitik**

Im Rahmen von **Komplexgeschäften** werden Industrieanlagen, Teilprojekte sowie Systemtechnik mit Projektcharakter als Teil von Anlagen verkauft. Diese Geschäfte haben den im Vergleich zu den anderen Geschäftstypen höchsten Komplexitätsgrad. Das marketingpolitische Instrumentarium muss diesen Bedingungen entsprechen. Wie bei kundenangepasster Systemtechnik, besteht ein wichtiges Merkmal dieses Geschäftstyps darin, dass der Vermarktungs- zeitlich dem Herstellungsprozess der Leistung vorangeht. Die Leistungsrealisierung zieht sich im Allgemeinen über einen längeren Zeitraum hin. Geschäfte mit industriellen Großanlagen können bis zu mehrere Jahre dauern.

Marketinginstrumentarium und Instrumentalkombination werden bestimmt durch

- hohe Spezifität (kundenindividuelle Leistung) bei gleichzeitig niedriger Relationalität (Einzelfertigung)
- materiellen Umfang, Komplexität und Wertvolumen des Transaktionsobjektes
- Multiorganisationalität, Konsortialcharakter und Kooperationsbeziehungen
- Langfristigkeit der Leistungsrealisierung
- allgemeine und speziell internationale Risikoproblematik
- hohen Anteil internationaler Geschäfte
- hohen Anteil von Dienstleistungen

Die in Abhängigkeit von der Vielschichtigkeit der Komplexgeschäfte erforderlichen Instrumentalkombinationen können unter den Begriff **KomplexMarketing (KompM)** gestellt werden.

7.5.2 Das Marketinginstrument Leistungspolitik, Produkt- und Programmpolitik

Die Produktpolitik gilt als „Herz des Marketing" (MEFFERT, 1990: 361). Produkt- und Programmpolitik im Investitionsgütermarketing steht im Zentrum aller fünf Geschäftstypen. Produkt - und programmpolitische Entscheidungen im Investitionsgütermarketing beinhalten (Abb. 7.17)

- die Produktinnovation,einschl. kooperativer Entwicklungspolitik
- die Produktmodifikation (Produktvariation und -differenzierung)
- die Produktdiversifikation
- die Produkteliminierung

sowie Entscheidungen über Verpackungsgestaltung (z. B. tropenfeste Verpackung im Überseegeschäft) und über Investitionsgütermarken.

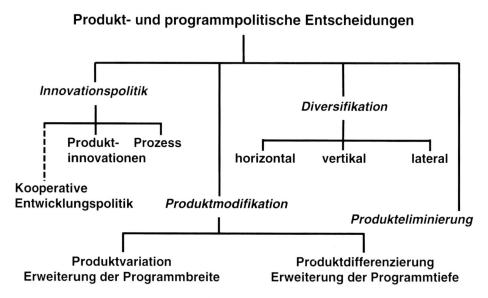

Abbildung 7.17   Produkt- und programmpolitische Entscheidungen

7.5.2.1 Produktinnovation

Produktinnovation ist Gewinnung neuer Produktideen, Produktentwicklung und Markteinführung neuer Produkte. Der idealtypische Innovationsplanungsprozess ist in Abb. 7.18 dargestellt (nach BROCKHOFF, 1989: 18 ff., und BERNDT, 1995: 49 ff.). Ausgangspunkt des Innovationsprozesses im Investitionsgütersektor ist das Auftreten von Bedürfnissen im Zusammenhang mit Problemlösungsaufgaben, welche die Gewinnung von Produktideen initiieren. Bedürfnisse treten z. B. im Falle von Inkongruenzen zwischen Soll und Ist auf. Diese können im Zusammenhang mit Abweichungen von der Gewinn-, Umsatz- und Kostenplanung, veränderten Markt- und Wettbewerbsbedingungen u. a. entstehen. Die aus mehreren, in einem Ideenfindungsprozess gewonnenen und einer Grobauswahl unterzogenen, Produktideen herausgefilterte **Projektidee** bildet die Grundlage der Produkt- oder der Prozessentwicklung. Die Projektidee wird im Rahmen von Forschung und Entwicklung unter Einbeziehung von Wirtschaftlichkeitsgesichtspunkten zu einer **Invention** (Erfindung) geführt. Investitionsmaßnahmen, Schaffung der Fertigungsvoraussetzungen und Marketingmaßnahmen gehen der Markteinführung des neuen Produktes oder der Einführung des neuen Prozesses in die Fertigung voraus.

7.5.2.2 Interfunktionale Produktentwicklung

Die Entscheidungsmaxime optimaler Produktpolitik ist kundenbedürfnisorientierte interfunktionale Produktentwicklung, bei der Marketing- und F&E-Bereich gemeinsam tätig werden. Hierfür wurde bereits in den Siebzigerjahren von japanischen Firmen, wie MITSUBISHI und TOYOTA, das Konzept des **Quality Function Deployment (QFD)** entwickelt, das sich zur Verknüpfung von Kundenbedürfnissen mit daraus abgeleiteten technischen Erfordernissen des Instrumentes **House of Quality (HoQ)** bedient. Quality Function Deployment ist ein Produktplanungs- und Kommunikationssystem, das der Überführung der Kundenbedürfnisse („Stimme des Kunden") in technische Maßstäbe (kundenbezogene Konstruktionsmerkmale, technische Parameter) dient (HAUSER/ KLAUSING, 1988: 57 ff.; GRIFFIN/HAUSER, 1993, 3 ff. KAMISKE ET AL., 1994: 181 ff.). Das **House of Quality**, aufgrund seiner grafischen Form so bezeichnet, verquickt Kundenforderungen mit technischen Lösungsbedingungen in Beziehungsmatrizen, so dass optimale Problemlösungen erzielt werden können. QFD und HoQ vermitteln der Produktpolitik wesentliche Impulse, insbesondere was das Zusammenwirken von Forschung & Entwicklung und Marketing betrifft. Gleichzeitig erweitert das Konzept und sein Instrument die Möglichkeiten der Produktforschung als Teilbereich der Investitionsgütermarktforschung (dazu und zur detaillierteren Behandlung und grafischen Darstellung von QFD und HoQ s. Abschn. 8.2.4).

7.5.2.3 Kooperative Entwicklungspolitik

Dieses Marketinginstrument wird unter Bedingungen maximaler Spezifität und Relationalität eingesetzt. Die Anbieterorganisation entwickelt auf der Grundlage eines individuellen Problems der Nachfragerorganisation gemeinsam mit dieser eine Problemlösung. Die Anbieterorganisation erarbeitet auf der Grundlage der Nutzungskonzeption des Nachfragers die Technologiekonzeption. Die Nutzungskonzeption des Nachfragers beinhaltet die mit der Problemlösung beabsichtigten Nutzungsziele. Die Technologiekonzeption enthält die zur Realisierung der Nutzungsziele, d. h. der Problemlösung, erforderliche technologische Lösung (vgl. GEMÜNDEN, 1988: 187 ff.).

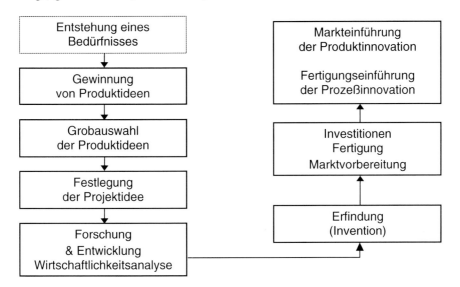

Abbildung 7.18   Idealtypische Phasen der Innovationsplanung (nach BROCKHOFF, 1989: 18 ff., und BERNDT, 1995: 49 ff.)

Der Problemlösungsprozess ist entweder anbieterdominiert, nachfragerdominiert oder es findet eine ausgewogene Arbeitsteilung statt. Anbieterdominanz liegt bei kooperativen Entwicklungsprozessen mit Technologiedominanz, Nachfragerdominanz bei kooperativen Entwicklungsprozessen mit Nutzungsdominanz vor (vgl. GEMÜNDEN, 1988: 189 ff.). Problemlösungsprozesse mit Anbieterdominanz umfassen die weitgehende bis vollständige Unterstützung des Nachfragers durch den Anbieter in inhaltlicher Hinsicht und in Bezug auf die Projektführung (vgl. WILLÉE, 1990: 66 ff.).

Die hierarchisch aufgebauten Integrationsstufen von Leistungen des Anbieters in den Nachfragerprozess, von der reinen Fertigungsunterstützung bis zur Problemlösung durch den Anbieter, hat WILLÉE am Beispiel von Zulieferunternehmen (Anbieter) für Erstausrüster (OEMs; Nachfrager) strukturiert (WILLÉE, 1990: 60 ff.). Es wird unterschieden zwischen den Stufen (Abb. 7.19)

- traditionelle Zulieferung: Fertigungsleistungen (Lohnfertigung) als Gegenstand jeder Zulieferung (Ausgangspunkt der Integration)

- Erweiterung der traditionellen Zulieferung durch Logistik-Unterstützung mit dem   Ziel der Erhöhung der quantitativen und zeitlichen Lieferflexibilität (*Just-in-time*-Lieferungen)

- Einbeziehung des Know-hows der Zulieferer in Aufgabenstellungen der Produktentwicklung des Erstausrüsters (kooperativer Problemlösungsprozess mit Nachfrager- bzw. Nutzungsdominanz)

- Integration des Zulieferers in den Problemlösungsprozess des Erstausrüsters (kooperativer Problemlösungsprozess mit arbeitsteiliger Ausgewogenheit der Anbieter- und Nachfragerdominanz bzw. Technologie- und Nutzungsdominanz).

Kooperative Entwicklungspolitik wird von der Anbieterorganisation als Marketinginstrument eingesetzt, um kundenindividuelle Probleme optimal zu lösen, Erkenntniszuwachs über Anwenderprobleme zu erzielen, die Geschäftsbeziehungen zu Nachfragerorganisationen zu vertiefen und generell die Marktstellung zu festigen. Dies bestätigen im Maschinenbau durchgeführte Untersuchungen (s. Abb. 7.20, KIRCHMANN, 1996: 447 ff., 1994: 156).

Für den Anbieter sind hauptsächliche Kooperationsgründe:

- die Verstärkung der Partnerbindung (Faktorladung + 0,86); dies ist Ausdruck eines hohen Relationalitätsgrades, wobei die Gegenseitigkeit der Abhängigkeit der Partner zu berücksichtigen ist

- Gewinnung von Einblicken in den Anwendermarkt (Faktorladung + 0,82) und damit Informationsgewinnung über die Anwenderproblematik

- Kostenreduzierung bzw. Zeitersparnisse (Faktorladung + 0,79 bzw. + 0,77)

- die Gewinnung von Referenzkunden („Referenz" mit der Faktorladung + 0,78) mit dem Ziel der Integrierung der Referenzen in den gesamten Absatzprozess der Anbieterorganisation.

Integrationsstufen	Leistungsinhalt	Kooperative Intensität
1. Stufe Fertigungsunterstützung *„Zulieferer als Erfüllungsgehilfe"*	Lohnfertigung als Unterstützungsleistung für den Kunden	traditionelle Zulieferung; keine kooperative Leistungsentwicklung
2. Stufe Logistik-integrierte Zulieferung *„Zulieferer als Versorgungspartner"*	Erhöhung der mengen- und zeitbezogenen Lieferflexibilität	keine kooperative Leistungsentwicklung
3. Stufe Know-how-integrierte Zulieferung *„Zulieferer als Entwicklungspartner"*	intensivere Einbindung der Zulieferkompetenz bei Werkstoffen und Fertigungsverfahren	kooperative, nutzerdominierte Leistungsentwicklung
4. Stufe Zulieferung als General-unternehmerfunktion *„Zulieferer als Problemlöser"*	vollständige Unterstützung im Kundenprojekt bei fachlichen und Projektführungsaufgaben	kooperative, arbeitsteilig ausgewogene Leistungsentwicklung

Abbildung 7.19   Stufen der Integration von Anbieterleistungen in den Nachfragerprozess (Beispiel Zulieferindustrie und Erstausrüster [OEMs])(nach WILLÉE, 1990: 66)

Variablen	Faktor I „Risiko-minderung"	Faktor II „Zeit-einsparung"	Faktor III „Markt-verständnis"	Faktor IV „Wettbe-werbsposition"	Faktor V „Partner-bindung"
Kostenminderung	+0,79				
Risikoreduzierung	+0,74				
Fehlerminderung			+ 0,48		
Zeitersparnis		+0,77			
Projektanzahl		+0,77			
Anwendermarkt		+0,50	+0,82		
Wissen/Synergie			+0,55		+ 0,35
Referenz				+0,78	+0,33
Marktausweitung			+0,45	+0,65	
Prognose				+0,58	
Partnerbindung					+0,86

Abbildung 7.20   Variablen und Faktoren für Gründe von Innovationskooperationen im Maschinenbau (Faktorladungen; nach KIRCHMANN, 1996: 448)

Die **Organisation der kooperativen Entwicklungspolitik** erfolgt im Rahmen von Arbeitsgruppen aus Mitarbeitern der Anbieter- und Nachfragerorganisation sowie durch Personalaustausch (KIRCHMANN, 1994: 109 ff., 1996: 449 ff.).

Personalaustausch

Im Rahmen kooperativer Entwicklungspolitik bedeutet Personalaustausch den zeitweiligen Einsatz von Spezialisten (Konstruktion, Technologie, Qualitätssicherung u. a.) der Anbieterorganisation in der Nachfragerorganisation und umgekehrt. So werden Mitarbeiter des Nachfragers (Anwenders) wegen ihres Anwendungswissens in das Projektteam des Anbieters (Herstellers) einbezogen. Spezialisten des Anbieters werden beim Nachfrager tätig, um ihre Kenntnisse der Anwenderprobleme zu vertiefen (KIRCHMANN, 1994: 110). Die Nutzungshäufigkeit des Personalaustausches wird mit einem Wert von 4,09 auf einer siebenstufigen Ratingskala als über dem Durchschnitt liegend beurteilt (Standardabweichung $\sigma = 1,85$).

Projektteams

Projektteams zur kooperativen Entwicklung sind zeitweilig tätige Gremien. Der Einsatz von Arbeitsgruppen aus Fachleuten der Transaktionspartner, die gemeinsam an der Lösung von Anwenderproblemen arbeiten, wie Projektteams (auch: Neuproduktteams oder Innovationszirkel), ist eine hocheffiziente Organisationsform der kooperativen Entwicklung. Permanenter unmittelbarer Kontakt und gemeinsame Tätigkeit führen zu Synergieeffekten, verbessern die Informationsbasis für beide Seiten und sichern eine zügige Bearbeitung der Kooperationsaufgabe. Die Nutzungshäufigkeit von Arbeitsgruppen liegt mit einer Bewertung von 3,03 (Standardabweichung $\sigma = 2,00$) auf der siebenstufigen Ratingskala unter dem Durchschnitt. Dies ist mit der geringeren Häufigkeit von Transaktionsobjekten höchsten Spezifitäts- und Relationalitätsgrades interpretierbar.

Praktische Erfahrungen gehen von vier Haupttypen von Projektteams aus (Abb. 7.21a-d, WHEELWRIGHT/CLARK, 1994: 259 ff.), wobei das „hochkarätige" und das autonome Team den Ansprüchen höchster Spezifität und Relationalität am besten genügen dürften:

- **das funktionale/funktionsorientierte Team**

  Die Entwicklungsarbeit findet in den Funktionen statt und wird durch den jeweiligen spezialisierten Funktions- bzw. Fachbereichsleiter koordiniert (Abb. 7.21a). Das Gesamtprojekt steht unter der Leitung eines (gesamtverantwortlichen) Hauptfunktionsleiters. Die dem Projektteam zugeteilten Mitarbeiter verbleiben in ihrem Funktionsbereich (WHEELWRIGHT, 1994: 262f.).

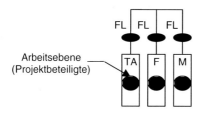

Abbildung 7.21a   Das funktionsorientierte Team (WHEELWRIGHT/CLARK, 1994: 263)

Als Beispiele können das Fachgebiet Fertigungstechnik mit den Spezialgebieten Fertigungsvorbereitung, Wartungstechnik, Prozesstechnik und das Fachgebiet Konstruktion mit den Spezialgebieten Maschinenbau, Elektronik und Prüftechnik genannt werden.

–   das „niedrigkarätige" Team

In der Arbeitsgruppe arbeitet ein Koordinator mit in den Funktionen zuständigen Verbindungspersonen (Abb. 7.21b). Sein Einfluss auf die Arbeitsabläufe ist gering. Die V vertreten ihren Funktionsbereich im Ausschuss für Projektkoordination. Die dem Projektteam zugeteilten Mitarbeiter verbleiben in ihren Fachbereichen. Das Team unterscheidet sich nicht wesentlich vom funktionsorientierten. Der Koordinator ist ein „niedrigkarätiger" Projektleiter, der als Fachpromotor zwar über Sachkompetenz (Produktmarketing-Manager oder Konstrukteur), jedoch über nur geringe Machtstellung im Unternehmen verfügt (WHEELWRIGHT/CLARK, 1994: 265f.).

–   das „hochkarätige" Team

Das Team wird von einem hochkarätigen Projektleiter PL mit starker Stellung und funktionsübergreifendem Einfluss geleitet (Abb. 7.21c). Diese Stellung rührt aus seiner Zugehörigkeit zum Management, seiner Sachkunde und seinem primären Zugriff auf die Projektmitarbeiter. Deren Kontrolle erfolgt direkt über die funktionalen Schlüsselpersonen im Kernteam (WHEELWRIGHT/CLARK, 1994: 267).

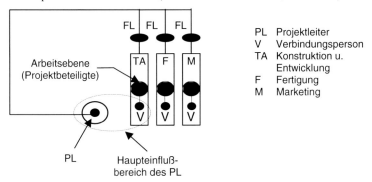

Abbildung. 7.21b   Das „niedrigkarätige" Team (WHEELWRIGHT/CLARK, 1994: 263)

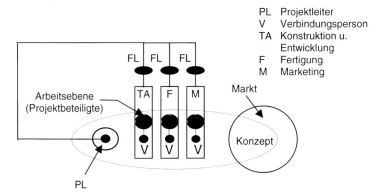

Abbildung 7.21c   Das „hochkarätige" Team (WHEELWRIGHT, 1994: 263)

Die Aufgabe des hochkarätigen Projektleiters besteht bei Innovationskooperation mit dem Anwender in der Einbeziehung der Projektmitarbeiter aus der Nachfragerorganisation in die Projektarbeit.

– das autonome Team

Das autonome Team ist ein aus den verschiedenen Fachbereichen ausgegliedertes hochkarätiges Team, das räumlich zusammengelegt ist (Abb. 7.21d). Seine Aufgabe ist voll auf die Bearbeitung eines Projektes abgestellt. Der Projektleiter ist eine hochkarätige Führungskraft, die über die erforderlichen Macht- und Fachpotenziale verfügt. Er hat die volle Kontrolle über die von den Fachgruppen eingebrachten Ressourcen (WHEELWRIGHT/CLARK, 1994: 269f).

Dem Projektleiter eines hochkarätigen Teams obliegt bei gemeinsamer Entwicklungsarbeit mit der Nachfragerorganisation insbesondere die reibungslose Einbindung der unternehmensfremden Projektbeteiligten in das Team und deren optimale Integration in das Projekt.

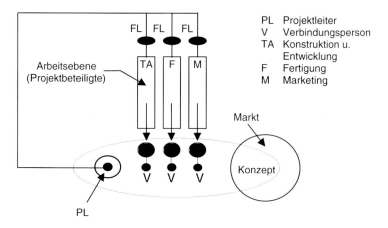

Abbildung 7.21d   Das autonome Team (WHEELWRIGHT/CLARK, 1994: 263)

7.5.2.4 Produktmodifikation

Produktmodifikation beinhaltet Erzeugnisveränderung bzw. -weiterentwicklung in bestehenden Produktprogrammen. Hierbei wird zwischen Produktvariation und Produktdifferenzierung unterschieden.

Produktvariation bedeutet eine wesentliche Veränderung von Eigenschaften bestehender Erzeugnisse, die einer Verjüngung ihres Produktlebenszyklus gleichkommt. Im Investitionsgütermarketing heißt dies, dass bestehende Programmelemente den Marktbedingungen leistungsmäßig angepasst werden. So kann der Leistungsradius von numerisch gesteuerten Bearbeitungszentren durch Erweiterung des Werkzeugspeichers oder der Programmiermöglichkeiten verändert werden, ohne dass es zu einer Programmveränderung durch Produktwechsel kommt. Mit der Produktvariation wird auch die Programmbreite eines Anbieters erweitert (vgl. KLEINALTENKAMP/JACOB; 1999: 16; Abb. 7.22).

Produktdifferenzierung im Investitionsgütermarketing bedeutet, dass eingeführte Leistungen durch Varianten erweitert bzw. bestimmten Marktforderungen (z. B. landestypische Anforderungen an die Elektrik von Maschinen) angepasst werden. Produktdifferenzierung steht im Zusammenhang mit der Zunahme der Programmtiefe eines Anbieters (vgl. KLEINALTENKAMP/JACOB, 1999: 17; Abb. 7.22).

7.5.2.5 Produktdiversifikation

Produktdiversifizierung führt in der Weise zur Erweiterung der Programmbreite, dass ein Unternehmen Leistungen in sein Fertigungsprogramm aufnimmt, die für andere Nachfragebranchen als für die bisherigen Abnehmer bestimmt sind. So erweiterten in den Siebzigerjahren Verpackungsmaschinenhersteller für Zigaretten ihr Programm um bestimmte Werkzeugmaschinentypen.

Es wird zwischen horizontaler, vertikaler und lateraler Diversizierung unterschieden.

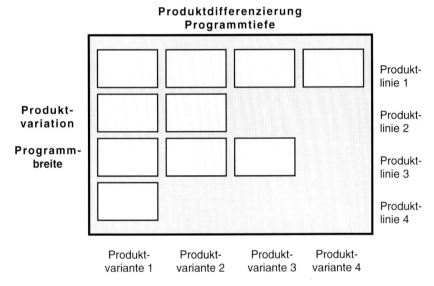

Abbildung 7.22   *Produktvariation und -differenzierung, Programmbreite und -tiefe (nach MEFFERT, 1990: 402)*

Horizontale Diversifizierung bedeutet die Programmerweiterung um außerhalb des bisherigen Leistungsprogramms stehende Produkte, die von Unternehmen, zu denen Geschäftsbeziehungen bestehen, abgenommen werden. Ein Beispiel ist die professionelle Vermarktung von Spezialsoftware an die traditionelle Kundschaft durch einen Verarbeitungsmaschinenhersteller.

Vertikale Diversifizierung bedeutet Programmerweiterung in Richtung auf vor- oder nachgelagerte Branchen. Ein Beispiel ist der Einstieg von Textilmaschinenherstellern in die Textilbranche. Ein weiteres Beispiel ist die Aufnahme der Emballagenfertigung (Konservendosen) durch den kanadischen Fischkonservierer O'CONNOR.

Laterale Diversifizierung bedeutet die Aufnahme von Leistungen in das Produktprogramm, die in keinerlei Beziehung zum ursprünglichen Leistungsprogramm des Unternehmens stehen. Es handelt sich um die Etablierung völlig neuer Geschäftseinheiten, die auf völlig neuen Märkten tätig sind. Hierfür steht das o. a. Beispiel des Verpackungsmaschinenherstellers. Ein weiteres, sehr markantes Beispiel ist die Aufnahme von umweltfreundlicher Heiztechnik in das Produktprogramm des Schokoladenherstellers RITTER.

7.5.2.6 Produkteliminierung

Bei fortschreitendem Produktlebenszyklus und nicht vorgesehener Produktvariation ist die Eliminierung von Produkten planmäßig vorzubereiten und durchzuführen. Da die Herausnahme von Leistungen aus dem Programm bei den Kunden zu unterschiedlichen Reaktionen führen kann, ist behutsam vorzugehen, um gewachsene Geschäftbeziehungen nicht zu beschädigen. KOTLER/BLIEMEL schlagen wegen der Sensibilität dieses Problems die Einsetzung eines speziellen Gremiums, des sogenannten *Produktüberprüfungsausschusses*, vor (KOTLER/BLIEMEL, 1999: 588).

7.5.3   Die Marketinginstrumente Funktionspolitik und Integrationspolitik

7.5.3.1 Funktionspolitik

Zwei der grundsätzlichen Unterschiede zwischen dem Investitionsgüter- und dem traditionellen, auf Konsumgüter fokussierten Marketing bestehen in der höheren Spezifität der Investitionsgüter sowie in der Relationalität der Beziehungen zwischen Anbieter und Nachfrager. Aus der Spezifität rühren zusätzliche Verpflichtungen des Verkäufers und damit spezielle Marketingfunktionen gegenüber dem Kunden. So schließt die Lieferung von Fertigungs- oder Rechentechnik die Verpflichtung des Anbieters zu deren Inbetriebsetzung und Unterstützung des Kunden bei der reibungslosen Nutzung, d. h. der Funktionserfüllung des Investitionsgutes, in sich ein. Diesem Zusammenhang entspringt die Überlegung, dass zur optimalen Erfüllung der absatzpolitischen Zielsetzung in das Marketing ein adäquates absatzpolitisches Instrument – die **Funktionspolitik** – integriert werden muss (STROTHMANN, 1979: 113f.).

Funktionspolitik umfasst alle Maßnahmen des Investitionsgüteranbieters nach Vertragsabschluss, die den reibungslosen Betrieb des Investitionsgutes sichern. Dazu gehören folgende Aktivitäten (vgl. STROTHMANN/KLICHE, 1989: 93 ff.):

- – Übertragung und Anpassung der Leistung
- – Montage
- – Inbetriebsetzung
- – Kundenberatung
- – Reparatur-, Ersatzteil- und Wartungsdienst
- – Softwareanpassung
- – Mitarbeiterschulung

Funktionspolitik findet Anwendung a) im Marketing für Einzelinvestgüter (z. B. Maschinen) im Rahmen von Kundengeschäften mit dem Ziel des reibungslosen Einsatzes des Gutes. Weiterhin ist es b) Korrektiv nach jedem Investitionsschritt als Instrument des Marketings für Systemtechnik im Rahmen von Kombinationsgeschäften, des Marketings für kooperative Entwicklungsleistungen im Rahmen von Kooperationsgeschäften und des

Marketings für Komplettleistungen (z. B. Anlagen) im Rahmen von Komplexgeschäften (STROTHMANN/KLICHE, 1990: 152).

7.5.3.2 Integrationspolitik

Die Inbetriebnahme und Nutzung komplexerer Investitionsgüter, wie der Systemtechnik, erfordert umfangreiche vorbereitende Maßnahmen in der Nachfragerorganisation. Das Investitionsgütermarketing des Anbieters muss dem durch maximale Unterstützung des Kunden Rechnung tragen. Dies erfolgt durch die Anwendung des Marketinginstrumentes Integrationspolitik (STROTHMANN/KLICHE, 1989: 95 ff., 1990: 139 ff., 1991: 127f., 172f.). Dieses Instrument wird bei Kombinationsgeschäften (Systemtechnik), Kooperationsgeschäften (kooperativ erstellte, kundenindividuelle Leistungen) und Komplexgeschäften (Anlagen) eingesetzt.

Integrationspolitik beinhaltet alle Aktivitäten der Anbieter komplexerer Investitionsgüter zur Vorbereitung und Überführung ihrer Problemlösungsleistungen in den Leistungsprozess der Nachfrager. Demzufolge ist zwischen der Prozessvorbereitung und der Prozessimplementierung zu unterscheiden. STROTHMANN/KLICHE teilen den Instrumentalbereich in die Instrumente Präparationspolitik und Implementierungspolitik.

Präparationspolitik bezieht sich auf Maßnahmen des Anbieters, die der nach der Beschaffungsentscheidung erfolgenden Vorbereitung des Nachfragers auf den Implementierungsprozess dienen (STROTHMANN/KLICHE, 1989: 95, 97 ff.). Dazu gehören folgende Leistungen:

– **Festlegung eines Investitionskonzepts**
  Das Konzept umreisst die Investitionsmaßnahmen, das Management der Schnittstellen zur Organisationsstruktur und zu Arbeitsabläufen in der Nachfragerorganisation, die zeitliche Abfolge des Investitionsprozesses und zu integrierende Leistungen Dritter.

– **Festlegung organisatorischer Maßnahmen**
  Die Implementierung komplexer Leistungen in eine gewachsene Organisationsstruktur erfordert organisatorische Anpassungsmaßnahmen und die Schaffung organisatorischer Rahmenbedingungen für die Integration der Anbieterleistung.

– **Planung der Qualifizierungsmaßnahmen**
  Eine Grundbedingung für reibungslose Inbetriebnahme und Betrieb komplexer Investitionsgüter sind sorgfältig abgestimmte und durchgeführte Qualifizierungsmaßnahmen. Einbezogen sind das Management, Spezialisten und das Bedienpersonal.

– **Maßnahmen der Entwicklung der Mitarbeitermotivation**
  Die durch Integration neuer Technologien bei Mitarbeitern hervorgerufenen Unsicherheiten sind zu identifizieren und im Zusammenhang mit den Qualifizierungsmaßnahmen zum Gegenstand von Konsultationen und Trainingsmaßnahmen zu machen. Die Effektivität des Problemlösungskonzeptes hängt entscheidend von der Motivationslage der involvierten Mitarbeiter ab.

– **Klärung sozialer Fragen**
  Die parallel zur Leistungsimplementierung verlaufenden Strukturveränderungen werfen soziale Probleme auf, wie Personalveränderungen, Umsetzungen und Entlassungen. Diese Fragen müssen in der Vorbereitungsphase des Investitionsprozesses geklärt werden.

– **Festlegung nutzungsprozessbegleitender Betreuung und Beratungstätigkeit**
Zur Sicherung eines maximalen Anwendernutzens, aber auch zur Reduzierung des Referenzrisikos des Anbieters, werden in der Vorbereitungsphase Maßnahmen zur Kundenbetreuung und hinsichtlich der Kundenberatung für die gesamte Nutzungsdauer des komplexen Investitionsgutes vereinbart. Dies ist auch ein Instrument zur Sicherung permanenter Kommunikation zum Kunden.

Die Durchführung der Präparationspolitik und der Implementierungspolitik ist mit dem Ziel eines optimalen Anbieternutzens immer auch als Element der Referenzpolitik zu betrachten.

Auf den Implementierungsprozess ist das Marketinginstrument **Implementierungspolitik** gerichtet (STROTHMANN/KLICHE, 1989: 95, 110f.) . Sie umfasst die Maßnahmen des Anbieters, die in den der Vorbereitungsphase folgenden Investitionsphasen durchgeführt werden. Dabei handelt es sich im Wesentlichen um die erwähnten präparationspolitischen, jetzt *vor* den einzelnen Investitionsphasen stattfindenden Aktivitäten.

Nach den einzelnen Investitionsphasen sind funktionspolitische Maßnahmen als Korrektive notwendig, wie z. B. Korrekturen der Abweichungen von festgelegten Toleranzen. Hieraus folgt, dass in die zwischen den Investitionsphasen liegenden Zeitintervalle ineinander übergehende funktions- und implementierungspolitische Handlungen fallen (Abb. 7.23). Nachbereitende, funktionspolitische Tätigkeiten sind zugleich vorbereitende implementierungspolitische.

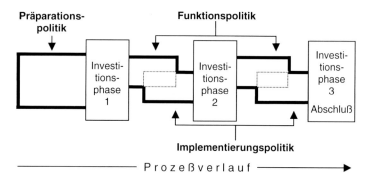

Abbildung 7.23   Funktionspolitik und Integrationspolitik (Präparationspolitik und Integrationspolitik; nach STROTHMANN/KLICHE, 1989: 96, 1990: 152, KLICHE, 1991: 128)

Im Zusammenhang mit dem Instrumentaleinsatz im Innovationsprozess liegen auch für das Instrument Integrationspolitik phasendifferenzierte Konzepte vor (BAAKEN, Vortrag 1994). Die Initialphase ist durch Sensibilisierung für neue Technologien, Beratungstätigkeit, Organisationsanalysen gekennzeichnet. Im Entscheidungsprozess und im Implementierungsprozess finden im Wesentlichen die gleichen Aktivitäten zusätzlich diverser Qualifizierungsmaßnahmen und Organisationskonzepte statt.

7.5.4 Das Marketinginstrument Kontrahierungspolitik

7.5.4.1 Kontrahierungspolitik bei niedriger und mittlerer Spezifität

Preis-Absatz-Funktion und Preisbestimmung

Die **Kontrahierungspolitik** umfasst wichtige, im Zusammenhang mit dem Abschluss von Kaufverträgen stehende Entscheidungstatbestände. Sie vereinigt in sich die beiden Entscheidungsbereiche **Preispolitik** (auch: Entgeltpolitik) und **Konditionenpolitik**. Preispolitik beinhaltet die Preisfindung, -festlegung und -durchsetzung auf der Grundlage von Marktinformationen und preistheoretischer Erkenntnisse. Gegenstand der Konditionenpolitik sind die Rabattpolitik, die Absatzfinanzierung, Lieferbedingungen und Zahlungsbedingungen.

Im Investitionsgütermarketing sind Preisentscheidungen in Abhängigkeit vom Grad der Spezifität differenziert zu betrachten. Im Rahmen von Mengen- und teilweise Kunden- und Kombinationsgeschäften wirken preispolitische Maßnahmen absatz*politisch*, d. h. sie vermögen Kaufentscheidungen der Nachfrager positiv oder negativ zu beeinflussen. Preisreduzierungen bei Massengütern (Normteile, Standardaggregate) ziehen in bestimmtem Rahmen Nachfrageerhöhungen nach sich. Bei Preiserhöhungen wendet sich ein Teil der potenziellen Käufer einem billigeren Angebot zu, die Absatzmenge sinkt.

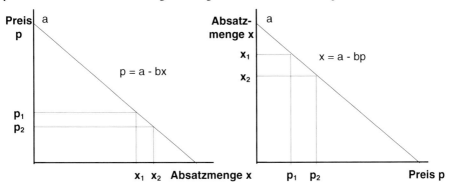

*Abbildung 7.24   Preis-Absatz-Funktion (abhängige Variablen **p** [links] und **x** [rechts])*

In Mengen-, Kunden- und in Teilsektoren von Kombinationsgeschäften, also bei Investitionsgütern niedriger Spezifität, spielt der Preis eine aktive, nachfragestimulierende oder nachfragehemmende Rolle. Die Geschäftstypen weisen einen nur sehr geringen oder keinen Problemlösungscharakter auf. Hier gilt die „klassische" **Preis-Absatz-Funktion (PAF)**, welche die inverse Beziehung zwischen Preis und Absatzmenge darstellt (Abb. 7.24). Sie sagt aus, wie hoch der Preis *p* sein kann, um die Menge *x* zu verkaufen bzw. welche Menge *x* bei einem Preis *p* nachgefragt wird.

Eine Menge *x* ist zu einem Preis p_1 absetzbar (Abb. 7.24, l.). Soll die Absatzmenge auf x_2 vergrößert werden, so ist eine Preissenkung von p_1 auf p_2 erforderlich. Der Preis ist hier eine Funktion von, also abhängig von der nachgefragten Menge. Er ist die abhängige Variable, die Menge die unabhängige. Die Preis-Absatz-Funktion wird im Allgemeinen durch eine negative Linearfunktion dargestellt mit dem Ausdruck

$$p = a - b\,x$$

Sie schneidet die Ordinate (Preis-Achse **p**), wo der Preis maximal und die Nachfrage null ist. Ihr Schnittpunkt auf der Abszisse (Mengen-Achse **x**) markiert die Sättigungsmenge beim Preis null (OTT, 1978: 27 ff.).

Wird die Abhängigkeit der nachgefragten Absatzmenge vom Preis, d. h. **x** als Funktion von **p** betrachtet (Abb. 7.24, r.), so lautet die Preis-Absatz-Funktion bzw. Nachfragefunktion:

$$x = a - b\,p$$

Sie sagt aus, wie groß die Absatzmenge **x** bei einem Preis **p** ist. Bei p_1 wird x_1 nachgefragt. Die Preiserhöhung von p_1 auf p_2 verursacht eine Nachfragereduzierung von x_1 auf x_2. Die Absatzmenge ist die abhängige Variable, der Preis die unabhängige.

In der Marketingpraxis haben sich individuelle Preis-Absatz-Funktionen bewährt, die auf individuellen Nutzenerwägungen der Nachfrager beruhen. Sie beinhalten die jeweilige Nachfragereaktion der einzelnen Kunden auf Preisveränderungen. Werden die PAF aller Kunden zusammengefasst, so ergibt sich eine aggregierte PAF für die Gesamtnachfrage (vgl. KUCHER/SIMON, 1987: 31f.).

Beispiel:

Das Unternehmen CONELECTROM GMBH verkauft Elektromotoren eines bestimmten Typs zu einem Listenpreis von 190 € je Motor. Die jährliche Nachfrage liegt bei durchschnittlich 950 Stück.

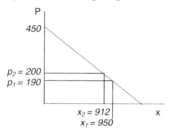

Empirische Untersuchungen des Nachfrageverhaltens ergaben die Preis-Absatz-Funktion $p = 450 - 0{,}274\,x$. Eine Preisanhebung auf 200 € je Motor würde einen Rückgang des Absatzes auf 910-920 Stück verursachen, nämlich $200 = 450 - 0{,}274\,x$, also $x = 912$ Stück.

Die dargelegten Funktionen bilden Markttatbestände idealtypisch ab. Empirische Untersuchungen in der Marketingpraxis belegen das Vorhandensein auch von nichtlinearen Preis-Absatz-Funktionen (SIMON/KUCHER, 1988: 180 ff.). So stellt eine multiplikative Preis-Absatz-Funktion einen degressiv fallenden Verlauf dar . In Abbildung 7.25 ist der Preis **p** die abhängige, die Menge **x** die unabhängige Variable.

Die multiplikative Preis-Absatz-Funktion hat den Ausdruck:

$$p = ax^{-b} \qquad \text{bzw.} \qquad x = ap^{-b}$$

Sie lautet in linearisierter Form:

$$ln\ p = ln\ a - b\ ln\ x \qquad \text{bzw.} \qquad ln\ x = ln\ a - b\ ln\ p$$

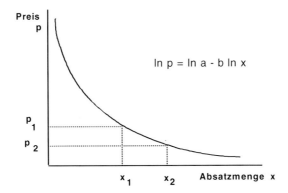

*Abbildung 7.25   Multiplikative Preis-Absatz-Funktion   (abhängige Variable **p**)*

Der **Preisbestimmung** werden Kosten-, Gewinn-, Nachfrage-, Konkurrenz- und Nut-zenaspekte zugrunde gelegt.

Die **kostenorientierte Preisbestimmung** für ein Erzeugnis *i* geht von den Stückselbstko-sten S_i und einem Gewinnzuschlag *g* in % der Selbstkosten nach der Formel:

$$p_i = S_i \, (1 + g/100)$$

aus (MEFFERT, 1998: 492 ff.; BERNDT, 1995: 170ff.). Die Kritik richtet sich vor allem an die Außerachtlassung von Marktfaktoren (Nachfrager, Wettbewerber).

Mit dem **Target Pricing** (Zielpreisbildung) wird ein Stück-Zielpreis festgelegt, dem sich die anderen Preisbestandteile, wie Kosten und Gewinn, unterzuordnen haben. Diese, der Kostenorientierung angelehnte Methode, berücksichtigt bereits die Marktkategorie Ab-satzpotenzial in Stück.

Der Zielpreis wird wie folgt errechnet (vgl. BERNDT, 1995: 172):

Zielpreis = (geplante Kosten + geplanter Gewinn) / Absatzpotenzial in Stück

Bei der **konkurrenzorientierten Preisbestimmung** orientiert sich die Anbieterorganisa-tion bei ihrer Preisbestimmung an den wichtigsten Wettbewerbern bzw. am Marktführer.

Nachfrageorientierte Preisbestimmung beruht auf Ergebnissen spezieller Preistests, bei denen die jeweilige Stichprobe Preise für vorgelegte Erzeugnisse schätzt, beurteilt oder ihre Kaufbereitschaft äußert (s. BERNDT, 1995: 173 ff.).

Bei der **nutzenorientierten Preisbestimmung** wird der vom Nachfrager empfundene in-dividuelle Nutzen in die Preisbildung einbezogen. Diese Vorgehensweise spricht ein im Investitionsgütermarketing latent vorhandenes Problem an, da die Beschaffung eines Inves-titionsgutes aus unterschiedlichen Motiven erfolgt.

Ermittlung der umsatz- und gewinnoptimalen Preis-Mengen-Kombinationen sowie der kostendeckenden Absatzmengen

Bei Mengen-, Kunden- und teilweise Kombinationsgeschäften können preispolitische Maßnahmen als Bestandteile des Marketing-Mixes noch nachfragebeeinflussende Wir-kungen ausüben. Geringe Spezifität hat ein umfangreiches Marktangebot zur Folge, es fällt eine nur geringe oder keine Quasirente an, die teils ausgeprägt niedrige Relationalität

(Mengengeschäfte mit Massengütern, Kundengeschäfte mit hochstandardisierten Einzel-investgütern) ermöglicht relativ komplikationslos den Austausch von Lieferanten. Niedriger Spezifitäts- und Relationalitätsgrad sind die Voraussetzung für einen breiten preispolitischen Spielraum.

Aus dem Wechselspiel zwischen Umsatzfunktion, Preis-Absatz-Funktion, Kostenfunktion und Gewinnfunktion ergeben sich wichtige Kombinationen in Bezug auf die Bestimmung von maximalem Umsatz und Gewinn innerhalb der relevanten Geschäftstypen. Dabei handelt es sich um

- die umsatzmaximale Absatzmenge, d. h. die Menge x , mit welcher bei gegebener PAF ein maximaler Umsatz erzielt wird
- den umsatzmaximalen Preis, d. h. den Preis p , mit welchem bei gegebener Absatzmenge der maximale Umsatz erzielt wird
- die gewinnmaximale Absatzmenge, d. h. die Menge x , mit welcher bei gegebener Umsatz- und Kostenfunktion das Gewinnmaximum erreicht wird
- den gewinnmaximalen Preis, d. h. den Preis p , mit welchem bei gegebener PAF und gegebener gewinnmaximaler Menge x der Gewinn maximal ist
- den gewinnmaximalen Umsatz als Produkt aus gewinnmaximalem Preis und gewinnmaximaler Menge
- die Break-even-Punkte, d. h. die beiden Schnittpunkte von Umsatz- und Kostenfunktion, welche den Gewinnbereich begrenzen.

Die nachfolgend behandelten Preis-Mengen-Kombinationen werden jeweils an einem durchgängigen Praxisbeispiel erläutert. Dazu folgende einführende Informationen:

Beispiel:

Die FORTUNA TECHNOLOGIE AG, Anbieter von Backtechnologien, hat in ihrem Fertigungsprogramm u. a. Teigrührmaschinen, die als Einzelmaschinen und als Teil kompletter Backlinien angeboten werden. Aus den Verkäufen an verschiedene Kunden wurden individuelle PAF ermittelt und zu der u. a. Gesamtfunktion aggregiert. Der Umsatz beläuft sich auf über 1 Mill. € p. a. An Kosten fallen variable Stückkosten von 2500 € sowie Fixkosten von 500000 € an.

Zur Ermittlung der Preis-Mengen-Kombinationen stehen folgende Funktionen (vgl. Abb. 7.26) zur Verfügung (Angaben in 10^3 €):

Preis-Absatz-Funktion	$p = a - bx$	$p = 12 - 0,03\,x$
Umsatzfunktion	$U = ax - bx^2$	$U = 12\,x - 0,03\,x^2$
Kostenfunktion	$K = F + vx$	$K = 500 + 2,5\,x$
Gewinnfunktion	$G = x\,(a - v) - bx^2 - F$	$G = 9,5\,x - 0,03\,x^2 - 500$

a)   Ermittlung der umsatzmaximalen Absatzmenge

Die umsatzmaximale Menge x_{Umax} wird aus der Umsatzfunktion U unter Einbeziehung der PAF p bestimmt.

$$U = px$$
$$p = a - bx$$
$$U = (a - bx)\,x$$
$$U = ax - bx^2$$

Die Umsatzfunktion *U* wird differenziert, die erste Ableitung *U'* gleich null gesetzt und nach *x* aufgelöst

$$U' = a - 2bx = 0$$

Die umsatzmaximale Absatzmenge hat den Ausdruck (s. Abb. 7.27)

$$x_{Umax} = a/2b$$

Beispiel:

Die Absatzmenge von Backmaschinen der *FORTUNA TECHNOLOGIE AG*, mit der bei gegebener PAF der höchste Umsatz erzielt wird, beträgt 200 Stück, nämlich $x_{Umax} = 12/0{,}06 = 200$ *Stück*.

Dieses Ergebnis kann jedoch erst im Zusammenhang mit der Gewinnsituation richtig gewertet werden.

b)   Ermittlung des umsatzmaximalen Preises

Der umsatzmaximale Preis p_{Umax} wird aus der Preis-Absatz-Funktion gewonnen, indem der Ausdruck der umsatzmaximalen Absatzmenge x_{Umax} in *p* eingesetzt und die Gleichung nach p aufgelöst wird.

$$p = a - b (a/2b)$$

$$p = a - ba/2b$$

Wir erhalten als umsatzmaximalen Preis (s. Abb. 7.27)

$$p_{Umax} = a/2$$

Beispiel:

Der Preis, mit dem das Unternehmen FORTUNA TECHNOLOGIE AG beim Verkauf von Teigrührmaschinen den höchsten Umsatz realisiert, beträgt 6000 €. Er berechnet sich:

$$p_{Umax} = 12/2 = 6 * 10^3 = 6000 \text{ } €.$$

Damit berechnet sich der Maximalumsatz:

$$U_{max} \text{ } aus \text{ } p_{Umax} * x_{Umax} = (6 * 10^3) * 200 = 1{,}2 \text{ } Mill. \text{ } €$$

Auch diese Angabe ist erst unter Einbeziehung der Gewinnsituation objektiv zu bewerten.

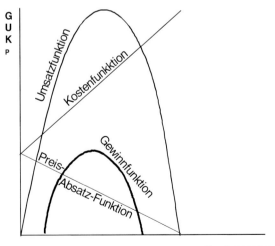

Absatzmenge x

Abbildung 7.26   Preis-Absatz-, Umsatz-, Kosten- und Gewinnfunktion

c)   Ermittlung der gewinnmaximalen Absatzmenge

Der Gewinn ist die Differenz zwischen Umsatz U und Kosten K. Zur Bestimmung von x_{Gmax} werden die Umsatzfunktion und die Kostenfunktion herangezogen. Die Kostenfunktion K wird gebildet von den Fixkosten F und den variablen Stückkosten v, multipliziert mit der Absatzmenge x:

$$G = U - K$$

$$U = ax - bx^2 \qquad K = F + vx$$

Um die gewinnmaximale Absatzmenge berechnen zu können, ist zunächst die Gewinnfunktion zu bilden:

$$G = ax - bx^2 - F - vx$$

G wird differenziert, der Ausdruck gleich null gesetzt und nach x aufgelöst.

$$G' = a - 2bx - v = 0$$

Die gewinnmaximale Absatzmenge hat den Ausdruck (s. Abb. 7.27)

$$x_{Gmax} = (a - v) / 2b$$

Beispiel:

Den höchsten Gewinn erzielt die *FORTUNA TECHNOLOGIE AG* bei einer jährlichen Absatzmenge von knapp 160 Stück. Dieses Resultat ergibt sich unter den durch die empirische PAF und die Kostenfunktion bestimmten Bedingungen. Folgende Berechnung führt zum Ergebnis:

$$x_{Gmax} = (12 - 2,5) / 0,06 = 158,3 \ Stück$$

Vergleicht man dieses Ergebnis mit der umsatzmaximalen Absatzmenge von 200 Stück, so wird die wichtige Rolle der aggregierten individuellen PAF deutlich. Absatzmengen über der gewinnmaximalen Stückzahl sind unter den gegebenen Bedingungen nur durch niedrigere Preise zu realisieren. Dabei sinkt der Gewinn.

d)   Ermittlung des gewinnmaximalen Preises

Den gewinnmaximalen Preis p_{Gmax} erhält man durch Einsetzen von x_{Gmax} in die Preis-Absatz-Funktion und Auflösen nach p:

$$p = a - b \ ([a - v]/2b)$$

$$p = a - ba/2b + bv/2b$$

$$p = a - a/2 + v/2$$

Der Ausdruck für den gewinnmaximalen Preis lautet:

$$p_{Gmax} = (a + v) / 2$$

Beispiel:

Der gewinnmaximale Preis für Teigrührmaschinen der *FORTUNA Technologie AG* beträgt 7250,- €, und zwar:

$$p_{Gmax} = (12 + 2,5) / 2 = 7,25 * 10^3 = 7250 \ €$$

Der Vergleich mit dem umsatzmaximalen Preis von 6000,- € verdeutlicht wiederum den Einfluss der aus den individuellen PAF aggregierten PAF:

Bei einem Preis von 7250 € lassen sich 158 Maschinen verkaufen, der Umsatz ist somit 1.145.500,- €, der Gewinn liegt bei 252.000,- € (ermittelt aus gerundeten Angaben).Wird der Preis auf 6500,- € gesenkt, so erhöhen sich zwar Absatzmenge und Umsatz auf 183 Stück bzw. 1.189.500,- €, der Gewinn beträgt jedoch nur noch 233.000,- €. Wird der Preis hingegen auf 7750,- € angehoben, so fallen Kunden aus, und es werden nur noch 142 Stück verkauft. Der Umsatz beträgt dann nur noch 1.100.500,- €, und der Gewinn liegt bei 245.000,- €.

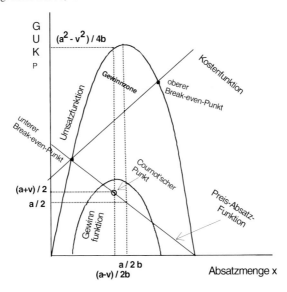

Abbildung 7.27   Gewinn- und umsatzmaximale Preis-Mengen-Kombinationen

e)   Ermittlung des gewinnmaximalen Umsatzes

Der gewinnmaximale Umsatz ist auf der PAF durch die Koordinaten (p_{Gmax}; x_{Gmax}) markiert. Der Schnittpunkt der Koordinaten wird ***Cournot'scher Punkt*** genannt. Die von ihm nach oben ausgehende Senkrechte trifft den gewinnmaximalen Umsatz, der durch Multiplikation der Preis- und Absatzmengenmaxima gewonnen wird:

$$U_{Gmax} = p_{Gmax} x_{Gmax}.$$

Bei Verwendung der oben ermittelten Ergebnisse für gewinnmaximalen Preis und gewinnmaximale Absatzmenge ergibt sich folgende Rechnung:

$$U_{Gmax} = ([a + v]/2) ([a - v]/2b)$$

Dann beträgt der gewinnmaximale Umsatz

$$U_{Gmax} = (a^2 - v^2)/4b$$

Beispiel:

Der Umsatz, mit welchem die *FORTUNA AG* maximalen Gewinn macht, beläuft sich auf rund 1,15 Mill. €. Es wird gerechnet:

$$U_{Gmax} = (144 - 6,25) / 0,12 = 1147,9 * 10^3 = 1.147.917 €$$
$$\text{(bzw. auf Basis gerundeter Angaben } 1.145.000 €)$$

Vergleicht man U_{Gmax} mit dem aus umsatzmaximalem Preis p_{Umax} und umsatzmaximaler Absatzmenge x_{Umax} errechneten Umsatz von 6000 € mal 200 Stück = 1,2 Mill. €, so wird die Rolle der individuellen PAF sehr deutlich. Den höchsten Gewinn erbringt der gewinnmaximale Umsatz von *1.145.000,- €* und nicht der aus umsatzmaximalem Preis und umsatzmaximaler Absatzmenge sich ergebende Umsatz von *1.200.000,- €*. Im ersten Fall ist *G = 250.000,- €*, im zweiten Fall ist *G = 200.000,- €*.

f)   Bestimmung der Break-even-Punkte

Die Kostenfunktion schneidet die Umsatzfunktion an zwei Punkten, dem unteren Break-even-Punkt x_{B1} und dem oberen Break-even-Punkt x_{B2} (s. Abb. 7.27). Bis zu x_{B1} befindet sich der Mengenabsatz in der Verlustzone, denn $U < K$. Bei x_{B1} sind Umsatz und Kosten gleich, also $U = K$, es tritt weder Gewinn noch Verlust auf. Nach x_{B1} tritt der Absatz in die Gewinnzone, die bei x_{B2} beendet wird.

Die Berechnung der beiden Break-even-Punkte erfolgt durch Gleichsetzung von U und K

$$ax - bx^2 = F + vx$$

Beide Funktionen bilden eine quadratische Gleichung, deren zwei x-Werte x_1 und x_2 durch Anwendung der bekannten Regeln zu bestimmen sind.

Die Gleichung lautet

$$-bx^2 + (a-v)x - F = 0.$$

Sie ist zunächst in die Ausgangsform $x^2 + px + q = 0$ zu bringen. Die Break-even-Absatzmengen, d.h. die oberen und unteren Kostendeckungspunkte x_{B1} und x_{B2}, können dann nach der Formel zur Lösung quadratischer Gleichungen

$$x_{1,2} = -\frac{p}{2} \pm \sqrt{\frac{p^2}{4} - q}$$

errechnet werden.

Beispiel:

Auf der Umsatzkurve der *FORTUNA TECHNOLOGIE AG* befinden sich folgende Kostendeckungspunkte:
unterer Break-even-Punkt x_{B1} bei 67 Stück,
oberer Break-even-Punkt x_{B2} bei 250 Stück.

Nur im Interval zwischen der Absatzmenge x_1 und der Absatzmenge x_2 wird Gewinn erzielt. Unterhalb und oberhalb der Spanne, zwischen 67 und 250 Stück, befindet sich das Unternehmen in der Verlustzone. Der Mittelwert aus x_{B1} und x_{B2} beläuft sich auf 159 Stück. Dieser Wert entspricht annähernd der gewinnmaximalen Absatzmenge x_{Gmax}, die 158 Stück beträgt.

Aus den Berechnungen a) bis f) ergibt sich folgendes Fazit:

- Die auf der allgemein gültigen (negativ-linearen) PAF beruhenden Berechnungen bewegen sich im Bereich von Investitionsgütern niedriger und mittlerer Spezifität

- Gewinn- und Umsatzoptima klaffen auseinander; es ist zwischen gewinnmaximalem und umsatzmaximalem Preis sowie gewinnmaximaler und umsatzmaximaler Absatzmenge zu unterscheiden. So ist bei Ansetzen von p_{Gmax} zwar die Stückzahl und der Umsatz verkaufter Maschinen geringer, der Gewinn jedoch höher als bei von p_{Gmax} nach unten abweichenden Preisen.

- Die dargelegten Funktionen und ihre Berechnungen sind anhand idealtypischer Beispiele erläutert worden. Im konkreten Verhandlungsfall ist immer die individuelle Interessenlage des Nachfragers zu beachten (individuelle PAF), so dass es zu Abweichungen von der aggregierten PAF kommen kann.

7.5.4.2 Kontrahierung bei Investitionsgütern hoher Spezifität

Die mit hoher Spezifität einhergehende Kundenindividualisierung der Leistung deutet die Bedürfnislage des Kunden an: ausschließliche Priorität hat die Problemlösung, „günstige" Preise und Konditionen als Beschaffungsargument treten im Gegensatz zum traditionellen Marketing in den Hintergrund.

Dies trifft auf die Geschäftstypen mit hohem Spezifitätsgrad zu, wie Kooperationsgeschäfte, Komplexgeschäfte und Bereiche der Kombinationsgeschäfte. Kundenindividuelle Problemlösung hat für den Nachfrager einen maximalen Nutzen, den zu bezahlen er bereit ist. Man kann konstatieren: Parallel zum zunehmenden Nutzen des Kunden verläuft das Entgelt des Anbieters, d. h. der Preis ist an den durch die Anbieterleistung bewirkten Nutzen gebunden. Dies initiiert eine Umwandlung der „klassischen" Preis-Absatz-Funktion in der Weise, dass mit Zunahme des Umfanges der spezifischen Leistung der Preis steigt. Wird der Preis als Funktion des Spezifitätsgrades *s* betrachtet, so ergibt sich eine positive **Preis-Spezifitäts-Funktion (PSF)** mit dem Ausdruck

$$p\,(s) = a + bs$$

Auf das Problem positiver Preis-Absatz-Funktionen ist in der Vergangenheit schon verschiedentlich hingewiesen worden (Abb. 7.28). So enthalten PAF für Luxusgüter Elemente positiver Verläufe, sie sind eine Kombination aus negativen und positiven Funktionsabschnitten: wird z. B. der Preis für Spitzenporzellan angehoben, steigt die Nachfrage. Die Ursachen liegen im verbraucherpsychologischen Bereich (z. B. abhebungs- und snobbedingtes Zielgruppenverhalten). Hier wirkt der so genannte *Preis-Qualitätseffekt* (MEFFERT, 1990: 270).

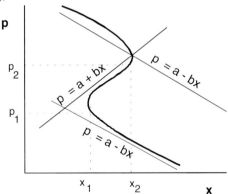

Abbildung 7.28 Preis-Absatz-Funktion bei Preis-Qualitätseffekt (nach MEFFERT, 1990: 270)

Andere Überlegungen gehen davon aus, die Güter entsprechend dem Kaufverhalten und Preisgebaren der Nachfrager in inferiore und in superiore zu unterscheiden (OTT, 1978: 30; JORDI, 1976: 21 ff.). OTT bemerkt dazu: *„Ein Gut ist gegenüber einem anderen superior (inferior), wenn es qualitativ spürbar besser (schlechter) ist als das andere Gut"* (OTT, 1978: 30). Investitionsgüter hoher Spezifität sind superiore Güter. Mit zunehmendem Spezifitätsgrad steigt das für sie zu entrichtende Entgelt.

Die Preis-Absatz-Funktion sagt aus, wie hoch der Preis *p* sein kann, um die Menge *x* zu verkaufen. Auf die Bedingungen von hochspezifischen im Gegensatz zu minderspezifischen Investitionsgütern bezogen heißt das, die Preis-Spezifitätsfunktion sagt aus, wie hoch der Preis p sein kann, um Güter mit unterschiedlich hohem Spezifitätsgrad zu verkaufen (Abb. 7.29).

Auf der Grundlage der PSF $\qquad$ $p(s) = a + bs$

lautet die Umsatzfunktion U $\qquad$ $U(s) = (a + bs)\, s$

$$U(s) = as + bs^2$$

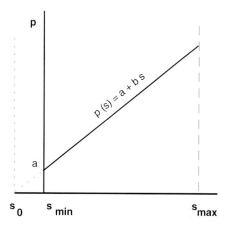

Abbildung 7.29   Preis-Spezifitätsfunktion

Die Umsatzfunktion U ist damit durch eine Parabel mit einem Minimum dargestellt, deren Äste gegen Unendlich streben (Abb. 7.30). Im vorliegenden Fall ist nur der positive Abszissenbereich von Interesse. Er wird, wie auch die PSF, durch die maximale Spezifität s_{max} bzw. die maximale Absatzmenge X_{max} begrenzt. Hier ist nur die Bestimmung des oberen Break-even-Punktes sinnvoll. Die Frage lautet: Ab welchem Spezifitätsbereich wird Gewinn erwirtschaftet? Wir berechnen ihn, ausgehend von der Gleichsetzung der Umsatz- mit der Kostenfunktion. Die Kostenfunktion setzt sich wiederum aus den Fixkosten F sowie, hier, aus den je Spezifitätsgrad anfallenden variablen Kosten v zusammen.

Gleichgesetzt erhält man den Ausdruck

$$as + bs^2 = F + vs \qquad\qquad bzw \qquad\qquad bs^2 + s(a-v) - F = 0$$

Die Formel für die Lösung quadratischer Gleichungen wird dann zur Berechnung von x_B herangezogen.

Die Absatzmenge kann auch als kumulierte Summe der Teilmodule einer systemtechnischen Lösung definiert werden. Kauft z. B. eine Nachfragerorganisation der Metallindustrie ein numerisch gesteuertes Bearbeitungszentrum (NCMC), so entsteht durch späteren Zukauf weiterer Maschinen sowie von Stationen (Messen, Waschen und Trocknen) und Automatisierungseinrichtungen (Werkzeugwechsel, Werkstückfluss) sowie Kombination dieser Module ein flexibles Fertigungssystem. Mit jedem hinzukommenden Bearbeitungszentrum erhöht sich aufgrund der zusätzlichen Werkzeugkapazität der Bearbeitungsumfang und der Umfang des bearbeitbaren Werkstücksortiments. Die Spezifität steigt und in Abhängigkeit davon der Preis, den die Anbieterorganisation fordern kann. Die exponentiell ansteigenden Äste der Umsatz- und Gewinn-Parabel verdeutlichen dies (Abb. 7.30).

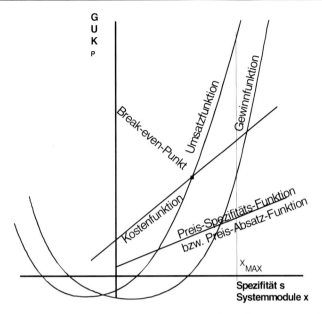

Abbildung 7.30   Umsatz- und Gewinnfunktion bei positiver Preis-Absatz- bzw. positiver Preis-Spezifitäts-Funktion

Nutzenorientierte Preisbestimmung

Die Beschaffung eines Investitionsgutes erfolgt seitens der Käufer in Bezug auf die konkrete Leistungsausprägung aus unterschiedlichen Motiven heraus, wie Verbesserung der Fertigungsflexibilität, Produktivitätserhöhung, Kostensenkung u. a. Geschäfte mit Investitionsgütern hoher Spezifität werden also von den Nutzenerwägungen des Nachfragers dominiert, die unterschiedlich ausgeprägt sind. Bei der Preisbildung des Anbieters hat daher die Orientierung auf den Nutzen des Nachfragers gegenüber den anderen Orientierungen das Primat. Der potenzielle Kunde ist bereit, einen geforderten Preis zu akzeptieren, wenn seine Nutzenerwartungen erfüllt werden. Dabei werden die individuellen Erwägungen der Nachfrager anhand der unterschiedlichen Gewichtung der Produktkriterien deutlich. Nutzenorientierte Preisbildung erfolgt auf der Grundlage des für jeden potenziellen Kunden hypothetisch errechneten Preis-Leistungs-Verhältnisses PLV (SIMON, 1992: 543 ff.; BERNDT, 1995: 181):

PLV = Angebotspreis des Herstellers / nachfragerorientierter Leistungsindex

Beispiel (1):

Die Fa. METALLUNION GMBH benötigt eine Spezialmaschine zur Bearbeitung prismatischer Werkstücke. Sie ist vor allem an einer hohen Fertigungsflexibilität interessiert. Es stehen Produkt- und Preisinformationen von drei Anbietern zur Verfügung, der CONTINENTAL AG (Preis 375000,- €), der FORTUNA GMBH (370.000,- €) und der BIELER AG (365.000,- €).Welches Angebot entspricht den Bedürfnissen der *MetallUnion* am besten?

Beschaffungs-kriterien der Fa. MetallUnion	Gewich-tung MU x = 1...7	Anbieter 1 CONTINENTAL AG Beurteilung x × y MU y = 1...7		Anbieter 2 FORTUNA GmbH Beurteilung x × y MU y = 1...7		Anbieter 3 BIELER AG Beurteilung x × y MU y = 1...7	
Flexibilität	7	7	49	5	35	7	49
Produktivität	6	6	36	6	36	5	30
Ausbaufähigkeit	2	6	12	4	8	4	8
Design	1	5	5	5	5	6	6
Σ Leistungspunkte **L**	–		102		84		93
Angebotspreis €	–		375.000,-		370.000,-		365.000,-
PLV = p / L	–		**3.676,-**		4.405,-		3.925,-

1= niedrigstes Gewicht/schlechteste Ausprägung, 7= höchstes Gewicht/beste Ausprägung

Das Angebot der Fa. CONTINENTAL AG bietet, obwohl mit höchstem Preis von 375.000,- €, das beste Preis-Leistungs-Verhältnis mit 3.676,- € je Leistungspunkt. Es erfüllt die Anforderungen der MetallUnion GmbH am besten.

Beispiel (2):

Die Bedürfnisstruktur eines weiteren potenziellen Kunden, der *BAUER KG*, zeigt ein anderes Bild. Das Interesse der Firma liegt außer in hoher Flexibilität und Produktivität in einer späteren Erweiterung des Bearbeitungsumfanges des Teilesortiments und damit im Ausbau der Fertigungskapazitäten. Sie beabsichtigt, weitere Maschinen zu kaufen, um diese mit der Spezialmaschine zu einem Maschinensystem zu kombinieren.

Fragen:

1. Welche Preis-Leistungs-Verhältnisse ergeben sich für die Fa. *BAUER KG* bezüglich der drei Angebote?

2. Welche Spezialmaschine wird demzufolge präferiert ?

Beschaffungs-kriterien der Fa. MetallUnion	Gewich-tung MU x = 1...7	Anbieter 1 CONTINENTAL AG Beurteilung x × y MU y = 1...7		Anbieter 2 FORTUNA GmbH Beurteilung x × y MU y = 1...7		Anbieter 3 BIELER AG Beurteilung x × y MU y = 1...7	
Flexibilität	6	6	36	5	30	7	42
Produktivität	6	6	36	6	36	4	24
Ausbaufähigkeit	7	6	42	7	49	4	28
Design	3	4	12	5	15	4	12
Leistungspunkte **L**	–		126		130		106
Angebotspreis €	–		375.000,-		370.000,-		365.000,-
PLV = p / L	–		2.976,-		**2.846,-**		3.443,-

1= niedrigstes Gewicht/schlechteste Ausprägung, 7= höchstes Gewicht/beste Ausprägung

Fa. BAUER kauft die Maschine aufgrund des für sie besten Preis-Leistungsverhältnisses von 2.846,- € von der FORTUNA GMBH.

7.5.5 Die Integrierte Kommunikationspolitik

Angesichts wachsender Vielfalt und Zunahme der Kommunikationsmöglichkeiten gewinnt die integrierte Kommunikation immer mehr an Bedeutung. Sie soll sichern, dass das Zusammenwirken der einzelnen Maßnahmen mit höchstem Effekt verbunden ist und Reibungsverluste mangels Koordinierung von vornherein ausgeschlossen sind. Integrierte Kommunikation bedeutet demzufolge die Vernetzung aller Kommunikationsinstrumente bzw. die Koordinierung aller kommunikationspolitischen Aktivitäten des Unternehmens in inhaltlicher, formaler, zeitlicher und örtlicher Hinsicht (BERNDT, 1995: 436 ff.). Damit ist die integrierte Kommunikation aufs Engste mit der Corporate-Identity-Politik der Unternehmen verknüpft.

In **inhaltlicher Hinsicht** ist die einheitliche Verankerung des nachfrager- branchen- und öffentlichkeitsbezogenen Botschaftsinhalts des Unternehmens in allen Kommunikationsinstrumenten zu sichern.

Formale Integration der Kommunikation bedeutet Einheitlichkeit in der Gestaltung der Botschaften (äußeres Bild, grafische Gestaltung, Zeichen, Schriftart, Diktion).

Der **zeitliche Aspekt** integrierter Kommunikation umfasst die zeitliche Abstimmung beim Einsatz der einzelnen Maßnahmen, die Zeitverteilung der Kommunikationsbudgetierung und die zeitliche Konstanz der inhaltlichen und formalen Gesichtspunkte.

Örtliche Integration bedeutet Koordinierung der in den verschiedenen Landesregionen, Ländern und Kontinenten durchzuführenden Kommunikationsmaßnahmen.

Die Kommunikationspolitik des Investitionsgüterunternehmens kann in Abhängigkeit von den Adressaten der Kommunikationsmaßnahmen in drei Bereiche gegliedert werden (s. Abb. 7.31).

	Kommunikationsbereich	Adressaten
1.	Inter- und Intraaktions- kommunikation	aktuelle und potenzielle Kunden
2.	Branchen- kommunikation	Kunden + Branche + Nachfragebranchen
3.	allgemeine Kommunikation	Kunden + Branchen + Öffentlichkeit

Abbildung 7.31   Bereiche der Kommunikationspolitik des Investitionsgüterunternehmens

Inter- und Intraaktionskommunikation

Sie ist kundengerichtet und umfasst alle Direktkontakte unterschiedlicher Intensität der Anbieterorganisation mit der Nachfragerorganisation. Dazu zählen Verhandlungen zwischen einzelnen Mitarbeitern (z. B. Verkäufern und Einkäufern) sowie zwischen Selling Centern und Buying Centern, kooperative Entwicklungsarbeit beider Unternehmen und spezielle Maßnahmen (Kontakte zwischen Führungskräften, Key-Account-Management, Kundenbetreuung). Zum Kommunikationsbereich gehören auch spezielle Beziehungen zwischen Angehörigen der Anbieter- und der Nachfragerorganisation in Form von persönlichen Netzwerken (Kombination privater Beziehungen mit fachlichem Austausch), kommunikativen Unternehmensnetzwerken (Informationsaustausch über Lieferanten im Rahmen von Beziehungen zwischen Unternehmen) und technisch-determinierten Netzwerken (Beziehungen, die aus der Zusammenarbeit ihrer Mitglieder resultieren) (STROTHMANN ET AL., 1994: 11 ff., 15 ff., 19 ff.)

Zu diesem Instrumental-Subbereich zählen die Instrumente direkter Kommunikation:

- persönlicher technischer Verkauf (Interaktionen)
- Anwendungsberatung
- Buying-Center-Politik
- kooperativ-entwicklungspolitische Kommunikation (Intraaktionen)
- Kundenbetreuung
  (Permanenz, After-Sales, Key-Account-Management)
- persönliche Netzwerke
- kommunikative Netzwerke
- technisch determinierte Netzwerke

Branchenkommunikation

Die Branchenkommunikation ist kunden- und branchengerichtet und tritt aus der Bilateralität der Kommunikationsbeziehungen zwischen einem Anbieter und einem Nachfrager in die weitere Mikroumwelt des Unternehmens, die Branche und die Nachfragebranchen ein. Die Kommunikationsinhalte sind, wie auch in der Inter- und Intraaktionskommunikation, branchenadäquat und damit konstruktiv-technologisch geprägt. Neben direkt-kommunikativen Instrumenten (z. B. technische Tage, User Groups) fallen in diesen Bereich auch indirekt-kommunikative (z. B. Informationstätigkeit, Werbung).

Instrumente dieses Instrumental-Subbereiches sind:

- Referenzpolitik
- Informationstätigkeit
- wissenschaftliche Veranstaltungen
- (Symposien, technische Tage)
- Messen / Ausstellungen
- User-Group-Arbeit
- Sales Promotion (Verkaufsförderung)
- Werbung

Allgemeine Kommunikation

Die allgemeine Kommunikation des Investitionsgüterunternehmens ist kunden-, branchen- und öffentlichkeitsgerichtet. Sie wendet sich sowohl an die Kundschaft und die weitere Mikroumwelt (Markt, Branchen) als auch an die breite, branchenfremde Öffentlichkeit bzw. die Makroumwelt. Das Ziel besteht in der Schaffung, Aufrechterhaltung und Festigung gedeihlicher Beziehungen zwischen Unternehmen und Öffentlichkeit und in der Förderung einer positiven öffentlichen Meinung über das Unternehmen.

Zu diesem Instrumental-Subbereich gehören die Instrumente:

- Corporate-Identity-Politik
- Öffentlichkeitsarbeit (Public Relations)
- Internet-Kommunikation
- Sponsoring
- Product Placement
- Event Marketing

7.5.6 Die Distributionspolitik

Distributionspolitik umfasst alle Entscheidungstatbestände, die mit der physischen Bereitstellung von Leistungen des Anbieters beim Nachfrager im Zusammenhang stehen.

Die marketingpolitische Rolle der Entscheidungstatbestände der Distribution hängt, ähnlich der Kontrahierung, vom Spezifitätsgrad der betreffenden Investitionsgüter ab. Im Bereich niedriger Spezifität können distributionspolitische Maßnahmen nachfragestimulierende und -hemmende Effekte bewirken. Die Einschaltung von spezialisierten Maschinen-Handelshäusern, kurze Lieferfristen und effektive Absatzlogistik sind in diesem Zusammenhang beispielhaft zu nennen. Im Bereich hoher Spezifität treten solche Kriterien als absatz*politische* Argumente hinter die Problemlösungsfähigkeit des Anbieters zurück. Dies bedeutet keine Schmälerung der Distributionsproblematik. Die Rolle z. B. von *Just-in-Time*-Lieferungen in hochspezifischen Zuliefergeschäften belegt dies eindringlich.

Entscheidungstatbestände der Distributionspolitik sind:

1. die Absatzwegewahl

2. die Absatzmittlerwahl

3. die Logistik

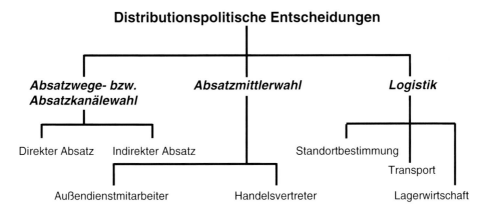

Abbildung 7.32   Entscheidungstatbestände der Distributionspolitik (nach BERNDT, 1995: 460)

Absatzwegewahl

Absatzwege sind die Wege, die eine Leistung vom Hersteller bzw. Anbieter bis zum Verwender bzw. Nachfrager zurücklegen muss. Die Absatzwege- bzw. -kanälewahl umfasst die Alternativen Direkter Absatz oder Indirekter Absatz.

Direkter Absatz bedeutet direkten Geschäftskontakt des Anbieters mit dem Nachfrager. Dieser Absatzkanal ist für Investitionsgüter z. B. wegen ihrer Erklärungsbedürftigkeit aufgrund hohen Spezifitätsgrades typisch. Der direkte Absatz wird von Außendienstmitarbeitern oder durch Vertretervertrag verpflichteten selbständigen, spezialisierten Handelsvertreterfirmen durchgeführt.

Als **indirekten Absatz** bezeichnet man Absatzwege zwischen Anbietern und Nachfragern, die durch Handelsstufen unterbrochen sind. Diese Absatzwegeform findet im Investitionsgütersektor vornehmlich bei minderspezifischen Gütern, wie Massenprodukten (Normteile,

Standardmaschinen, Motore, Standard-Nkw) und Gebraucht-Investgütern (Gebrauchtmaschinen usw.) Anwendung. Im indirekten Absatz sind spezialisierte Handelshäuser tätig, wie Hamburger und Bremer Handelshäuser, die z. B. regionalorientiert auf dem südostasiatischen Markt vertreten sind.

Die Entscheidung, ob direkt oder unter Einschaltung von Handelspartnern vorgegangen werden soll, muss unter qualitativen und quantitativen Gesichtspunkten getroffen werden. Qualitative Gesichtspunkte sind z. B. bestimmt durch den Spezifitätsgrad des betreffenden Investitionsgutes oder die speziellen Marktbedingungen, quantitative durch die erzielbaren Gewinne bzw. anfallenden Kosten (BERNDT, 1995: 462 ff.).

Qualitative Entscheidungsgrundlagen können durch **Scoringrechnungen** (Punkterechnungen) erarbeitet werden. Dazu dienen qualitative Kriterien, wie:

- allgemeine Marktkenntnis (Marktstrukturen, -entwicklung, Vertriebskanäle usw.)

- spezielle Marktkenntnis (Kunden, Anwenderprobleme, Wettbewerber, Preissituation)

- Produktkenntnis

- Problemlösungsvermögen

- Kenntnis der Verfahrenstechnik (Fertigungstechnik der Kunden)

Die Kriterien werden gewichtet und das Produkt aus Kriteriengewicht und Kriterienausprägung bei direktem und indirektem Absatz gebildet. Die auf diese Weise gewonnene Punktzahl für beide Absatzkanäle wird der Entscheidung, welcher Absatzweg zu wählen ist, zugrunde gelegt. Der Absatzkanal mit der höchsten Punktzahl wird präferiert.

Quantitative Entscheidungsgrundlagen erhält man durch Kosten- und Gewinnvergleichsrechnungen.

Bei der **Kostenvergleichsrechnung** wird der Schnittpunkt der Kostenfunktionen des direkten und des indirekten Absatzes bestimmt und so festgestellt, ab welchem Umsatz die Herstellerorganisation aus Kostengründen den Absatz in eigene Regie nimmt (BERNDT, 1995: 464; Abb. 7.33).

$$K_D = K_{IA}$$

Kosten K_D bei **direktem Absatz** sind Fixkosten F_D, wie z. B. Kosten für Aufbau und Unterhaltung der Absatzorganisation, und Fixkosten F_{DM} für investitionsgüterrelevante Marketingmaßnahmen (Akquisition, Beratung, Kommunikationsmaßnahmen u. a.). Des Weiteren fallen umsatzabhängige variable Kosten v_D an.

Beim **indirekten Absatz** entstehen Kosten K_{IA}, wie Fixkosten F_{IAM} für investitionsgüterrelevante Marketingmaßnahmen, sowie umsatzabhängige variable Kosten v_{IA}. Weitere Fixkosten entstehen nicht, da z. B. der Aufbau und die Unterhaltung der Absatzorganisation in den Händen des betreffenden Handelshauses liegt.

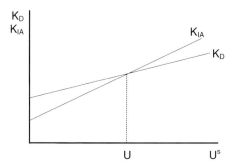

*Abbildung 7.33   Kostenfunktionen des Direktabsatzes und indirekten Absatzes
(nach BERNDT, 1995: 465)*

Für die Bestimmung der Schnittstelle der Kostenfunktionen des Direktabsatzes und des indirekten Absatzes, die als Entscheidungshilfe bei der Absatzwegewahl dienen soll, liegen die Kostenfunktionen des Direktabsatzes K_D und des indirekten Absatzes K_{IA} vor, welche die oben genannten Konstanten und Variablen enthalten:

$$K_D = F_D + F_{DM} + v_D U$$

$$K_{IA} = F_{IAM} + v_{IA} U$$

Die Funktionen werden gleich-, der entstandene Gesamtausdruck null gesetzt. Daraus ergibt sich der Schnittstellen-Umsatz U^s, ab welchem – zumindest aus Kostengründen – der Wechsel vom Absatz über Handelshäuser (indirekter Absatz) zur eigenen Absatzorganisation (Direktabsatz) vollzogen werden sollte.

$$F_D + F_{DM} + v_D U^s = F_{IAM} + v_{IA} U^s$$

$$F_D + F_{DM} + v_D U^s - F_{IAM} - v_{IA} U^s = 0$$

Der Schnittstellen-Umsatz U_s errechnet sich dann

$$U^s = (F_{IAM} - F_D - F_{DM}) / (v_D - v_{IA})$$

Beispiel:

Die Kosten des Verkaufes von Standard-Industrienähmaschinen an ein internationales Handelshaus belaufen sich auf Fixkosten von 2×10^4 € = 20.000,- €, die variablen Kosten machen 30 % vom Umsatz aus. Beim Absatz durch die eigene Absatzorganisation würden fixe Kosten in Höhe von 100.000,- €, Kosten für Marketingmaßnahmen von 20.000,- € und variable Kosten von 10 % des Umsatzes entstehen. Bei welchem Umsatz übersteigen die Kosten des indirekten jene des Direktabsatzes bzw. sollte aus Kostengründen zum Direktabsatz übergegangen werden?

$$K_{IA} = 2 + 0{,}3\,U$$

$$K_D = 10 + 2 + 0{,}1\,U$$

$$U^s = (2 - 10 - 2) / (0{,}1 - 0{,}3)$$

$$U^s = 50$$

Der Umsatz an der Schnittstelle der Kostenfunktionen beträgt 50×10^4 € = 500.000,- €.

Bei der **Gewinnvergleichsrechnung** werden die Erlöse aus direktem und indirektem Absatz den Kosten beider Absatzkanäle gegenübergestellt und so die jeweilige Gewinnhöhe ermittelt.

Absatzmittlerwahl

Bei der Absatzmittlerwahl im direkten Absatz entscheidet das Unternehmen, welche Absatzorgane, Vertreterfirma oder unternehmenseigene Reisende bzw. Außendienstmitarbeiter, einzusetzen sind. Auch hier sind, wie bei der Wahl der Absatzkanäle, qualitative und quantitative Informationen erforderlich.

Qualitative Entscheidungsgrundlagen sind wiederum durch den Spezifitätsgrad der Investitionsgüter bestimmt. Marktbearbeitungskompetenz und Marktbearbeitungsqualität der Absatzmittler sind dabei eine Funktion der Spezifität (Abb. 7.34). Geringspezifische Erzeugnisse (Massengüter), die Gegenstand von Mengen- bzw. teilweise von Kundengeschäften sind, können von Handelsvertretern verkauft werden. Mit zunehmendem Abstand von s_{min}, im höherspezifischen Kundengeschäft (Einzelinvestgüter), übernehmen Außendienstmitarbeiter der Anbieterorganisation als Fachleute für das spezielle Investitionsgut die Verkaufstätigkeit. Kundenprobleme, die den Einsatz hochspezifischer Einzelinvestgüter bzw. Systemtechnik (Fertigungs-, Informationssysteme) erfordern, wie sie im Kombinationsgeschäft vermarktet werden, bearbeiten Selling Center. Im Kooperationsgeschäft werden bilaterale Teams und im Komplettgeschäft Konsortien tätig.

Quantitative Entscheidungsgrundlagen werden durch Vergleich der Kosten für die Absatzmittler gewonnen (s. Abb. 7.35). Die Vorgehensweise zeigt das Beispiel des Einsatzes von Handelsvertretern oder unternehmenseigener Reisender (vgl. BERNDT, 1995: 469 ff.). Die Kosten beim Einsatz eines Handelsvertreters K_V bestehen aus einem (im Allgemeinen geringen) Fixum F_V, z. B. in Form von Verkaufshilfen, und aus der umsatzabhängigen Vertreterprovision $c_V U$. Kosten von Außendienstmitarbeitern (Reisenden) sind fixe Kosten F_A, die zu einem wesentlichen Teil vom Arbeitsentgelt gebildet werden, und Boni $c_A U$, die umsatzabhängig als Leistungsanreiz gewährt werden.

Es liegen also zwei Kostenfunktionen vor, deren Schnittstelle U^s den Übergang vom Einsatz einer Vertreterfirma zum Einsatz der eigenen Absatzorganisation markiert (s. Abb. 7.35):

$$K_V = F_V + c_V U$$

$$K_A = F_A + c_A U$$

Die Vorgehensweise zur Ermittlung des Schnittstellen-Umsatzes U^s ist die gleiche wie bei der Berechnung der Kostenfunktionen der alternativen Absatzwege. Das Ergebnis lautet

$$U^s = (F_A - F_V) / (c_V - c_A)$$

Beispiel:

Die Vertreterfirma SCHULTZ KG vertritt die Maschinenfabrik FERGUSON INDUSTRIES LTD.. Sie erhält 3% Provision vom Umsatz und ein Fixum von $1 \times 10^4 \, €$ = 10.000,- €. Der Einsatz eines Außendienstmitarbeiters der FERGUSON LTD. im Vertretungsgebiet würde Fixkosten von $10 \times 10^4 \, €$ = 100.000,- € und einen umsatzabhängigen Bonus auf den Umsatz von 0,3% verursachen. Wie hoch ist der Schnittstellen-Umsatz, d. h. der Umsatz, ab welchem der Einsatz des Außendienstmitarbeiters günstiger wäre?

Der Schnittstellen-Umsatz wird nach der Formel für U^s errechnet:

$$U^s = (100.000 - 10.000) / (0,03 - 0,003) = 3,33 \; Mill. \; €$$

Ab einem Umsatz von 3,3 Mill. € wird es aus Kostengründen immer günstiger für die Fa. Ferguson Ltd., eigene Außendienstmitarbeiter einzusetzen. Jedoch muss berücksichtigt werden, dass außer quantitativen Erwägungen qualitative Kriterien heranzuziehen sind, um zu einer ausgewogenen Entscheidung zu gelangen. Hierzu werden Punktemodelle (Scoringmodelle) herangezogen, welche Faktoren, wie Produktkenntnis und Marktkenntnis des Vertreters und der Aussendienstmitarbeiter berücksichtigen.

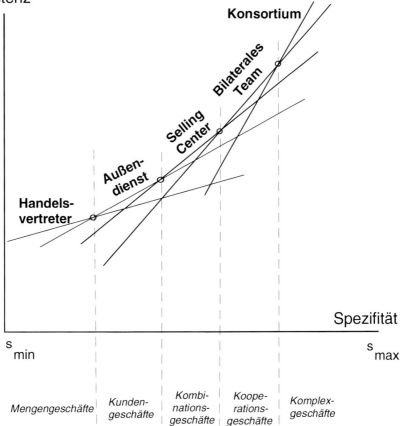

Abbildung 7. 34   *Marktbearbeitungskompetenz der Absatzorgane*

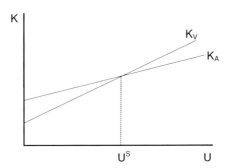

Abbildung 7.35   *Kostenfunktionen bei der Absatzmittlerwahl*

Distributionslogistik

Im Investitionsgütermarketing betreffen Logistikentscheidungen die Absatz- bzw. Distributionslogistik im Vergleich zur Beschaffungslogistik. Die Absatzlogistik erfordert Entscheidungen in Bezug auf:

- Festlegungen über Standorte
- Transportfragen
- die Lagerwirtschaft

Standortfragen beinhalten die territoriale Verteilung des Distributionssystems. Dies betrifft z. B. die Absatzorganisation oder die Lage von Werksvertretungen, Demonstrationszentren, Schauräumen usw.

Entscheidungen über **Transportfragen** betreffen Transportwege und Transportmittel. Bei den Transportwegen geht es um die Bestimmung der produktadäquaten und kostenminimalen Entfernungen zwischen Anbietern und Nachfragern. Die Transportmittel werden in Abhängigkeit von der Produktspezifität und unter Kostengesichtspunkten festgelegt. Dies sind Post, Lkw, Bahn, Schiff und Flugzeug. So wird z. B. im Überseeabsatz hochspezifischer Elektronikteile Lufttransport oder im Mengengeschäft (Standardmaschinen) Seetransport vereinbart.

Die **Lagerwirtschaft** spielt eine wichtige Rolle im Mengengeschäft (Normteile, Computerteile, Standardmaschinen und -rechner). Entscheidungen beziehen sich auf Lagerstandort, -größe und -organisation.

7.5.7   Marketinginstrumente in Komplexgeschäften

Komplexgeschäfte bezeichnen den Bereich des Marketing für Industrieanlagen, entsprechende Teilprojekte sowie Systemtechnik mit Projektcharakter als Teil von Industrieanlagen. Sie weisen im Vergleich zu den anderen Geschäftstypen eine Reihe spezieller Kriterien auf, welche die Auswahl und Gestaltung der Marketinginstrumente bestimmen. Die Instrumente entsprechen zum einen den allgemeinen im Marketing üblichen Definitionen, erweitert um die geschäftstypusrelevanten Inhalte, wie z. B. den vier Instrumentalbereichen. Zum anderen handelt es sich um neue Instrumente, die ausschließlich in diesem Geschäftstypus Anwendung finden (vgl. BACKHAUS, 1997: 427 ff.).

Zur ersten Gruppe zählen die Aktivitäten der

- **Leistungspolitik, Produkt- und Programmpolitik**
- **Funktionspolitik**
- **Integrationspolitik**
- **Kontrahierung (Preis- und Konditionen)**
- **Informations- und Kommunikationspolitik**
- **Distribution**

Die zweite Gruppe mit geschäftstypusrelevanten Instrumenten umfasst die:

- **Konsortialpolitik**
- **Projektorganisation**
- **Angebotspolitik**
- **Auftragsfinanzierung**
- **das Risikomanagement**

Konsortialpolitik beinhaltet die Marketingmaßnahmen gegenüber den in kooperativen Anbietergemeinschaften vertretenen Mitanbietern. Organisatorisch wird zwischen Generalunternehmerschaft, offenem und stillem Konsortium unterschieden.

Im Rahmen der **Projektorganisation** erfolgt die Festlegung der Projektbearbeitung (Aufgaben, Verantwortlichkeiten und Koordinierung) durch die Konsortialpartner.

Angebotspolitik bezeichnet die Art und Weise der Anfragenselektion, der kooperativen Angebotsbearbeitung im Rahmen der Anbietergemeinschaft und der Angebotsform (Katalog-, Fest-, Richt-, Kontaktangebot; BACKHAUS, 1997: 454).

Auftragsfinanzierung beinhaltet alle finanzierungspolitischen Maßnahmen des Komplexgeschäftes. Dies betrifft in besonderem Maße Anlagengeschäfte mit Partnern auf Überseemärkten. Finanzpartner der Anbietergemeinschaft sind Bankinstitute und Kreditversicherungen.

Kontrahierung und Distribution verlieren als absatz*politische* Instrumente gegenüber der Leistungspolitik relativ an Gewicht. Höchste Spezifität bestimmt den Primat kundenindividueller Leistung und Problemlösung.

Die **Kontrahierungspolitik** beinhaltet im Rahmen der Preispolitik die Preisbestimmung und die Preissicherung. In den Bereich der Konditionenpolitik fallen die Auftragsfinanzierung sowie die Lieferungs- und Zahlungsbedingungen. In der Preispolitik spielt die Preissicherung im Zusammenhang mit der Währungssicherung eine herausragende Rolle bei der Sicherung der Wirtschaftlichkeit des Komplexgeschäftes. Preissicherung erfolgt durch Preisgleitklauseln. Ausgangspunkt ist dabei der Vertragspreis, auf welchen die im Laufe des Projektes erfolgten Veränderungsraten der Preisbestandteile (Material, Löhne) aufgeschlagen werden. In gleicher Weise werden Veränderungen der Wertigkeit von Währungen durch Kursschwankungen berücksichtigt.

In der **Kommunikationspolitik** werden zunächst einmal alle Instrumente der integrierten Kommunikation eingesetzt. Dabei sind geschäftstypusrelevante Gewichtungsverschiebungen zu beobachten. Wichtigste Instrumente sind der persönliche Verkauf, Verkaufsförderung (außendienstgerichtete Verkaufsförderung., *Staff Promotion*), Informationstätigkeit, Öffentlichkeitsarbeit, Sponsoring, Event Marketing, Messen und Ausstellungen. Maßnahmen, wie Werbung, haben demgegenüber nur ein geringes Gewicht.

Die **Distributionspolitik** im Komplexgeschäft ist durch die aus dem Projektablauf resultierenden Lieferphasen bestimmt. Eine wichtige Aufgabe besteht dabei in der Koordinierung zwischen den Mitgliedern der Anbietergemeinschaft sowie zwischen Anbietergemeinschaft und lokalen Leistungsbeteiligten.

Die durch die Besonderheiten von Komplexgeschäften verbundenen Unsicherheiten erfordern ein spezielles **Risikomanagement**, das im Rahmen solcher Geschäfte eine Querschnittsfunktion versieht (BACKHAUS, 1997: 506 ff.; REMY, 1994: 25 ff.). Risiken ergeben sich aus einem Bündel von Ursachen, wie Werthöhe, Langfristigkeit und – insbesondere im Überseegeschäft – aus den Marktbedingungen (politische, rechtliche und wirtschaftliche). Das Risikomanagement erstreckt sich über den gesamten Zeitraum vom Vertragsabschluss und Beginn der Projektbearbeitung bis zum letzten Zahlungseingang. Gegenstand sind im Einzelnen das Fabrikations- und Leistungsrisiko (Abnahmerisiko, Leistungsbeteiligung lokaler Unternehmen - *Local Content*), Finanzierungsrisiko (Kreditversicherung, Bankgarantien, Zahlungsgarantien, Zahlungsausfall, Währungs- und Zinsrisiko) und lokale Risiken (Zölle und Einfuhrbedingungen, Genehmigungsregimes, Bonitäten, örtliche

Finanzierung, Versicherungen, Kundenbeistellungen, anzuwendendes Recht, Schiedsgerichtsbarkeit u. a.).

7.6   Kontrollfragen

1. Charakterisieren Sie die spezifitäts- und relationalitätsbedingten Hauptbereiche des Investitionsgütermarketing!

2. Welche fünf Geschäftstypen mit welchen Kriterien und welcher Erzeugnisstruktur bestimmen das Investitionsgütermarketing?

3. Charakterisieren Sie die fünf Instrumentalkombinationen!

4. Nennen und erläutern Sie die Kernstruktur des Marketingprogramms!

5. Erläutern Sie Marketingziele und absatzpolitische Zielkonstrukte!

6. Welche Kriterien kennzeichnen Investitionsgüter-Marketingstrategien und das Strategie-Mosaik?

7. Welche Instrumentalbereiche und Instrumentalkombinationen sind für Investitionsgüter charakteristisch?

8. Erläutern Sie die Inhalt und Organisationsformen der Kooperativen Entwicklungspolitik!

9. Charakterisieren Sie die Instrumente Funktionspolitik und Integrationspolitik!

10. Erläutern Sie die Mengen-Preis-Kombinationen „Gewinnmaximale Absatzmenge und Preis" und „Gewinnmaximalen Umsatz" sowie die Bestimmung der Break-even-Punkte!

11. Erläutern Sie die Preis-Absatz-Funktion im mittelspezifischen und im hochspezifischen Bereich!

12. Nach welchem Grundgedanken wird die nutzenorientierte Preisbestimmung durchgeführt?

13. Welche Bereiche der Kommunikationspolitik gibt es im Investitionsgütermarketing?

14. Erläutern Sie die distributionspolitischen Entscheidungstatbestände!

15. Wie wird aus kostenmäßigen Gesichtspunkten der Einsatz von Handelsvertretern oder Außendienstmitarbeitern der Anbieterorganisation entschieden?

8 Investitionsgütermarktforschung

8.1 Zielsetzung

Im Kapitel 8 wird die Informationsproblematik des Investitionsgütermarketings behandelt. Das Ziel besteht darin,

- den Prozess von **Datengewinnung, Datenaufbereitung und Datenauswertung** als Voraussetzung für die Entscheidungsfindung im Investitionsgütermarketing darzustellen,
- die Quellenlage in Bezug auf **Primär- und Sekundärquellen** sowie den Inhalt der **Primär- und Sekundärforschung** darzulegen
- die **Gewinnung von Primärdaten und Sekundärdaten** als Einheit von Marktbeobachtung, Befragung und Sekundärinformationsrecherchen darzustellen
- Wichtige **Verfahren der Datenaufbereitung und Datenauswertung** zur Qualifizierung von Marketingentscheidungen zu erläutern

8.2 Inhalt und Ziele der Investitionsgütermarktforschung

8.2.1 Marktforschung und Marketingforschung

Vielfalt der Markt- und Marketingtatbestände und Vielzahl von Markt- und Marketingvariablen erfordern solide Informationsgrundlagen für alle Marketingprozesse. Die Bereitstellung von Markt- und Marketinginformationen ist Aufgabe von Marktforschung und Marketingforschung. Eine solche Unterteilung ist sinnvoll, wenn man der Marktforschung alle Marktprozesse (Markt- und Marktentwicklung) und der Marketingforschung die organisationalitäts-, spezifitäts- und relationalitätsbedingten Marketingprobleme (Absatz- und Beschaffungsverhalten, Produkt- und Sortimentsproblematik, Geschäftsbeziehungen) zuordnet. Einfachheitshalber werden in diesem Kapitel alle relevanten Vorgehensweisen als „Marktforschung" bezeichnet.

Die Zielsetzung der Marktforschung besteht in der Bereitstellung markt- und marketingrelevanter Informationen zur Generierung strategischer und operativer Marketingentscheidungen. Die Voraussetzung dafür ist die Gewinnung bzw. Erhebung von Daten und ihre Auswertung zum Erhalt entscheidungsrelevanter Informationen. Die unmittelbaren Resultate der auf dem Markt erfolgten Erhebung sind Daten.

Daten sind zunächst metrisch gemessene (numerische, quantitative) Markt- und Marketingtatbestände (vgl. BEREKOVEN ET AL., 1996: 69). Als Beispiele sind zu nennen: Investitionen in Mrd. €, Umsätze in Mill. €, Preise in €, US-$ oder Yen, Absatzmengen in Stück, technische Parameter, Befragungsergebnisse auf der Grundlage bipolarer, von eins bis fünf reichender Skalen usw. Des Weiteren sind Daten verbale, qualitative Widerspiegelungen von Markt- und Marketingtatbeständen. Beispiele sind Darlegungen organisationaler, spezifitätsbezogener und relationaler Sachverhalte, wie Bewertung des technischen Trends, Charakterisierung von Buying-Center-Mitgliedern und Beurteilung des Beschaffungsverhaltens einer Nachfragerorganisation, Einschätzung der Absatzmöglichkeiten, Beschreibungen des allgemeinen und unternehmensbezogenen Investitions- und Beschaffungsklimas usw.

Daten stellen das unbearbeitete Rohmaterial der Marktforschung dar, z. B. eine Notiz des Vertriebsingenieurs während einer Verhandlung oder einer Besichtigung der Fertigungsanlagen eines potenziellen Kunden oder eine dem statistischen Handbuch des Verbandes Deutscher Maschinen- und Anlagenbau (VDMA) entnommene Angabe über das Produktionsvolumen eines Maschinenbauzweiges. Zieht man Daten zur Formierung zweckorientierten Wissens heran, werden sie zu Informationen (vgl. BEREKOVEN ET AL., 1996: 19). Demnach können **Markt- und Marketinginformationen** als ausgewertete, entscheidungsrelevante Markt- und Marketingdaten bezeichnet werden. Aus praktischen Erwägungen sind in den folgenden Ausführungen die Begriffe Daten und Informationen mitunter synonym gebraucht (z. B. im Zusammenhang mit der operativen Marktbeobachtung durch den Außendienst).

Die Investitionsgütermarktforschung umfasst den Gesamtprozess der Daten- und Informationsproblematik in Bezug auf

- Produkte und Fertigungsprogramme der Investitionsgüterindustrie
- Investitionsgütermärkte
- Investitionsgüter-Marktsegmente
- Nachfragebranchen der Investitionsgüterzweige
- aktuelle und potenzielle Kunden
- Wettbewerber
- Lieferanten
- Makroumwelt

Nach sachinhaltlichen Gesichtspunkten kann die Investitionsgütermarktforschung an folgenden Problemkreisen ausgerichtet werden:

- Marktaufnahmefähigkeit (Marktgröße, Marktkategorien), insbesondere die Absatzpotenziale der Unternehmen

- volkswirtschaftliche, Branchen- und Nachfragebranchen- sowie internationale Konjunktur

- allgemeiner Technik- und Technologietrend sowie wissenschaftlich-technische Entwicklung der Branche und Nachfragebranchen

- Produkt- und Programmangebote sowie Marketing der Konkurrenz

- Kunden, deren Potenziale, Problemlösungsbedürfnisse, Beschaffungssituation und Beschaffungsverhalten

- Früherkennung und strategische Frühaufklärung in Bezug auf die Unternehmensumwelt (Mikro- und Makroumwelt)

Rolle und Inhalt der Marktforschung lassen sich zusammengefasst wie folgt darstellen:

Marktforschung und Marketingforschung haben die Aufgabe, Daten und Informationen für strategische und operative Marketingentscheidungen bereitzustellen.

Investitionsgütermarktforschung ist systematische und kontinuierliche Beobachtung, Analyse, Diagnose und Prognose der Situation und Entwicklung der Unternehmensumwelt der Investitionsgüterunternehmen (Mikro- und Makroumwelt), insbesondere ihrer Absatzmärkte.

> **Investitionsgütermarketingforschung** ist systematische und kontinuierliche Beobachtung, Analyse, Diagnose und Prognose des auf den relevanten Märkten geübten und durch Organisationalität, Spezifität und Relationalität geprägten Beschaffungsmanagements der aktuellen und potenziellen Kunden und des von den gleichen Kriterien gekennzeichneten Investitionsgütermarketings der Wettbewerber. Aus praktischen Erwägungen werden die beiden Forschungsbereiche in diesem Kapitel unter den einheitlichen Begriff **Marktforschung** gestellt.

Der Investitionsgütermarktforschung können folgende Teilgebiete zugerechnet werden:

- Bestimmung der aktuellen und prognostischen Marktgröße
- betriebliche Konjunkturbeobachtung
- Produktforschung
- Konkurrenzforschung
- Kundenforschung
- strategische Frühaufklärung

8.2.2 Bestimmung der aktuellen und prognostischen Marktgröße

Dieses Teilgebiet gehört zu den wichtigsten der Marktforschung. Das angestrebte Ergebnis besteht in der Einschätzung der quantitativen Marktrelationen (Marktgröße, Marktaufnahmefähigkeit). Es beinhaltet die Beobachtung, Analyse, Diagnose und Prognose der Absatzkategorien Absatzpotenzial, relativer Marktanteil und Absatzvolumen sowie der Marktkategorien Marktvolumen, Marktpotenzial und absoluter Marktanteil (vgl. MEFFERT, 1992: 333).

Das Hauptziel ist die Bestimmung der maximalen gegenwärtigen und prognostischen Absatzmöglichkeiten, des **Absatzpotenzials** der Leistungen eines Unternehmens auf einem definierten Investitionsgüter- und geografischen Markt. Die Aussagen bestehen aus quantitativen Angaben, wie x Stück Schubmaststapler definierter Leistungsabmessungen oder Anzahl definierte Maschinensysteme sowie aus den entsprechenden Wertangaben (€ oder Währung) für ausgewählte Regionalmärkte oder Länder. Zum Vergleich wird das **Absatzvolumen** herangezogen, das die Gesamtheit der getätigten, d. h. während der Vergangenheit pro Jahr realisierten Absatzmengen und den entsprechenden Umsatz umfasst. Diese Daten sind in den betrieblichen Umsatzstatistiken enthalten. Der **relative Marktanteil** ist das prozentuale Verhältnis des Absatzvolumens zum Absatzvolumen des wichtigsten Wettbewerbers.

Zur Bestimmung des Absatzpotenzials werden Ergebnisse aus der Primärforschung (Marktbeobachtung, Befragungen, Einschätzungen des Außendienstes und der Vertreterorganisation) und Einschätzungen der Marktkategorien Marktvolumen und Marktpotenzial herangezogen.

Das **Marktvolumen** ist die Gesamtheit der auf einem Markt in den vergangenen Geschäftsjahren realisierten Absatzmengen und Umsätze bestimmter Leistungen (Unternehmen plus Wettbewerber). Die Bestimmung des Marktvolumens internationaler Märkte erfolgt auf der Grundlage der Industrie- und Außenhandelsstatistiken der Länder nach dem Schema:

> ***Eigenproduktion des Landes***
> **+ *Einfuhren des Landes***
> **– *Ausfuhren des Landes***
> _____
> **= *Nachfrage bzw. Marktvolumen des Landes***

In angelsächsischen Quellen wird dieses Ergebnis als *apparent demand* – offensichtliche Nachfrage – bezeichnet, weil die in den Statistiken nicht ausgewiesenen Lagerbewegungen unberücksichtigt bleiben müssen.

Diese Vorgehensweise der Marktvolumenbestimmung ist auf die in den jeweiligen Länderstatistiken vorgegebenen kommoditären Strukturen beschränkt. Dort sind vielfach nur Erzeugnisgruppen, z. B. Holzbearbeitungsmaschinen, enthalten. Das Marktvolumen von Maschinentypen, wie Sägegattern oder Dickenhobelmaschinen ist dann aus den Angaben für die Maschinengruppe abzuleiten.

Das **Marktpotenzial** beschreibt die möglichen Gesamtmengen und -umsätze. Der **absolute Marktanteil** ist das prozentuale Verhältnis des Absatzvolumens eines Unternehmens zum Marktvolumen.

8.2.3 Betriebliche Konjunkturforschung

Gegenstand der betrieblichen Konjunkturforschung ist die permanente Beobachtung, Analyse, Diagnose und Prognose der Absatzmöglichkeiten des Unternehmens (Absatzvolumen und Absatzpotenzial) sowie des Marktvolumens der unternehmensrelevanten Absatzmärkte unter konjunkturellen Aspekten:

> – der eigenen Branche
> – der Nachfragebranchen
> – der Volkswirtschaft
> – der internationalen Märkte

Konjunktur ist der relativ regelmäßige (Periodizität), durch kumulative Auf- und Abwärtsbewegungen (Zyklizität) geprägte Wirtschaftsablauf, das wiederkehrende, jedoch nicht uniforme Muster wirtschaftlicher Aktivität, das Auf und Ab der Geschäfte (OPPENLÄNDER, 1996: 4, dort zit. VOSGERAU, 1978: 479, 1984: 3, JUGLAR, 1860). Es liegt eine Reihe von Theorien vor, die das Konjunkturphänomen zu erklären versuchen. Ein neuerer Ansatz ist die *Theorie realer Konjunkturzyklen (RBC – Real Business Cycles)*, die als Ursachen für die wirtschaftlichen Wellenbewegungen Schwankungen irreversibler Investitionsentscheidungen in den Investitionsgüter- und Konsumgüterindustrien ansieht, welche auf den technischen Fortschritt, so genannte technologische Schocks, zurückzuführen sind (FLEMMIG, 1995: 27 ff.; HEINEMANN, 1995: 313; KRAFT ET AL., 1995: 414). Damit ergibt sich eine direkte Affinität des Konjunkturproblems der Investitionsgüterunternehmen zur realen Konjunkturzyklentheorie. Die Investitionsgüterindustrie und insbesondere der Maschinenbau (Abb. 8.1) unterliegen extremen zyklischen Schwankungen, deren negative Auswirkungen (Hochkonjunktur: z. B. hohe Kapazitätsauslastung, lange Lieferfristen und damit verbunden unzufriedene und untreue Kunden; Rezession: z. B. Leerkapazitäten, Abbau qualifizierten Personals, Zurückhaltung der Banken bei der Vergabe von Kreditlinien) zwingend in den Unternehmen ein **Zyklusmanagement** auf der Grundlage von **Frühindikatorensystemen** erfordern (KRIEGBAUM, 1995: 49 ff., 1998:

17f.). „*Weder von der Entwicklung des Marktpotenzials noch von der Produkt- oder Produktionstechnologie werden die Marktteilnehmer in dem Maße überrascht wie von konjunkturellen Einbrüchen.*" (LINDLBAUER/NERB, 1999: 433)

Das Ziel betrieblicher Konjunkturforschung besteht in der ständigen Beobachtung der Zyklizität und Periodizität sowie der Phasen und Wendepunkte der Investitionsgüterkonjunktur. Analysegegenstand sind marktrelevante **Konjunkturindikatoren** (vgl. NERB, 1996: 317 ff.). Man unterscheidet zwischen Lead- bzw. Stimmungsindikatoren (Geschäftsklima, Beurteilung der Geschäftslage, Exporterwartungen, Auftragseingänge in den Nachfragebranchen), Koinzidenz- bzw. Präsensindikatoren (Produktion, Preise) und Lag- bzw. Spätindikatoren (Investitionen, Indikatoren nachfolgender Zweige). Bewährt haben sich z. B. Indikatorensysteme des Maschinenbauverbandes *VDMA* mit Stimmungs-, Nachfrage- und Produktionsindikatoren (KRIEGBAUM, 1995: 60, 1998: 18). Einen beträchtlichen Prognosevorlauf hat der Konjunkturtest des *ifo-Instituts für Wirtschaftsforschung*, der auf einem Portfolio mit den Dimensionen „Beurteilung der Geschäftslage" und „Erwartungen für die nächsten sechs Monate" von Industriezweigen beruht (OPPENLÄNDER, 1996: 16 ff.; LINDLBAUER/NERB, 1999: 434; s. dazu auch Abschn. 8.2.7 und Abb. 8.5).

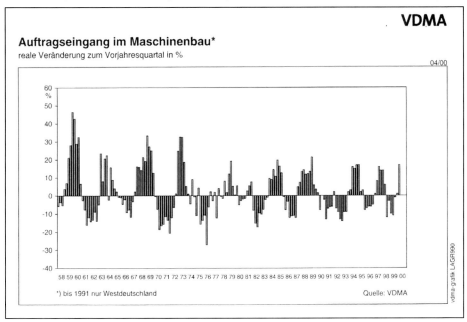

Abbildung 8.1   Der Konjunkturzyklus im deutschen Maschinenbau – Auftragseingänge 1958–2000 (Quelle: Verein Deutscher Maschinen- und Anlagenbau VDMA)

Der Zyklus gliedert sich in mehr oder weniger regelmäßig wiederkehrende **Konjunkturphasen**, die auf der Grundlage der Indikatoren identifiziert werden können. Sie werden verschieden formiert, interpretiert und bezeichnet, z. B. Boom – Abschwung – Rezession – Aufschwung – Boom usw. (OPPENLÄNDER, 1996: 17f.) oder Aufschwung – Abschwung – Aufschwung (KRIEGBAUM, 1995: 60) oder Abschwung (Krise, Rezession) – Konjunkturtal (Depression) – Aufschwung (Erholung) – Hochkonjunktur (Prosperität) (MAUSSNER, 1994: 22f.). Denkbar wäre auch die Phasenabfolge Aufschwung – Hochkonjunktur – Abschwung Depression – Rezession – Erholung – Aufschwung   usw. (Abb.8.2).

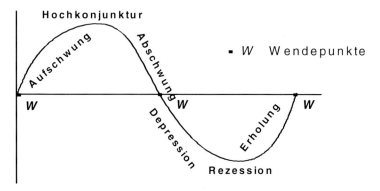

Abbildung 8.2   Der Konjunkturzyklus: Schwingung und Phasen

Die Effektivität der Nutzung von **Indikatorensystemen** kann im Investitionsgüterunternehmen erhöht werden, wenn sie permanent mit **betriebsinternen Indikatoren**, wie Auftragseingängen und Umsätzen, abgeglichen werden.

8.2.4 Produktforschung

Aufgabe der Produktforschung ist die:

- Beobachtung und Analyse des (technischen) Marktangebotes

- Analyse und Prognose des technischen Trends (Konstruktion und Technologie)

- Ermittlung der Kundenbedürfnisse und Problemlösungsanforderungen

- Durchführung von Konkurrenzvergleichen in Bezug auf konstruktive und technologische Parameter sowie Preise

Voraussetzung optimaler Ergebnisse der Produktforschung ist, wie auch in den anderen Marktforschungsbereichen, zunächst das Instrumentalisieren der Marktbeobachtung. Nicht die ad-hoc-Aufnahme, d. h. das aus „dem Augenblick heraus" zufällige Registrieren, sondern das systematische Erfragen und Erfassen von relevanten Informationen während aller Marktkontakte, wie Verhandlungen, Betriebsbesuche, Empfänge, Messen und Ausstellungen sowie Informationen aus den Sekundärquellen ist gefordert. Entsprechende Aufgabenstellungen sollten in die Verhandlungskonzeptionen der Außendienstmitarbeiter integriert werden.

Weiterhin sind enge arbeitsteilige Beziehungen zwischen den Bereichen Forschung & Entwicklung und Marketing/Vertrieb notwendig. Nur dadurch ist gesichert, dass die „Stimme des Kunden" bei der Produktentwicklung Gehör findet (HAUSER/CLAUSING, 1988: 57 ff.). In diesem Zusammenhang hat das Konzept des **Quality Function Deployment (QFD)** als qualitätsorientierte Führung von Industrieunternehmen große Resonanz in Praxis und Theorie gefunden. QFD ist ein Produktplanungs- und Kommunikationssystem, das zur Bewältigung der Schnittstelle zwischen Markt bzw. Marketing und Technik eingesetzt wird. Das Ziel besteht in der reibungslosen Umsetzung der Kundenbedürfnisse („Stimme des Kunden") in Problemlösungen und Produktparameter („Sprache des Ingenieurs") (KAMISKE ET AL., 1994: 182 ff.). Damit wird Quality Function Deployment zu einem wichtigen Element des Marketing Management (DEHR/BIERMANN, 1998: 212 ff.) und in diesem Rahmen zu einem Instrument des Investitionsgütermarketings und der Investitionsgütermarktforschung (HERRMANN/HUBER, 2000: 32).

Instrument des QFD ist eine Kombination von Beziehungsmatrizen und anderer Darstellungsformen, welche die zwischen Marketing (Kundenseite) und Technik (Produktentwicklerseite) ablaufenden interfunktionalen Planungs- und Informationsaustauschprozesse aufzeigen. (HAUSER/CLAUSING, 1988: 57 ff.; GRIFFIN/HAUSER, 1993: 2). Grafisch ähnelt die Form des Instrumentes einem Haus, weshalb es bildlich als **House of Quality (HoQ)** bezeichnet wird.

Durch die Zusammenführung von *Marketingblock* (WAS ist zu lösen/verändern?) und *Ingenieurblock* (WIE ist zu lösen/verändern?; KAMISKE ET AL., 1994: 183) bergen QFD und HoQ große Potenzen für die Produktforschung in sich (s. Abb. 8.3). Dies betrifft im einzelnen:

- die detaillierte Erfassung der Kundenbedürfnisse (z.B. GRIFFIN/HAUSER nennen 200- 400 Bedürfnisse, die für die Entwicklung von Monitoren erfasst wurden; 1993: 4)

- die Gewichtung der Kundenbedürfnisse auf Ratingskalen (Stufen 1...7 bzw. 1...5)

- die Beurteilung des Marktangebotes durch die Kunden auf Ratingskalen (poor/mangelhaft ... great/ausgezeichnet)

- den technischen Vergleich des Marktangebotes, der mit der gewichteten Kundenbeurteilung des Marktangebotes korrespondiert

- die Vereinigung der auf solche Weise gewonnenen Kundenbedürfnisse und -meinungen mit den kundenbezogenen Konstruktionsmerkmalen und objektiven technischen Parametern

Die durchgängige Berücksichtigung des Markteinflusses von der Erfassung der Kundenbedürfnisse bis zur Produktionsplanung wird beim Pkw-Klimaanlagenhersteller BEHR durch die Einführung von vier Houses of Quality realisiert (FLIK ET AL., 1998: 293 ff.; s. auch HERRMANN/HUBER, 2000: 29 ff.).

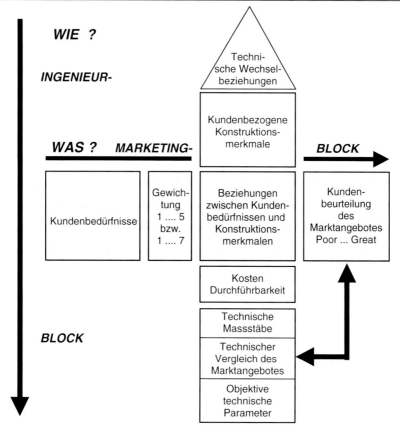

Abbildung 8.3   *Inhalt des House of Quality (nach GRIFFIN/HAUSER, 1993: 4; KAMISKE ET AL., 1994: 181 ff.; ZANDER, 1998, 71)*

Die vier HoQ beinhalten:

1. die auf den Kundenanforderungen beruhende **Produktplanung** (erstes Haus bzw. erste Stufe)

2. die auf der Grundlage der ermittelten Produktmerkmale erfolgende **Komponentenplanung** (zweites Haus bzw. zweite Stufe)

3. die von den Komponenten abgeleitete **Prozessplanung** (drittes Haus bzw. dritte Stufe)

4. die durch die vorgesehenen   Herstellprozesse erforderliche **Produktionsplanung** (viertes Haus bzw. vierte Stufe)

Die Beobachtung des **Investitionsgüterangebotes** ist eng mit der Konkurrenzbeobachtung verbunden. Im Rahmen der Produktforschung sind folgende Fragen zu beantworten (vgl. VDI, 1989: 26 ff.):

  – Welche Technologien, Produkttypen und Steuerungstechnik werden auf dem Markt angeboten?
  – Welche sind die Zielgruppen und Abnehmer bzw. Verwender?
  – Wie ist das internationale Engagement zu beurteilen?

- Welche Fertigungstechnologien werden angewendet?
- Wie sind die wichtigsten Leistungsparameter im Vergleich der Wettbewerber zu bewerten?
- Welche Steuerungstechnik ist eingesetzt?
- Welche Erzeugnispalette und welcher Bearbeitungsumfang kann von den betreffenden Investitionsgütern bewältigt werden?
- Ist die Qualitätssicherung nach ISO 9000 zertifiziert?
- Wie erfolgreich sind die Produkte (Umsatz, Marktanteile)?
- Welches Image haben die Produkte?
- Wie ist die Produktpolitik zu beurteilen (QFD, Innovationen, Erzeugnisweiterentwicklung, Eliminierung, Verpackung, Produktmarken)?
- Durch welche Wettbewerbsvorteile unterscheidet man sich vom Wettbewerb?

8.2.5 Kundenforschung

Kundenforschung als latenter Prozess mit dem Ziel der Festigung der Geschäftsbeziehungen schafft wichtige Grundlagen für die von Organisationalität, Spezifität und Relationalität geprägten Marketingentscheidungen. Sie steht in engem Verhältnis zur Segmentierung. Ihr Gegenstand ist zu einem wesentlichen Teil die Beurteilung des Beschaffungsmanagements der Nachfragerorganisationen. Jedoch sollte sich die Kundenforschung nicht allein auf diesen Bereich beschränken, sondern versuchen, ein möglichst umfassendes Bild zu erhalten. Die Kriterien zur Beurteilung von Nachfragerorganisationen lassen sich nach den Bereichen Unternehmensdemografie, Tätigkeitsbereich und Beschaffungspolitik gliedern.

1. Unternehmensdemografie

Hierzu gehören alle Angaben, die das Kundenunternehmen allgemein charakterisieren, wie Standort, Unternehmensgröße und -struktur, Umsatz, Beschäftigte, Führungssystem, Personalqualifizierung, Finanzpotenzial, F&E-Potenzial, Technologiepotenzial, Kostensituation und Kooperationsbeziehungen.

2. Tätigkeitsbereich

Der Tätigkeitsbereich beinhaltet die Leistungspotenziale und Beziehungen zur Unternehmensumwelt. Dies betrifft Fragen, wie Produktpolitik, Fertigungs- und Verkaufsprogramm, Investitionsvorhaben, Nachfragebranchen und Nachfragerorganisationen, Fertigungspotenzial (Modernität der Verfahren und Anlagen, Automatisierungsgrad, Kapazität) und Problemlösungsbedürfnisse und -forderungen.

3. Beschaffungspolitik

Das Ziel besteht im Erkennen der verschiedenen Aspekte der Beschaffungspolitik. Objekte der Kundenforschung sind:

- das strategische Beschaffungsmanagement und
- das operative Beschaffungsverhalten der Kunden (Abb. 8.4) (Beschaffungsorganisation, -prozeduren, -phasen, Einkaufspersonal, dessen Qualifizierung, Entscheidertypen, Machtverhältnisse, konkrete Beschaffungssituation)
- Kontakte der Nachfragerorganisation zum Wettbewerb

Zielobjekt	Beispiele
Gesamtunternehmen	– hohe Versorgungssicherheit – geringer Anteil von Fehlteilen
Funktionsbereich Beschaffung	– geringe Beschaffungsfunktionskosten – hohe Leistungsbereitschaft der Mitarbeiter
Gesamtheit der Lieferanten bzw. Lieferantenbeziehungen	– angemessene Anzahl von Lieferanten – ausreichender Anteil von Rahmenvertragslieferanten
einzelne Lieferanten bzw. Lieferantenbeziehung	– hohe Qualitätsfähigkeit – hohe Kapazität
Gesamtheit der Beschaffungsobjekte	– geringe Teilevielfalt – hoher Anteil von Standardteilen
einzelne Beschaffungsobjekte	– niedriger Preis – hohe Qualität

Abbildung 8.4   Beispiel von Beschaffungszielen für verschiedene Zielobjekte (LARGE, 1999: 43)

Aufgabengebiete des strategischen Beschaffungsmanagements sind (LARGE, 1999: 35 ff.):

– Management der Lieferanten-Abnehmer-Beziehung in Bezug auf
– Sicherung externer Erfolgspotenziale
– strategische Beschaffungsplanung
– strategische Informationsversorgung
– Gestaltung der inneren Rahmenbedingungen

Die durch Kundenkontakte zu gewinnenden Informationen stimmen, abgesehen von den kunden- und beschaffungsspezifischen Aspekten, in vielerlei Hinsicht mit den Zielen und Informationsmöglichkeiten der Produktforschung überein. Dies betrifft Fragen des technischen und technologischen Trends, die Ermittlung der Kundenbedürfnisse und deren Problemlösungsanforderungen. Hinzu kommen Informationen über das Leistungsangebot der Wettbewerber, die vom potenziellen Kunden als Argumentationshilfe in die Verkaufs- bzw. Einkaufsverhandlung eingebracht werden.

8.2.6 Konkurrenzforschung

Aspekte der Konkurrenzforschung fallen auch in die Kunden- und speziell in die Produktforschung. Gegenstand dieses Teilgebietes der Investitionsgütermarktforschung ist die Beobachtung und Analyse aller Wettbewerberpotenziale und -aktivitäten in Bezug auf allgemeine Unternehmensentwicklung, Leistungsprogramm sowie Marketing und Absatzverhalten.

Im einzelnen handelt es sich um folgende Potenziale (KREILKAMP, 1987: 189):

– Marketingressourcen und -fähigkeiten
– Forschungspotenziale

- Fertigungspotenziale
- Finanzkraft und Rentabilität
- Managementpotenzial und -fähigkeiten

8.2.7 Strategische und operative Frühaufklärung

Frühaufklärung umfasst Früherkennung und Frühwarnung. In der Literatur wird ein solcher Unterschied im Allgemeinen nicht gemacht. Im Zusammenhang mit der Investitionsgütermarktforschung ist **Früherkennung** die auf effektiven Frühaufklärungssystemen beruhende frühestmögliche bewusste Wahrnehmung von (Unternehmens-) Umwelt-, Markt- und Marketingtatbeständen und -problemen. **Frühwarnungen** signalisieren dagegen unmittelbar bevorstehende Ereignisse, so dass nur noch ein enger Spielraum zum Reagieren besteht. Das Ziel muss also in der Entwicklung und Nutzung von praktikablen Instrumentarien bestehen, die es den Unternehmen ohne übermäßigen Aufwand ermöglichen, die eigene Lage im Geflecht der engeren und weiteren Unternehmensumwelt so früh wie möglich zu identifizieren. Dass dies notwendig ist, zeigen die hektischen Reaktionen vieler Unternehmen oder regulativer Gruppen, wie Banken oder politischer Institutionen, bei „plötzlich" eintretenden Konjunkturwenden (KRIEGBAUM, 1995: 49f., 60).

Strategische Frühaufklärungssysteme als Instrumente der Investitionsgütermarktforschung sollen die Unternehmen in die Lage versetzen, Chancen und Bedrohungen sowie deren Ursachen und Zusammenhänge frühzeitig zu erkennen, um sich rechtzeitig und ausreichend dynamischen Umweltveränderungen anpassen zu können (KREILKAMP, 1987: 69 ff., 256; s. Kap. 6). Dies betrifft:

- die Mikroumwelt des Unternehmens
  Markt- und Marktentwicklung
  (Branche und Nachfragebranchen)
  Wettbewerb und Wettbewerbsstruktur
  Lieferantenbeziehungen

- die technischen und technologischen Tendenzen
  allgemeiner und zweigrelevanter Trend des wissenschaftlich-technischen Fortschritts
  technologische und konstruktive Parameterentwicklung
  fertigungstechnische und marketingseitige Kundenprobleme

- weitere Bereiche der Makroumwelt
  (Recht, Politik, Gesellschaft, Wirtschaft, Ökologie usw.)

- die Rolle relevanter regulativer Gruppen
  (z. B. Staat, Kommunen, Gewerkschaften, Banken, Bürgerbewegungen, Verbände)

Der notwendige Aufwand ist nicht unbeträchtlich und für viele Unternehmen aus organisatorischen, zeitlichen und kostenseitigen Gründen nicht vertretbar. Daher sollten die zur Verfügung stehenden Ergebnisse aus laufenden empirischen Erhebungen permanent genutzt werden, wie Untersuchungen von Technikinstituten und Verbänden der Nachfragebranchen sowie Tests (Konjunktur, Geschäftsklima, Investitionen u. a.) des IFO-Instituts München, oder anderer Wirtschaftsforschungsinstitute und Verbände, wie des VDMA, und andere Quellen. Hingegen ist **operative Frühaufklärung** durch ständige Beobachtung weniger Indikatoren für die Unternehmen durchaus praktikabel. Dazu können ausgewählte eigene Daten (z. B. Auftragseingänge, Geschäftsklima bei Kunden) in Verbindung mit publizierten Testergebnissen (Auftragslage und Geschäftsklima in den Nachfragebranchen) herangezogen werden.

Als Instrumente der Frühaufklärung seien beispielhaft die Modelle des ifo-Instituts, des Instituts für Unternehmensplanung, Giessen und von ANSOFF genannt. Außer ihrer unterschiedlichen Aussage weisen sie auch einen differenzierten Zeithorizont auf. So ermöglicht das Münchener Modell kurzfristigere Aussagen und ist jederzeit operativ handhabbar. Das Giessener Modell berücksichtigt längerfristige Aspekte mittels Auswahl relevanter Beobachtungs- und Toleranzbereiche. ANSOFF's Überlegungen zum Erkennen „schwacher Signale" (*weak signals*) setzen mit dem Gefühl bevorstehender Unregelmäßigkeiten (*discontinuities*) ein und enden mit konkreten Reaktionen und auf diese zurückzuführende Ergebnisse.

Abbildung 8.5   Das ifo-Modell - Zusammenhang zwischen Lagebeurteilung und Erwartungen des verarbeitenden Gewerbes (OPPENLÄNDER, 1996: 17/18)

(1) Das ifo-Modell

Es wird ein Portfolio konstruiert mit den Koordinaten „Beurteilung der Geschäftslage" (Ordinate) und „Erwartungen für die nächsten sechs Monate" (Abszisse) sowie den vier Feldern (Konjunkturphasen) Boom, Abschwung, Rezession und Aufschwung (OPPENLÄNDER, 1996: 17f., Abb. 8.5). Die Schnittpunkte (Indizes) der durch repräsentative Umfragen in der gewerblichen Wirtschaft ermittelten Daten kennzeichnen jeweils die Situation eines Monats. Das Modell ermöglicht einen relativ langen Vorlauf der Konjunkturindikation. So signalisiert der Index für das verarbeitende Gewerbe im März 1999 (Abb. 8.5; Rezession) bereits den Aufschwung, der Anfang 2000 (Abb. 8.1) einsetzt.

(2) Das Giessener Modell

Das Modell des Instituts für Unternehmensplanung, Giessen, geht von auszuwählenden Beobachtungsbereichen aus, legt entsprechende Indikatoren fest und bestimmt Sollwerte und Toleranzen je Indikator (KREILKAMP, 1987: 260 ff.; Abb. 8.6a und 8.6b). Über- oder unterschreiten die Indikatoren die Sollwerte/Toleranzen, werden positive oder Warnsignale ausgelöst und Frühinformationen an die entsprechenden Entscheidungsträger geleitet. Als problematisch wird die möglicherweise unzureichende Bereichs- und Indikatorenauswahl angesehen. Dem ließe sich jedoch durch Fortschreibung des Modells mittels Hereinnahme neuer Bereiche, von denen Bedrohungen bzw. Chancen für das Unternehmen ausgehen können, abhelfen.

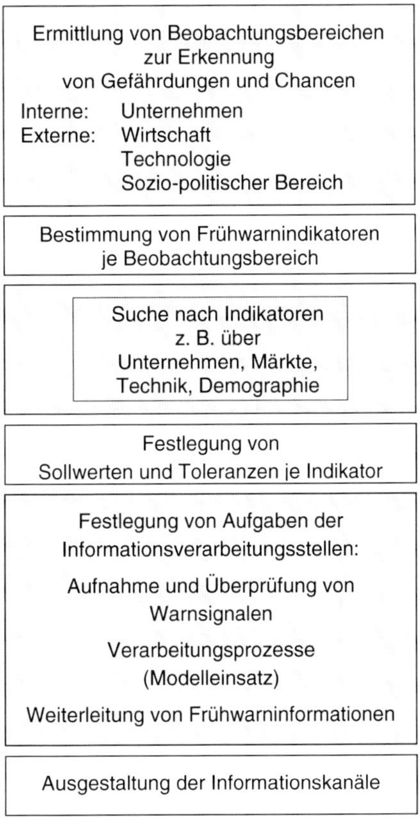

Ermittlung von Beobachtungsbereichen
zur Erkennung
von Gefährdungen und Chancen
Interne: Unternehmen
Externe: Wirtschaft
Technologie
Sozio-politischer Bereich

Bestimmung von Frühwarnindikatoren
je Beobachtungsbereich

Suche nach Indikatoren
z. B. über
Unternehmen, Märkte,
Technik, Demographie

Festlegung von
Sollwerten und Toleranzen je Indikator

Festlegung von Aufgaben der
Informationsverarbeitungsstellen:

Aufnahme und Überprüfung von
Warnsignalen

Verarbeitungsprozesse
(Modelleinsatz)

Weiterleitung von Frühwarninformationen

Ausgestaltung der Informationskanäle

Abbildung 8.6a   Giessener Frühwarnungsmodell: Bearbeitungsphasen
(nach KREILKAMP, 1987: 261)

Praktische Anwendungen im Investitionsgüterunternehmen wären die oben vorgeschlagene Beobachtung des Geschäftsklimas/der Erwartungen in den Nachfragebranchen und bei Kunden in Verbindung mit der Beobachtung der Auftragslage des eigenen Zweiges und der Auftragseingänge des eigenen Unternehmens sowie die Bestimmung von Toleranzbereichen und Festlegung von entsprechenden Verantwortlichkeiten.

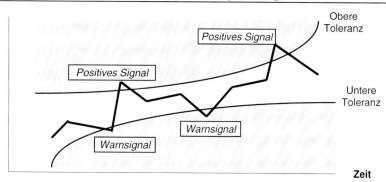

Abbildung 8.6b   Giessener Frühwarnmodell: Indikatoren und Toleranzen

(3) Das Modell von Ansoff

ANSOFF führt subjektive Kategorien in die Frühwarnung ein und begründet damit die nächste Generation von Frühwarnsystemen (KREILKAMP, 1987: 269 ff.).

Ungewissheits- grad Informa- tionsgehalt	Anzeichen der Bedrohung oder Chance (1)	Ursache der Bedrohung oder Chance (2)	konkrete Bedrohung oder Chance (3)	konkrete Reaktion (4)	konkretes Ergebnis (5)
Überzeugung, dass Dis- kontinuitäten bevorstehen	ja	ja	ja	ja	ja
Bereich der Organisation als Ursache der Diskonti- nuität ist bekannt	nein	ja	ja	ja	ja
Merkmale der Bedrohung, Art der Wirkung, allge- meiner Wirkungsgrad, Zeitpunkt der Wirkung	nein	nein	ja	ja	ja
Reaktion festgelegt: Zeitpunkt, Handlung, Programme, Budgets	nein	nein	nein	ja	ja
Wirkung auf den Gewinn und Folgen der Reaktion sind berechenbar	nein	nein	nein	nein	ja

Abbildung 8.7   Frühaufklärungssystem von ANSOFF *(*KREILKAMP, 1987: 271*)*

Ausgangspunkt sind Überzeugungen bzw. Gefühle, dass sich etwas ändern wird oder Diskontinuitäten (Richtungsänderungen, Unregelmäßigkeiten, Entwicklungsbrüche) bevorstehen (Abb. 8.7). Es wird anerkannt, dass solche Entwicklungsbrüche schwer prognostizierbar sind, jedoch durch Wahrnehmung schwacher Signale identifizierbar gemacht werden können. ANSOFF verwendet eine Matrix, in der Ungewissheitsgrade (Bedrohungsanzeichen bis zu konkretem Ergebnis) und Informationsgehalt (Überzeugung von Richtungsänderungen bis zu Reaktionsfolgen) gegenübergestellt sind.

Heutige schwache Signale gehen immer häufiger von der Informatik, dem Umweltschutz und dem Verbraucherverhalten aus. So waren die Hersteller von gelöteten Konservendosen, die rechtzeitig auf Schweißautomaten umstellten, gut beraten und kamen so dem Trend der Abkehr von Löt-Bodymakern zur Herstellung von Dosen für die Lebensmittelkonservierung entgegen. Hier wirkte ein Bündel schwacher Signale: a) der technische Trend vom Dosenlöten zum -schweißen (wiederholtes Thema auf Kongressen und in Fachzeitschriften der Siebzigerjahre), b) Erweiterung des Umwelt- und Gesundheitsbewusstseins der Bevölkerung in den Industrieländern (sich seit Jahrzehnten aufbauende, latente soziokulturelle Tendenz), c) Verschärfungen der Lebensmittelgesetzgebung und d) Wandlungen im Verbraucherverhalten.

8.3   Der Marktforschungsprozess

8.3.1   Markt- und Marketingtatbestände und Marktforschung

Intensive und gezielte Maßnahmen der Marktforschung setzen unter folgenden Bedingungen ein:

- Auftreten von Soll- bzw. Plan-Ist-Inkongruenzen, d. h. Soll/Plan ≠ Ist in Bezug auf Umsatz, Absatzmenge, Auftragseingang und -bestand, Preis, Deckungsbeitrag, Kosten, Gewinn

- Wettbewerberaktivitäten im landläufigen und PORTER'schen erweiterten Sinne (Branchenrivalität, neue Konkurrenten, Substitutionsprodukte, Verhandlungsmacht der Kunden, Verhandlungsstärke der Lieferanten)

- Anpassung der Instrumentalkombinationen des Marketings und einzelner Marketinginstrumente an die sich ändernden Markt- und Marketingbedingungen

- Maßnahmen der Produkt- und Programmpolitik (Innovation, Erzeugnisweiterentwicklung, Produkteliminierung, Verpackungsgestaltung, Markenpolitik)

- Erarbeitung und Fortschreibung des Marketingprogramms (Ziele, absatzpolitische Konstrukte, Strategien, Instrumente)

Marktforschung ist zuerst als **permanenter Prozess** zu begreifen, z. B. in Bezug auf kontinuierliche Marktbeobachtung und Konjunktureinschätzung. Hinzu treten **ausgewählte Marktforschungsaufgaben**, wie die Einschätzung des Absatzpotenzials ausgewählter Erzeugnisse oder des Beschaffungsverhaltens von Kunden. Zunehmend an Bedeutung hat die **Frühaufklärung** gewonnen. Dieser wichtige Prognosebereich kann unter mittelfristigen und strategisch-langfristigen Aspekten betrachtet werden, z. B. zur Früherkennung konjktureller Verläufe und Wendepunkte bzw. zur Identifizierung schwacher Signale aus der Mikro- und Makroumwelt. In der Unternehmenspraxis muss oft „aus dem Augenblick heraus" **Ad-hoc-Marktforschung** betrieben werden, d. h. es treten unerwartete Situationen auf, die unmittelbare Reaktionen und als Voraussetzung dafür Marktinformationen erfordern, wie plötzliche Veränderung der Konkurrenzlage infolge Europäisierung und Globalisierung oder unerwartetes Eintreten einer Konjunkturerholung. Dieser , sicher in vielen Fällen aus operativen Gründen notwendigen Vorgehensweise sollte jedoch kontinuierliche und systematische Marktforschung und permanente Frühaufklärung entgegengesetzt werden.

8.3.2 Primärforschung und Sekundärforschung

In der Marktforschung wird in Abhängigkeit vom Charakter der Datenquellen zwischen Primärforschung und Sekundärforschung unterschieden. **Primärforschung** ist Marktforschung auf der Grundlage erstmaliger, zu einem ganz bestimmten Unternehmenszweck erhobener Daten. **Primärdatenquellen** sind z. B. Marktbefragungen oder kontinuierliche Kundenbeobachtung, deren Ergebnisse in Verhandlungsnotizen, Reiseberichten oder Monteurberichten festgehalten sind.

Sekundärforschung ist Marktforschung auf der Grundlage von Sekundärdaten. **Sekundärdatenquellen** liegen zur Zeit ihrer Nutzung schon vor, da sie bereits zu einem anderen Zweck bzw. Zeitpunkt geschaffen wurden. Hierzu zählen unternehmensinterne Quellen, wie alle Arten relevanter betrieblicher Berichterstattungen, und unternehmensexterne Quellen, wie alle Arten außerhalb des Unternehmens vorhandener relevanter Publikationen und andere Quellen.

Das Ziel von Primär- und Sekundärforschung besteht in der Gewinnung bzw. Erhebung von Daten und der Bereitstellung von Informationen. Daten, die ausgewertet und Marketingentscheidungen zugrunde gelegt werden, werden zu entscheidungsbereiten **Informationen**. Aufgabe der Primär- und Sekundärforschung ist die Bereitstellung von Informationen, die in Entscheidungsprozesse eingehen.

8.3.3 Der Marktforschungsprozess

Der Marktforschungsprozess umfasst alle Aktivitäten der Datengewinnung und -auswertung sowie der Gewinnung und Bereitstellung entscheidungsbereiter Informationen.

Dies ist eine Phasenabfolge, die von der Problemwahrnehmung über die Formulierung der Aufgabenstellung, organisatorische Schritte der Vorgehensweise, Datengewinnung und -auswertung bis zur Vorlage der Entscheidungsvorschläge reicht (Abb. 8.8; vgl. BEREKOVEN ET AL., 1996: 34 ff.).

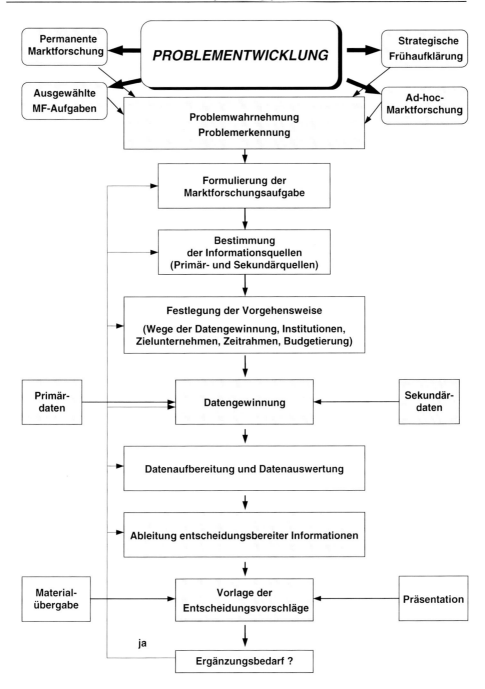

Abbildung 8.8   Der Marktforschungsprozess (in Anlehnung an BEREKOVEN ET AL., *1996: 36)*

8.4　Datengewinnung

8.4.1　Gewinnung von Primärdaten

Unternehmen gewinnen Primärdaten für die Marktforschung durch Marktbeobachtung, Marktbefragung und Marktexperimente. Der Schwerpunkt der Investitionsgütermarktforschung liegt auf der Beobachtung und Befragung.

8.4.1.1 Marktbeobachtung

Marktbeobachtung im Investitionsgütermarketing ist die unmittelbare, gezielte Erfassung und Aufzeichnung von markt- und marketingrelevanten Informationen und Episoden. Dies geschieht zu sehr unterschiedlichen Anlässen, wie in Verhandlungen, bei Betriebbesichtigungen, in Fachgesprächen, bei Messe- und Ausstellungsbesuchen, bei der Teilnahme an Veranstaltungen (technischen Tagen, wissenschaftlichen Symposien) oder anlässlich von Empfängen usw. Außer diesen Primärinformationen sind auch Sekundärinformationen Gegenstand der Marktbeobachtung, wie Statistiken, Fachzeitschriften, Tageszeitungen oder allgemeine Marktberichte.

Objekte der Marktbeobachtung im Investitionsgütermarketing sind zunächst **Investitionsgütermärkte** und ihre Segmente. Dies sind die relevanten Investitionsgüterbranchen und deren Nachfragebranchen. So beobachtet der Hersteller von Karosseriepressen die Situation, Konjunktur und Tendenzen der Automobilindustrie und des Automobilmarktes, der Getriebehersteller die Entwicklung der Nutzkraftfahrzeugbranche und des Maschinenbaus. Damit weicht die Investitionsgütermarktforschung vom Beobachtungsbegriff der Konsumgütermarktforschung ab, die die Aufzeichnung sinnlich wahrnehmbarer Objekte mittels spezieller Apparaturen zum Gegenstand hat (z. B. Kundenlaufstudien in Supermärkten, Blickaufzeichnungen von Versuchspersonen beim Betrachten von Werbespots).

Im Mittelpunkt der Marktbeobachtung stehen aktuelle und potenzielle **Kunden** sowie **Wettbewerber**. Hinzu treten die **Kunden der Kunden**. Dies sind z. B. Möbelproduzenten als Kunden des Herstellers von Holzbearbeitungsmaschinen, der wiederum Kunde des Produzenten spanabhebender Werkzeugmaschinen ist. Für den Werkzeugmaschinenbauer ist demnach nicht nur die Beobachtung seines Kunden, sondern auch des Möbelsektors wichtig, um so zu frühzeitiger Information über seine eigenen Geschäftaussichten zu gelangen. Für die aus Markt- und Kundenkontakten gewonnenen Informationen ist die Bezeichnung Potenzial- und Episodeninformationen gefunden worden. (WEIBER/JACOB, 1995: 515, 519 bzw. 516, 550).

Potenzialinformationen sind die der Entwicklung der Leistungspotenziale eines Unternehmens dienenden Informationen. Dies betrifft primär Produkte und mit diesen im Zusammenhang stehende Leistungen, wie Produktionsdienstleistungen. Jedoch sind auch die anderen Unternehmenspotenziale angesprochen, wie F&E, Marketing, Beschaffung usw. Potenzialinformationen werden durch Produkt-, Kunden- und Konkurrenzforschung sowie strategische und operative Frühaufklärung gewonnen.

Episodeninformationen treten auf bzw. finden Verwendung im Zusammenhang mit konkreten Geschäften. Sie sind für die reibungslose Gestaltung und Realisierung der Transaktionen erforderlich. Quellen sind Kundenkontakte, Ergebnisse der betrieblichen Konjunkturbeobachtung sowie Ergebnisse der Produkt-, Kunden- und Konkurrenzforschung.

Objekte der Marktbeobachtung sind also

- Märkte und Konjunktur
- technische Entwicklungstendenzen
- Produkte
- Kunden
- Wettbewerber

8.4.1.2 Marktbefragung

Befragung in der Investitionsgütermarktforschung ist organisiertes, systematisches Richten sachdienlicher, investitionsgüterrelevanter Fragen an branchenzugehörige oder -verwandte Auskunftspersonen. Ein Unternehmen wendet sich auf postalischem Wege an seine Kunden mit der Bitte, einen Fragebogen zu verschiedenen Aspekten des Marketing auszufüllen und zurückzusenden. Der Vertriebsingenieur ersucht seinen Gesprächspartner nach Abschluss der Verhandlung um Beantwortung einiger Fragen anhand eines vorbereiteten Fragebogens. In jedem Fall besteht das Ziel in der Erlangung sachdienlicher Auskünfte entsprechend einem vorgegebenen Schema. Eine weitere Primärquelle ist jede Art von Kundenkontakten. Im Vergleich zur organisierten und systematischen Befragung handelt es sich hier um Informationen, die ad hoc – aus der Situation heraus – bei Verhandlungen und anderen Gelegenheiten gewonnen werden.

Befragungen in der Investitionsgütermarktforschung konzentrieren sich im Wesentlichen auf drei Arten, die jeweils schriftlich oder mündlich durchgeführt werden:

- Expertenbefragungen
- Kundenbefragungen
- Vertreterbefragungen

In **Expertenbefragungen** geben Fachleute unterschiedlicher Disziplinen Auskunft über spezielle Probleme, z. B. Mitarbeiter der F&E-Bereiche über Produktfragen und fertigungstechnische Trends, Vertriebsingenieure über technologische Einsatzbedingungen bei den Kunden, Marketingfachleute über die zukünftige Marktstrategie des Unternehmens usw. Befragungen können sich sowohl an unternehmensinterne Mitarbeiter als an externe Experten, wie Angehörige von Forschungsinstituten richten. Bekannteste Befragungsverfahren sind:

- **Exploration**
  Durchführung freier, qualitativer Interviews mit Fachleuten, z. B. Leitern der regionalen Absatzorganisation, zu einem ausgewählten Themenkreis ohne vorgegebenen Fragekatalog (BEREKOVEN ET AL., 1996: 95)

- **Delphi-Methode**
  Experten füllen Fragebögen aus, deren zusammengefasste Ergebnisse von ihnen unter der Leitung eines Projektverantwortlichen in mehreren Zusammenkünften diskutiert und fortgeführt werden (BEREKOVEN ET AL., 1996: 276 ff.)

- **Szenariotechnik**
  Entwerfen von Vorstellungen über denkbare zukünftige extrem-maximale Situationen (Extremszenario I) und extrem-minimale Situationen (Extremszena-

rio II) unter Einbeziehung möglicher Störereignisse (Diskontinuitäten); bildliche Darstellung durch den Szenario-Trichter (KREILKAMP, 1987: 285 ff.)

Kundenbefragungen gehören zu den Möglichkeiten, repräsentative Informationen über ein weites Spektrum von Marketingproblemen zu erhalten. Die jeweilige Geschäftsbeziehung bietet dabei eine relativ hohe Sicherheit für qualifizierte Auskünfte, z. B. bei postalischen Befragungen. Beispielhaft für entsprechende Vorgehensweisen soll bei der folgenden Behandlung von Befragungen und Fragestellungen die Kundenbefragung der FRIEDRICH DECKEL AG, München, aus den achtziger Jahren herangezogen werden (asw, o.V., 1981, 128 ff.).

Im Rahmen von Befragungen werden verschiedene **Fragearten** verwendet (vgl. BERNDT, 1996: 183 ff.):

a.) Offene Fragen haben keine Beantwortungsgrenzen, die Antworten werden im Wortlaut notiert. Die Freiheit des Befragten, unstrukturiert zu reagieren und weit auszuholen, erschwert zwar die Auswertung, birgt jedoch die Möglichkeit qualifizierter Auskünfte in sich. Darin besteht ja das eigentliche Ziel der Befragung in der Investitionsgütermarktforschung.

b.) Geschlossene Fragen beinhalten vorgegebene Antworten und erleichtern somit die auf gleicher Fragestruktur beruhende Auswertung, ermöglichen jedoch keine Meinungsentfaltung. So ist im vorliegenden Beispiel (2.: Information über Universal-Bearbeitungszentren) kein Kommentar zu ständiger Informationsübermittlung möglich.

c.) Alternativfragen lassen mehrere Antworten zu. Das vorliegende Beispiel für **Mehrfachauswahlfragen** („Verfahren usw. ...") zeigt den breiten Spielraum dieser Frageart. Im Ergebnis liegt ein repräsentatives Bild des Anteils der einzelnen Metallbearbeitungsverfahren, bearbeiteter Werkstoffe, der Losgrößenverteilung und der Werkstückabmessungen vor.

d.) Skalafragen bezwecken alternative Beantwortungen im Rahmen von Skalen. Als **Skala** bezeichnet man eine bipolare Reihe zusammengehörender Messstufen gleichen Abstands, z. B. ein Barometer. **Ratingskalen** beinhalten Abstufungen, die von zustimmender bzw. positiver bis zu ablehnender bzw. negativer Meinungsäußerung reichen und die Positionierung des Befragten, seine Selbsteinstufung in Bezug auf einen formulierten Sachverhalt (Statement) ermöglichen.

Frageart	*Kriterium / Beispiel*
1. offene Frage	keine feste Antwortkategorie
	Bitte sagen Sie Ihre Meinung zum Angebot kleiner Bearbeitungszentren mit X-, Y-, Z-Achsen zwischen 300...400 mm
2. geschlossene Frage	Vorgabe von Antwortkategorien
	Möchten Sie ständig über die Weiterentwicklung unserer Universal-Bearbeitungszentren informiert werden ?
	ja ☐ nein ☐

2.1 Alternativfrage   Alternative Beantwortungsmöglichkeit

Mehrfachauswahlfrage   Mehrere Beantwortungsalternativen

Die wichtigsten Bearbeitungsbereiche in unserem Unternehmen sind (bitte ankreuzen!)

Verfahren	Werkstoff	Losgrössen
☐ Bohren	☐ Aluminium	☐ 1 - 10 Stck.
☐ Fräsen	☐ Guss	☐ 10 - 50 Stck.
☐ Schleifen	☐ Stahl	☐ > 50 Stck.
☐ **Mittl. Werkstückabmessungen**		☐ Grossserien-fertigung

Ratingskalafrage   Alternativbeantwortung auf Basis bipolarer Skalen (Ratingskalen)

Die Möglichkeiten, NC-Fräs- und Bohrmaschine den kundenspezifischen Anwendungen anzupassen, sind optimal vorhanden (bitte ankreuzen!)

5	4	3	2	1
☐	☐	☐	☐	☐
stimme voll zu	stimme zu	weder /noch	stimme eher nicht zu	stimme überhaupt nicht zu

Inhalt und Struktur der Marktbefragung ist von den jeweiligen Prioritäten in Bezug auf die zu lösenden Marktforschungsaufgaben abhängig. Im Allgemeinen lassen sich diese jedoch auf bestimmte Kernprobleme reduzieren (Abb. 8.9), und zwar:

- technische, technologische und Marketing-Anforderungen der Kunden
- Beurteilung des Marktangebotes
- Beurteilung des Herstellers
- Problemlösungsaspekte
- Beschaffungssituation

Wichtige **Mehrfachauswahlfragen** bzw. **Ratingskalenfragen** beziehen sich auf die Kennzeichnung und Bewertung von leistungsrelevanten **Kaufentscheidungskriterien** (HEINEMANN, 1995: 57 ff.; HAFENRICHTER, 1996: 44 ff.). Die Auswahl vorgegebener Kriterien und damit verbundene Ratingbewertung (von 5 – sehr wichtig bis 1 – völlig unwichtig) gestatten die Einordnung und Profilbildung der Kriterien.

Kaufentscheidungskriterien, z. B. für die Erzeugnisgruppe Hämmer, Spindel- und Kurbel-
pressen, sind

☐ Teilepräzision   ☐ Zuverlässigkeit
☐ Rüstzeit   ☐ Preis
☐ Kippsteifigkeit   ☐ Wartungsunterstützung
☐ Hubzahl   ☐ Ausbaufähigkeit
☐ Automatisierungsgrad   ☐ Lieferzeit
☐ Fundamente
☐ Design

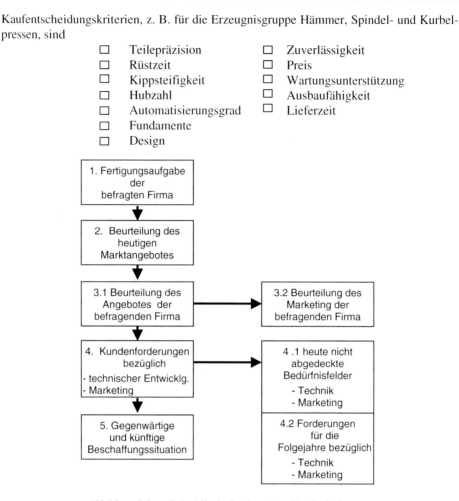

Abbildung 8.9   Beispielhafte Strukur einer Kundenbefragung

8.4.2 Gewinnung von Sekundärdaten

Für die Sekundärforschung stehen unternehmensinterne und unternehmensexterne Daten
bzw. Informationsquellen zur Verfügung.

Zu den **unternehmensinternen Informationsquellen** zählen alle Arten von Berichten,
wie Verhandlungs-, Reise-, Monteur-, Messeberichte, technische Analysen, Verhandlungsnotizen und Unterlagen des Rechnungswesens.

Unternehmensexterne Sekundärquellen sind das gesamte Spektrum von markt-, marke-
ting- und umweltrelevanten Publikationen und anderer Quellen.

Nachstehend sind einige Beispiele angegeben:

          Bundesstatistiken
          Statistiken von Industrieverbänden

Fachzeitschriften
wissenschaftliche Hochschulzeitschriften
Veröffentlichungen von Wirtschaftsforschungsinstituten
Veröffentlichungen von technischen Instituten
Bankberichte
Fachbücher
Informationsdienste
Online-Datenbanken
Tageszeitungen
Infodienste von Adressverlagen
Adressbücher

Auch Tageszeitungen sind einzubeziehen, deren sparsame Informationen mitunter Ausgangspunkt weiter reichender Recherchen sein können. So sollte der Vertriebsingenieur eines Automobilausrüsters, der in der *„Singapore Times"* eine Kurznotiz über Erweiterungspläne eines Automontagewerkes in Malaysia liest, diesem Hinweis nachgehen und sofort seinen Regionalstützpunkt und das Stammhaus informieren.

Sekundärdaten sind oftmals das erste Signal sich entwickelnder Chancen und Bedrohungen. Ihrer Beobachtung und Gewinnung sollte große Aufmerksamkeit geschenkt werden, was angesichts der weiterhin zunehmenden Informationsflut und Vernetzung der internationalen Kommunikationsstrukturen nicht einfach, für viele Unternehmen nur sehr oberflächlich möglich ist. Dem erwähnten Vertriebsingenieur fiel die *„Singapore Times"* rein zufällig in die Hände, vielleicht in der Hotellobby oder auf einem Umsteigeflughafen. Der Zugang zu relevanten Sekundärinformationen kann durch die Nutzung sorgfältig ausgewählter **Online-Datendienste**, die über Märkte, technische Entwicklungen und Unternehmen berichten, entscheidend maximiert werden (HERRSCHER, 1997: 45 ff.). Anbieter solcher Datenquellen sind z. B. die Datenbanken LEXIS-NEXIS /USA, PROFOUND /Großbritannien und DATA STAR /USA.

8.5 Datenaufbereitung und -auswertung

8.5.1 Datenaufbereitung

Das eingehende Daten-Rohmaterial muss aufbereitet werden, um es in eine schon teilweise entscheidungsbereite Form zu überführen bzw. bei der Anwendung von Datenanalyseverfahren nutzen zu können. Zu den wesentlichen Schritten gehören das Ordnen, Tabellieren und die Bildung von Kennziffern. **Ordnen und Tabellieren** beinhaltet alle Schritte der Strukturierung der qualitativen und quantitativen Daten sowie ihre Aufnahme in Tabellen und Speicherung auf Datenträgern. **Kennziffern** sind verdichtete Daten. Ihre komprimierte Form gestattet bereits, als Grundlage von Entscheidungen herangezogen zu werden.

Dieser Weg ist in der Marketingpraxis sehr verbreitet. In Abb. 8.10 sind einige in Gruppen zusammengefasste Kennziffern angegeben (vgl. BEREKOVEN ET AL., 1996, pass.).

Gruppe	Kennziffer	Aussage
Lageparameter	einfaches arithmetisches Mittel gewichtetes arithmetisches Mittel	einfache Durchschnittsbildung gewichtete Durchschnittsbildung
Häufigkeitsverteilungen um den Durchschnitt	Varianz σ^2	Durchschnitt der Summe der Abweichungsquadrate
	Standardabweichung σ	Wurzel aus der Varianz
	mittlere absolute Abweichung	Durchschnitt der absoluten Abweichungen der empirischen Werte von deren Durchschnitt
Verhältniszahlen und Quoten	Verhältniszahl	Verhältnis zwischen Daten unterschiedlicher Qualität (z. B. Umsatz je qm Verkaufsfläche)
	Quote	verhältnismäßiger Anteil (z. B. Umsatz im Verkaufsgebiet zu Gesamtumsatz)
Indizes und Wachstumsraten	Index	Wert Basiszeitraum = 100, Berichtszeitraum = x
	Wachstumsrate	Wert Berichtszeitraum zu vorherigem Zeitraum in %
Koeffizienten	Korrelationskoeffizient r	Grad der Intensität eines Zusammenhanges
	Preiselastizität der Nachfrage ε	Reaktion der Nachfrage auf Preisveränderungen
	Marketingelastizität der Nachfrage	Reaktion der Nachfrage auf Veränderungen des Marketingbudgets

Abbildung 8.10   Datenaufbereitung: Bildung von Kennziffern

8.5.2   Datenauswertung

8.5.2.1 Ziel und Verfahrensbereiche

Ziel der Auswertung ist die Überführung der Daten in entscheidungsbereite Informationen mittels spezieller Verfahren. Hierzu werden quantifizierende Verfahren zur Analyse der Markt- und Marketingvariablen eingesetzt. In einem weiteren Schritt sind die Ergebnisse qualitativ zu bewerten.

Es wird zwischen univariater, bivariater und multivariater Datenanalyse unterschieden. Mithilfe der **univariaten Datenanalyse** werden einzelne Variablen, wie Durchschnitte und Häufigkeitsverteilungen, ausgewertet. Die **bivariate Datenanalyse** beschäftigt sich mit den Beziehungen und Abhängigkeiten von zwei Variablen (Korrelation, Funktional-beziehungen, Zeitreihenanalyse). Die **multivariate Datenanalyse** untersucht die Beziehungen und Abhängigkeiten zwischen mehreren Variablen.

8.5.2.2 Bi- und multivariate Datenanalyse

Zeitreihenanalyse (Trendanalyse)

Die Zeitreihenanalyse untersucht Marktentwicklungen und ihre Strukturelemente (Trend, Zyklus, Saison und Zufallsfaktoren) als Funktion der Zeit ($y = f(t)$). Die Tendenz als Grundrichtung einer Entwicklung kann mithilfe der Trendrechnung durch Anwendung der **Methode der kleinsten Quadrate** bestimmt werden. Der Analyse und Prognose des Zyklus widmet sich die Konjunkturforschung (s. Abschn. 8.2.3). In der Investitionsgütermarktforschung sind Trend und Zyklus die wichtigsten Untersuchungsobjekte der Zeitreihenforschung.

Das Ziel der Trendanalyse besteht in der Bestimmung der einer zeitlichen Entwicklung innewohnenden **Trendfunktion**, deren Extrapolation Informationen über mögliche zukünftige Tatbestände erlaubt (Abb. 8.11). Die zur Errechnung der linearen und nichtlinearen Trendfunktionen erforderlichen Parameter werden mithilfe von **Normalgleichungen** ermittelt. Zu beachten ist, dass die Trendanalyse auf vergangenen Daten beruht und deshalb immer wieder auf ihre Zukunftsrelevanz hin überprüft werden muss.

Um den relevanteren aktuellen Daten aus unmittelbar vergangenen Zeiträumen stärkeren Einfluss zu verleihen, wird das Verfahren des **Exponential Smoothing** (*exponentielle Glättung*) herangezogen, bei welchem diese Daten stärker gewichtet werden als weiter zurückliegende.

Ein einfaches und praktikables Verfahren zur Tendenzbestimmung besteht in der Bildung von **gleitenden Durchschnitten**. Dabei werden aus den empirischen Daten je Zeiteinheit überlappend Durchschnitte gebildet, also Mittelwerte aus den Zeiteinheiten 1, 2, 3, dann aus Zeiteinheiten 2, 3, 4, weiter aus Zeiteinheiten 3, 4, 5 usw. Die so entstehenden Schwingungen sind umso harmonischer, je mehr Zeiteinheiten man einbezieht. Allerdings verkürzt sich dann die Reihe berechenbarer Durchschnitte.

Ein Spezialfall der Zeitreihenanalyse ist die Analyse von **Produktlebenszyklen** (s. Abschn. 7.4.2).

Beispiel:

Die Trendberechnung und Extrapolation der Investitionsentwicklung ausgewählter Industriezweige bildet eine Grundlage für die hypothetische Bestimmung des Marktvolumens und des Absatzpotenzials von Investitionsgüterunternehmen. Die Trendwerte können Regressionsanalysen zugrunde gelegt werden, indem die Funktionalbeziehung „Nachfrage nach ausgewählten Investitionsgütern = f (Investitionsentwicklung in ausgewählten Industriezweigen)" durch Einbeziehung der Investitionsprognose selbst prognostizierbar gemacht wird (s. Beispiel in Abb. 8.12).

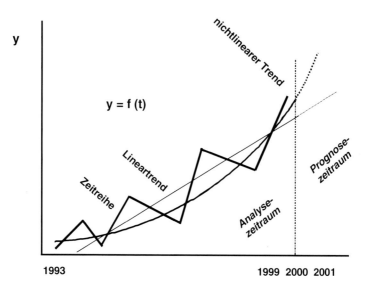

Abbildung 8.11   Schematische Darstellung der Zeitreihenanalyse

Regressionsanalyse

Die Analyse und Prognose der Abhängigkeit einer (abhängigen) metrischen Variablen **y** von einer oder mehreren unabhängigen metrischen Variablen **x**, d. h. die Untersuchung der Funktionalbeziehung **y = f (x)**, ist Aufgabe der Regressionsrechnung. Damit gehört dieses Verfahren zu den in der Marktforschung gebräuchlichsten. Ähnlich wie bei der Trendanalyse werden die zur Errechnung **linearer** oder **nichtlinearer Regressionsfunktionen** erforderlichen Parameter durch ein System von **Normalgleichungen** ermittelt. Es wird zwischen der **einfachen Regression y = f (x)** und **multipler (Mehrfach-) Regression y = f (x₁, x₂,..., x₃)** unterschieden, je nachdem ob eine oder mehrere unabhängige Variablen in die Untersuchung einbezogen sind. Die Regressionsfunktion gestattet die Berechnung der abhängigen Variablen bei Vorliegen mehrerer unabhängiger.

Beispiele:

In der Marketingplanung wählt man z. B. als abhängige Variablen den Umsatz oder die Absatzmenge und als unabhängige Variablen relevante Markt- und Marketingtatbestände, von welchen jene beeinflusst werden. Es lässt sich dann errechnen, welcher Umsatz bzw. welche Absatzmenge bei einem gegebenen Niveau der unabhängigen Variablen realisiert werden kann.

Die Preis-Absatz- bzw. Nachfragefunktion **x = a – bp** stellt die Abhängigkeit der Absatzmenge **x** (abhängige metrische Variable) von einem Preis **p** (unabhängige metrische Variable) dar.

Die zukünftige Nachfrage nach Investitionsgütern in Abhängigkeit von der Investitionsentwicklung wird bestimmt, indem die mittels Trendrechnung ermittelten Investitionsprognosewerte den Ergebnissen der Regressionsrechnung zugrunde gelegt werden (Abb. 8.11 und 8.12).

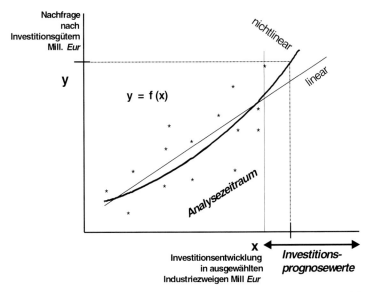

Abbildung 8.12   Regressionsanalyse - Abhängigkeit der Investitionsgüternachfrage von der Investitionsentwicklung

Korrelationsanalyse

Die Errechnung von Korrelationskoeffizienten r dient der Bestimmung eines Maßes für den Grad der Intensität des Zusammenhanges zwischen zwei oder mehreren Variablen, die Markt- bzw. Marketingtatbestände repräsentieren. Das Messintervall erstreckt sich von $r = -1$ über 0 bis $+1$. Bei $r = -1$ liegt völlige Gegenläufigkeit der untersuchten Tatbestände, bei $r = +1$ völlige Übereinstimmung vor. Bei $r = 0$ existiert kein Zusammenhang. Grafische Darstellung von r ist durch den mittels Vektordarstellung zweier miteinander korrelierender Variablen eingeschlossenen cos-Winkel möglich, denn: starke Korrelation = spitzer Vektorenwinkel = hoher cos-Wert = hoher Korrelationskoeffizient r und umgekehrt.

Beispiel:

Eine sehr hohe Korrelation besteht zwischen der langfristigen Investitionsentwicklung der Automobilindustrie und der Nachfrageentwicklung nach Großteiltransferpressen. Der Korrelationskoeffizient bewegt sich um $r = 0,9$ (Abb. 8.13). Der Kosinus des von den beiden Variablenkoeffizienten gebildeten Winkels von 25,8 ° ist 0,9003.

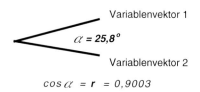

$$cos\,\alpha = r = 0,9003$$

Abbildung 8.13   Grafische und Vektordarstellung des Korrelationskoeffizienten

Diskriminanzanalyse

Die Diskriminanzanalyse ist ein Verfahren zur Trennung von Gruppen, die sich hinsichtlich ihres Verhaltens (= nominale, abhängige Variable) unterscheiden und durch erklärende (unabhängige) metrische Variablen charakterisiert sind. Das Ziel besteht darin, aus einer gegebenen Variablenkombination heraus die Gruppenzugehörigkeit von Marktsubjekten (z. B. Käufergruppen) zu bestimmen. Dazu werden die **Diskriminanzfunktion** und der **kritische Diskriminanzwert** D berechnet. Man legt auf D eine Senkrechte, die **Trenngerade**, die die Gruppen voneinander scheidet.

Beispiel:

Es sind zwei Käufergruppen A und B zu trennen, von denen A flexible Fertigungszellen und B numerisch gesteuerte Bearbeitungszentren einsetzt. Erklärende , unabhängige metrische Variablen sind die Anzahl unterschiedlicher Werkstücke (synonym für Flexibilität) und deren jährliche Produktionsmenge (synonym für Produktivität) (vgl. WEISS, 1992: 15). Abhängige nominale Variable ist der Einsatz der beiden Maschinenarten. Die Trenngerade scheidet (diskriminiert) die Unternehmen A und B in Abhängigkeit von ihren Flexibilitäts- und Produktivitätsanforderungen. Nun ist es möglich, bei beliebiger Variablenkombination die Präferenz eines potenziellen Nachfragers zu bestimmen. Produziert ein Unternehmen des Maschinenbaus eine große Anzahl verschiedener Teile bei geringer Stückzahl pro Teil, wird es NC-Bearbeitungszentren kaufen (Abb. 8.14).

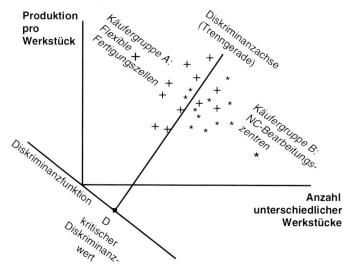

Abbildung 8.14   Diskriminanzanalyse – Bestimmung der Käufer von flexiblen Fertigungszellen und NC-Bearbeitungszentren

Faktorenanalyse

Investitionsgütermärkte weisen eine große Vielzahl von Variablen auf, die Entscheidungsprozessen zugrunde gelegt werden müssen. Diese Variablen korrelieren oft eng miteinander und lassen hinter ihnen stehende eigentliche Ursachen nicht oder nur schlecht erkennen. Deshalb werden die Variablen *n* mithilfe der Faktorenanalyse auf *m* Faktoren reduziert. Dies erfolgt durch die Zusammenfassung der zueinander in enger Korrelation stehenden *n* zu *m*. **Faktorladungen** bringen zum Ausdruck, wie stark Faktoren Variablen erklären. Dem Problem, dass eine Anzahl von Variablen auf mehrere Faktoren hoch lädt, wird durch **Faktorrotation** begegnet. Das z. B. von zwei Faktoren und zwei Variablengruppen gebildete Koordinatensystem wird dabei so gedreht, dass je eine Gruppe auf einen Faktor hoch lädt.

Beispiel (1):

Untersuchungen des Interaktionsverhaltens im Investitionsgütermarketing ergaben, dass die Variablen „Umsatz, „Aufträge", „Angebote", „After-Sales-Kontakte" und „Selling Center-After-Sales-Kontakte" auf den **Faktor „Geschäftsbeziehung"** besonders hoch laden, der damit stark zur Erklärung der Variablen beiträgt (KERN, 1990: 152; Abb. 8.15b). Auf den **Faktor „Buying-Center-Struktur"** laden besonders hoch die Variablen „Machtpromotoren", „Fachpromotoren", und die „Dritte Unternehmenshierarchie", (Abteilungsleiter, Obermeister, Konstrukteure, Meister und Werkstattleiter). Die Faktoranalyse weist die wichtige Rolle von Promotorengespannen, Influencern und Usern im BC nach.

Beispiel (2):

Hinter Variablen, wie „Systemeinsatz bei Unternehmen mit ähnlicher Organisation", „Systemeinsatz bei Unternehmen der gleichen Branche", „Messebeteiligung", „Demonstrationszentrum" und „Informationen bekannter Unternehmen" steht der **Faktor „Nachweis der Leistungsfähigkeit der Anbieter von CIM-Systemen"**, auf den diese Variablen relativ hoch laden (WEISS, 1992: 120). Dies unterstreicht insbesondere die Bedeutung der Referenzpolitik und der Branchenkommunikation in Kombinationsgeschäften mit Systemtechnik. Auf das wichtige Verkaufsargument und den gleichnamigen **Faktor „Fähigkeit zur Anpassung des Systemangebots an die besonderen Anforderungen einzelner Nachfrager"** laden elf Variablen, darunter Systemflexibilität und Modularität der Systemarchitektur (WEISS, 1992: 116; Abb. 8.15a).

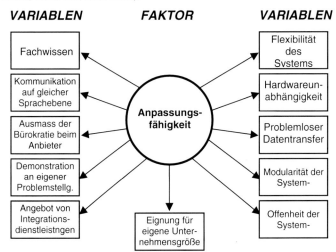

Abbildung 8.15a   Faktorenanalyse - Beurteilungsdimension „Anpassungsfähigkeit von CIM-Systemen" (WEISS, 1992: 116)

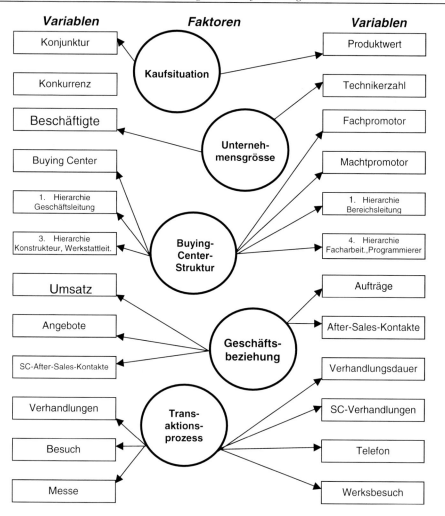

Abbildung 8.15b   *Faktorenanalyse – Interaktionsverhalten im Werkzeugmaschinenbau*
                 (KERN, 1990:152)

Clusteranalyse

Mithilfe der Clusteranalyse (von engl. *cluster Büschel, Haufen, Gruppe*) werden Ähnlichkeiten von Objekten analysiert. Es erfolgt eine Reduzierung jeweils ähnlicher Markt- bzw. Marketingobjekte, wie Produkte oder Unternehmen, zu Gruppen. Damit verfügt die Marktforschung über ein Instrument zur quantitativen Bestimmung von Marktsegmenten und Zielgruppen. Auf der Grundlage ausgewählter Kriterien werden die Objekte in einem Merkmalsraum positioniert. Objekte, die einander ähnlich sind, bilden jeweils relativ homogene Cluster. Daraus folgt, dass Cluster im Verhältnis zueinander heterogen sind. Als Ähnlichkeitsmaße werden verschiedene, auf *Euklid* zurückzuführende Distanzmaße verwendet. Cluster können im zwei- oder mehrdimensionalen Koordinatensystem (Abb. 8.16) oder als Baumdiagramm (*Dendrogramm*) dargestellt werden.

Beispiel:

Eine wichtige Segmentierungsebene ist die K-Segmentierung, d. h. die Segmentierung nach Merkmalen der Entscheidungskollektive, der Buying Center (GRÖNE, 1977: 34 ff.; s. Abschn. 6.2.3). Im Werkzeugmaschinengeschäft nimmt die Größe von Buying Centern mit wachsender Unternehmensgröße zu, was auf die Anzahl der beteiligten Organisationseinheiten zurückzuführen ist. Damit entsteht ein erhöhter Abstimmungsbedarf innerhalb der Nachfragerorganisation, so dass sich die Zahl der Verhandlungsrunden erhöht, Entscheidungsprozesse beim Kunden sich verlängern und somit die Verhandlungsdauer zunimmt (KERN, 1990: 162, 172). Im Vergleich zu den Mitarbeitern sind BC öffentlicher Einrichtungen überdurchschnittlich größer als in gewerblichen Unternehmen, was auf die Verwaltung öffentlicher Mittel zurückgeführt werden kann. Die Anbieterorganisation muss demnach bei der Verhandlungsplanung die Unternehmensgröße bzw. den institutionellen Charakter ihrer Partner berücksichtigen, also ob es sich um Klein-, mittelständische, Großunternehmen oder öffentliche Einrichtungen (z. B. Ministerien, kommunale Betriebe u. a.) handelt.

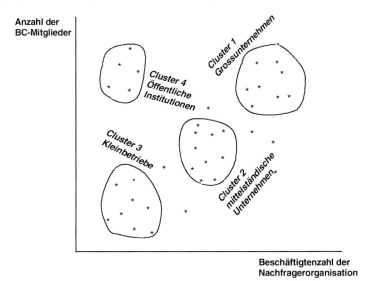

Abbildung 8.16   Clusteranalyse - Unternehmensdemografische Kriterien (hier: Beschäftigte) und Buying-Center-Grösse

Multidimensionale Skalierung

Die Multidimensionale Skalierung (MDS) ist ein Verfahren, das die Positionierung von Objekten (Unternehmen, Produkte, Personen u. a.) in einem von ausgewählten Kriterien gekennzeichneten und durch mehrstufige Ratingskalen begrenzten Raum ermöglicht. Damit können kriterien- und skalenbedingte Positionen und Abstände der Objekte, z. B. das unterschiedliche Image von Unternehmen, visualisiert und entsprechenden Zielplanungen zugrunde gelegt werden. Ausgangspunkt ist die Ermittlung skalendefinierter Kriterien mittels Befragungen. Die Positionen mehrerer im Wettbewerb stehender Unternehmen befinden sich im jeweiligen Schnittpunkt der Kriterienkoordinaten. Bei *n* Objekten im Kriterienraum ergeben sich *n (n-1) / 2* Beziehungen zwischen verschiedenen Objekten. Die Bestimmung der Abstände zwischen den Schnittpunkten (Koordinaten der Objekte) erfolgt durch Berechnung der EUKLID'schen Distanzmaße, deren Anzahl jener der Beziehungen entspricht.

Beispiel:

Unter vielen anderen sind Imagekriterien der Hersteller von Umformmaschinen Zuverlässigkeit der Technik und Präzision der mit diesen Maschinen gefertigten Teile. Ein Hersteller möchte seine Stellung und die von vier Wettbewerbern in dieser zweidimensionalen Kriterienkombination in Erfahrung bringen. Die Kriterienbewertung durch befragte Kunden erfolgt auf 5-stufigen Ratingskalen (5 – sehr gut bis 1 – sehr schlecht). Die Schnittpunkte werden im zweidimensionalen Kriterienraum markiert, wodurch die Distanzen zwischen den verschiedenen Anbietern hervortreten (Abb. 8.17). Die Distanzen zwischen den Schnittpunkten (jeweilige Wettbewerberposition) sind durch das *Euklid*'sche Distanzmaß definiert. Der Merkmalsraum enthält *n (n-1) / 2 = 10* Wettbewerbsbeziehungen und damit zehn Distanzmaße. Es wird deutlich, inwiefern und in welchem Ausmaß sich die Anbieter voneinander in der Wahrnehmung der Nachfrager unterscheiden. Damit sind dem Hersteller Informationen in die Hand gegeben, die die Planung einer gewünschten Imageposition ermöglichen. Der Hersteller wird sein Ziel darauf richten, Wettbewerber A in Bezug auf Teilequalität und Zuverlässigkeit durch Verbesserung des Qualitätssicherungssystems, des After-Sales-Service und der Marketinglogistik einzuholen bzw. zu übertreffen.

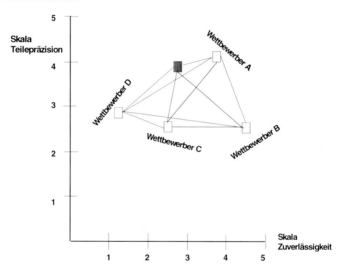

Abbildung 8.17   Zweidimensionale Skalierung - Imagepositionen von Umformmaschinenherstellern

Die MDS ist im Marketing sehr vielseitig nutzbar. So kann es als unmittelbar praktisches Instrument von Außendienstmitarbeitern oder Selling Centern zur Bestimmung der Positionen der Buying-Center-Mitglieder im Prozess der Beschaffungsentscheidung sowie zur Identifizierung von Koalitionen und der in diesen Gremien auftretenden Konflikten eingesetzt werden (MORRIS ET AL., 1999: 263 ff.; s. Abschn. 4.2.3 und Abb. 4.4).

8.6 Kontrollfragen

1. Welche Inhalte hat die Marktforschung des Investitionsgüterunternehmens?

2. Charakterisieren Sie Marktgrößenbestimmung im Zusammenhang mit der betrieblichen Konjunkturforschung!

3. Welche sind die Schwerpunkte der Produkt-, Kunden- und Konkurrenzforschung?

4. Erläutern Sie Notwendigkeit und Inhalte strategischer und operativer Frühaufklärung!

5. Welche Phasen umfasst der Marktforschungsprozess?

6. Erläutern Sie die Vorgehensweise bei der Gewinnung von Primärdaten durch Marktbeobachtung und Marktbefragung!

7. Welche Informationsquellen stehen der Sekundärforschung zur Verfügung?

8. Erläutern Sie Kennziffern, die im Rahmen der Datenaufbereitung gebildet werden können!

9. Welche Marketingrelevanz haben multivariate Analyseverfahren? Charakterisieren Sie diese an Verfahrensbeispielen!

Literaturverzeichnis

Abkürzungen:

DBW   Die Betriebswirtschaft

IMM   Industrial Marketing Management

JBBM   Journal of Business-to-Business-Marketing

JoM   Journal of Marketing

JoMR   Journal of Marketing Research

ZfB   Zeitschrift für Betriebswirtschaft

zfbf   Schmalenbachs Zeitschrift für betriebswirtschaftliche Forschung

Abell, D.F.: Defining the Business – The Starting Point of Strategic Planning, Englewood Cliffs 1980

ABSATZWIRTSCHAFT (ASW): Bei Investitionsentscheidern die Tür öffnen; in asw, Sonderausgabe 10/1981, S. 128-134

ALCHIAN, A.A.: Specifity, Specialization and Coalitions; in: Zeitschrift für die gesamte Staatswissenschaft, 140. Bd. (1984), S. 34-49

ANDERSON, J.C./NARUS, J. A.: A Model of the Distributer's Perspective of Distributor-Manufacturer Working Relationships; in: JoM, Vol. 48 (Fall 1984), S. 62-74

ANDERSON, J.C. NARUS, J.A.: A Model of Distributor Firm and Manufacturer Firm Working Partnerships; in: JoM, Vol. 54 (1990), S. 42-58

ARROW, K.J.: The Economics of Agency; in: PRATT, J.W./ZECKHAUSER, R.J.: Principles and Agents: The Structure of Business, Boston 1985, S. 37-51

BAAKEN, T.: Implikationen neuer Risikodimensionen auf die Ausgestaltung des Innovationsmarketing; Marktforschung & Management, 1/1993, S. 14-20

BAAKEN, T.: Die Qualifizierung des Kunden als integrative Aufgabe im Technologie-Marketing; Vortrag auf der 21. Tagung der Arbeitsgemeinschaft für Marketing (AFM), Esslingen, 5.5.1994

BACKHAUS, K.: Investitionsgütermarketing, 3.Aufl., München 1992

BACKHAUS, K.: Investitionsgütermarketing, 4. Auflage, München 1995

BACKHAUS, K.: Industriegütermarketing, 5. Aufl., München 1997

BACKHAUS, K./AUFDERHEIDE, D./SPÄTH, G.-M.: Marketing für Systemtechnologien, Stuttgart 1994

BARCLAY, D.W./RYAN, M.J.: Microsegmentation in Business Markets: Incorporating Buyer Characteristics and Decision-Oriented Determinants; in: JBBM, Vol. 3, No 2 1996, S.3-35

BARRMEYER, M.-C.: Die Angebotsplanung bei Submission, Münster 1982; zitiert bei HEGER,G.: Anfragenbewertung im industriellen Anlagengeschäft, Berlin 1988

BECKER, J.: Marketing-Konzeption, 6. Aufl., München 1998

BEREKOVEN, L./ECKERT, W./ELLENRIEDER: Marktforschung, 7. Aufl., Wiesbaden 1996

BERGEN, M./DUTTA, S./WALKER, O.C.: Agency Relationships in Marketing: A Review of the Implications and Applications of Agency and Related Theories; in: JoM, 1992, Vol. 56, No. 3, S. 1-24

BERNDT, R.: Marketing 2 Marketingpolitik, 3. Aufl., Berlin et al. 1995

BONOMA, T.V.: Major Sales: Who Really Does the Buying ? (1982) in: RANGAN, V.K./ SHAPIRO, B.P./ MORIARTY, R.T.: Business Marketing Strategy, Chicago et al. 1995, S.46-60

BONOMA, T.V./SHAPIRO, B.P.: Segmenting the Industrial Market, Lexington Toronto 1983

BREUER, W.: Dynamisches Segment-Management auf Hochtechnologiemärkten, Wiesbaden 1993

BROCKHOFF, K.: Forschung und Entwicklung, München Wien 1989

BROOKS, F.R./ JOHNSON, R.W.: Self-Descriptive Adjectives Associated with a Jungian Personality Inventory; in: Psychological Reports, Vol. 44, No. 3, Part 1 (1979), S. 747-750

CARLYN, M.: An Assessment of the Myers-Briggs Type Indicator; in: Journal of Personality Assessment, 1977, 41,5, S. 461-473

DEHR, G./BIERMANN, T.: Marketing Management, München Wien 1998

DICHTL, E.: Neue Herausforderungen für Theorie und Praxis des Marketing; in: Marketing ZFP, H. 1 (1998), 47-54

DION, P./EASTERLING, D./MILLER, S.J.: What Is Really Necessary in Successful Buyer/Seller Relationships ? IMM 24, S. 1-9 (1995)

DONEY, P.M./CANNON, J.P.: An Examination of the Nature of Trust in Buyer-Seller Relationships; in: JoM, Vol. 61 (1997), S. 35-51

DROEGE, W./BACKHAUS, K./WEIBER, R.: Strategien für Investitionsgütermärkte, Landsberg/Lech 1993

EMERSON, R.M.: Power-Dependence Relations; in: American Sociological Review, 27(2), 1962, S. 31-41; zit. bei FRAZIER, G.L. ET AL., passim

ENGELHARDT, W.H./GÜNTER, B.: Investitionsgüter-Marketing, Stuttgart et al. 1981

FITZGERALD, R.: Investitionsgütermarketing auf Basis industrieller Beschaffungsentscheidungen, Wiesbaden 1989

FLEMMIG, J.: Moderne Makroökonomik: Eine kritische Bestandsaufnahme; in: J. FLEMMIG (Hrsg.): Moderne Makroökonomik: Eine kritische Bestandsaufnahme, Marburg 1995, S.11-90

FLIESS, S.: Industrielles Kaufverhalten; in: KLEINALTENKAMP, M./PLINKE, W. (Hrsg.):Technischer Vertrieb, Berlin et al. 1995, S. 287-397

FLIK, M./HEERING, C./ STAENGEL, D.: Neugestaltung des Entwicklungsprozesses bei einem Automobilzulieferer: Prozessorientierte Reorganisation, Quality Function Deployment und Target Costing; in: zfbf 50 (3/1998), S. 289-305

FRAZIER, G.L.: Interorganizational Exchange Behavior in Marketing Channels: A Broadened Perspective; in: JoM Vol. 47 (Fall 1983), S. 68-78

FRAZIER, G.L./RODY, R.C.: The Use of Influence Strategies in Interfirm Relationships in Industrial Product Channels; in: JoM, Vol. 55 (1991), S. 52-69

FRAZIER, G.L./ SUMMERS, J.O.: Interfirm Influence Strategies and Their Application within Distribution Channels; in: JoM, Vol. 48 (1984), S. 43-55

FRAZIER, G.L./SUMMERS, J.O.: Perceptions of Interfirm Power and Ist Use within a Franhise Channel of Distribution; in: JoMR, Vol. XXIII (1986), S. 169-176

GEMÜNDEN, H.G.: Effiziente Interaktionsstrategien im Investitionsgütermarketing; in: Marketing ZFP 1/1980, S. 21-32

GEMÜNDEN, H.G.: Interaktionen auf dem Innovationsmarkt; in: E. Witte/J. Hauschildt/O. Grün: Innovative Entscheidungsprozesse, Tübingen 1988, S. 181-197

GODEFROID, P.: Investitionsgüter-Marketing, Ludwigshafen 1995

GRIFFIN, A./ HAUSER, J.R.: The Voice of the Customer; in: Marketing Science, Vol. 12 No. 1, Winter 1993, 1-25

GRITZNER, E.: Erarbeitung vertriebsstrategischer Ziele für mittelständische Unternehmen in der Schmierstoffwirtschaft am Beispiel der Bechem-Gruppe, insbesondere der Tochtergesellschaft Ceritol GmbH in Mieste; Diplomarbeit Fachhochschule Anhalt, Bernburg 1995

GRÖNE, A.: Marktsegmentierung bei Investitionsgütern, WIESBADEN 1977

GRÖNROOS, C.: From Marketing Mix to Relationship Marketing: Towards a Paradigm Shift in Marketing; in: Management Decision 32,2 (1994), S. 4-20

GÜNTER, B.: Die Referenzanlage als Marketing-Instrument; in: zfbf-Kontaktstudium 31 (1979), S. 145-151

GÜNTER, B./KUHL, M.: Beschaffungspolitik industrieller Nachfrager; in: KLEINALTENKAMP, M./PLINKE, W. (Hrsg.): Technischer Vertrieb, Berlin et al. 1995, 401-464

HAFENRICHTER, P.: Durchführung und Auswertung von Primär- und Sekundärforschung im Markt für Schmiedemaschinen am Beispiel eines Investitionsgüterunternehmens; Diplomarbeit Fachhochschule Anhalt, Bernburg 1996

HAMMANN, P./ERICHSON, B.: Marktforschung, 2. Aufl., Stuttgart 1990

HAUSER, J.R./CLAUSING, D.: Wenn die Stimme des Kunden bis in die Produktion vordringen soll; in: Harvard Manager, 10. Jg., IV. Q. 1988, S. 57-70

HALLÉN, L./JOHANSON, J./SEYED-MOHAMED, N.: Dyadic Business Relationships and Customer Technologies; in: JBBM, Vol. 1(4) 1993, S.63-90

HEGER, G.: Anfragenbewertung im industriellen Anlagengeschäft, Berlin 1988

HEIDE, J.B.: Do Norms Matter in Marketing Relationships ? in: JoM, Vol. 56 (1992), S. 32-44

HEINEMANN (1), MAIK: Reale Konjunkturzyklen bei unvollständiger Information über permanente und transitorische Schocks; in: J. FLEMMIG (Hrsg.): Moderne Makroökonomik – Eine kritische Bestandsaufnahme, Marburg 1995, S. 313-343

HEINEMANN (2), MATTHIAS: Konzeption, Durchführung und Auswertung marktanalytischer Arbeit zur Fortschreibung der Marketingkonzeption im Investitionsgüterbereich, dargestellt an einem Unternehmen der Investitionsgüterindustrie; Diplomarbeit Fachhochschule Anhalt, Bernburg 1995

HELFERT, G./VITH, K.: Relationship Marketing Teams; in: IMM 28, S. 553-564 (1999)

HERRMANN, A./HUBER, F.: Determinanten des Erfolgs von quality function deployment-Projekten; in ZfB 70. Jg. (2000), H. 1, S. 27-53

HERRSCHER, O.: Marktforschung mit externen Datenquellen - Analyse der Integrationsfähigkeit von elektonischen Datenquellen in ein Informationssystem auf Grundlage ausgewählter Kriterien; Diplomarbeit Fachhochschule Anhalt, Bernburg 1997

HOMBURG, C./WERNER, H.: Situative Determinanten relationalen Beschaffungsverhaltens; in: zfbf 50 (11/1998), S. 979-1009

HORVÁTH, P./BROKEMPER, A.: Strategieorientiertes Kostenmanagement, in: ZfB 68 (1998) 6, S. 581-604

JACOB, A.-F./KLEIN, S. /NICK, A.: Basiswissen Investition und Finanzierung, Wiesbaden 1994

JACOB, F.: Produktindividualisierung, Wiesbaden 1995

KAAS, K.P.: Marketing als Bewältigung von Informations- und Unsicherheitsproblemen im Markt; in: DBW 50 (1990) 4, S.539-548

KAAS, K.P.: Kontraktgütermarketing als Kooperation zwischen Prinzipalen und Agenten; in: zfbf 44 (10/1992), S. 884-901

KAAS, K.P.: Marketing und Neue Institutionenökonomik; in: zfbf, Sonderheft 35, 1995, S. 2-17

KAAS, K.P./FISCHER, M.: Der Transaktionskostenansatz; in: WISU das wirtschaftsstudium, 22. Jg., H. 8-9 (1993), S. 686-693

KAMISKE, G.F./HUMMEL, T.G.C./MALORNY, C./ZOSCHKE, M.: Quality Function Deployment - oder das systematische Überbringen der Kundenwünsche; in: Marketing ZFP, Heft 3, III. Q. 1994, S. 181-190

KASPER, E.: Theory of Product Life Curves and Techno-Economic Progress; Referat anlässlich der Konferenz der Econometric Society und des Instituts für Managementwissenschaften, Warschau, 2.7.1966

KASPER, E.: Forecasts of Steel Production and Consumption for Various Countries with the Help of the Theory of Product Life Curve; Referat anlässlich der Fernost-Konferenz der Econometric Society, Tokio, 30.6.-2.7.1967

MCKENNA, R.: Marketing - ein neues Paradigma setzt sich durch; in: Harvard Manager, H. 3/1991, S. 27-34

KERN, E.: Der Interaktionsansatz im Investitionsgütermarketing, Berlin 1990

KIRCHMANN, E.M.W.: Innovationskooperation zwischen Herstellern und Anwendern, Wiesbaden 1994

KIRCHMANN, E.M.W.: Innovationskooperation zwischen Hersteller und Anwender; in: zfbf 48 (5/1996), S. 442-465

KLEIN, B./CRAWFORD, R.G./ALCHIAN, A.A.: Vertical Integration, Appropriable Rents, and the Competitive Contracting Process; in: The Journal of Law and Economics, Vol. XXI (1) 1978, S. 297-326

KLEINALTENKAMP, M.: Investitionsgütermarketing aus informationsökonomischer Sicht; in: zfbf 44 (9/1992), S. 809-829

KLEINALTENKAMP, M.: Marktsegmentierung; in: KLEINALTENKAMP, M./PLINKE, W. (Hrsg.): Technischer Vertrieb, Berlin et al. 1995, S. 663-702

KLEINALTENKAMP, M.: Einführung in das Business-to-Business-Marketing; in: KLEINALTENKAMP, M./PLINKE, W. (Hrsg.): Technischer Vertrieb, Berlin et al. 1995, S. 135-192

KLEINALTENKAMP, M.: Business-to-Business-Marketing; in: Gabler Wirtschaftslexikon, 14. Aufl., Wiesbaden 1997, S. 753-762

KLICHE, M.: Industrielles Innovationsmarketing, Wiesbaden 1991

KOHLI, A.: Determinants of Influence in Organizational Buying: A Contingency Approach; in: JoM, Vol. 53 (1989), S. 50-65

KOPPELMANN, U.: Beschaffungsmarketing, 2. Aufl., Berlin et al. 1995

KOTLER, P./BLIEMEL, F.: Marketing-Management, Stuttgart 1999

KRAFT, M./HÜLLERMEIER, E./ WEISE, P.: Konjunkturzyklen aufgrund von Investitionsinterpedenzen; in: J. FLEMMIG (Hrsg.): Moderne Makroökonomik - Eine kritische Bestandsaufnahme, Marburg 1995, S. 413-454

KREILKAMP, E.: Strategisches Management und Marketing, Berlin New York 1987

KRIEGBAUM, H.: Konjunkturzyklus - Schicksal des Maschinenbaus, in: VDMA Verband Deutscher Maschinen- und Anlagenbauer (Hrsg.), Maschinen- und Anlagenbau im Zeichen des Fortschritts, Frankfurt/M 1995, S. 49-60

KRIEGBAUM, H.: Mit Frühindikatoren den Konjunkturzyklus aufspüren; in: Maschinenbau-Nachrichten 01-1998, S. 17-18

KROEBER-RIEL, W.: Konsumentenverhalten, 5. Aufl., München 1992

KRUSCHWITZ, L.: Investitionsrechnung, 3. Aufl., Berlin New York 1987

KUCHER, E./SIMON, H.: Conjoint-Measurement - Durchbruch bei der Preisentscheidung; in: Harvard Manager, 3/1987, S.28-36

LARGE, R.: Strategisches Beschaffungsmanagement, Wiesbaden 1999

LARGE, R.: Partnerschaftliche Lieferanten-Abnehmer-Beziehungen und Reduktion von Unsicherheit; in: logistik management, 1. Jg., 1999, Ausg. 4, S. 253-263

LINDLBAUER, J.D./NERB, G.: Minderung des Risikofaktors „Konjunktur" für die Unternehmensführung durch Daten und Methoden des ifo Instituts; in: Wirtschafts-informatik, 5 (1999), S. 433-442

LUGER, A.E./PFLAUM, D.: Marketing, Strategie und Realisierung, München Wien 1996

MACNEIL, I.R.: The Many Futures of Contracts; in: Southern California Law Review, Vol. 47 (1974), No. 3, S. 691-816

MACNEIL, I.R.: Contracts: Adjustment of Long-Term Economic Relations under Classical, Neoclassical and Relational Contract Law; in: Northwestern University Law Review, Vol. 72 (1978), No. 6, S. 854-905

MACNEIL, I.R.: Economic Analysis of Contractual Relations: Its Shortfalls and the Need for a „Rich Classificatory Apparatus"; in: Northwestern University Law Review, Vol. 75 (1981), No. 6, S. 1018-1063

MARSHALL, A.: Principles of Economics, London 1947

MAUSSNER, A.: Konjunkturtheorie, Berlin et al. 1994

MEFFERT, H.: Marketing – Grundlagen der Absatzpolitik, Berlin 1990

MEFFERT, H.: Marketingforschung und Käuferverhalten, Wiesbaden 1992

MEFFERT, H.: Marketing – Grundlagen marktorientierter Unternehmensführung, 8. Aufl., Wiesbaden 1998

MISHRA, D.P./HEIDE, J.B./CORT, S.G.: Information Asymmetry and Levels of Agency Relationships; in: JoMR, Vol. XXXV (1998), S. 277-295

MITCHELL, V.-W./WILSON, D.F.: Balancing Theory and Practice - A Reappraisal of Business-to-Business Segmentation; in: IMM 27, S. 429-445 (1998)

MÖHRLE, M.G.: Instrumentelles FuE-Programm-Management. Das Zusammenspiel von FuE-Programm-Portfolio und FuE-Projektverflechtungsgraph; in: Erich Zahn (Hrsg.): Technologie-Management und Technologien für das Management, Stuttgart 1994, S. 227-249

MORRIS, M.H./BERTHON, P./PITT, L.F.: Assessing the Structure of Industrial BuyingCenters with Multivariate Tools; in: IMM 28, 263-276 (1999)

MURRAY, J.B.: Review of Research on the Myers-Briggs Type Indicator; in: Perceptual and Motor Skills, Vol. 70 (1990), S. 1187-1202

NAKIP, MAHIR: Segmenting the Global Market by Usage Rate of Industrial Products; in: IMM 28, S. 177-195 (1999)

NARUS, J.A./ANDERSON, J.C.: Using Teams to Manage Collaborative Relationships in Business Markets; in: JBBM, Vol. 2(3) 1995, S. 17-46

NICOSIA, F./WIND, Y.: Behavioral Models of Organizational Buying Behavior; zit. in KOHLI, A.: Determinants of Influence in Organizational Buying: A Contingency Approach; in: JoM, Vol. 53 (1989), S. 50-65

NIESCHLAG, R./DICHTL, E./HÖRSCHGEN, H.: Marketing, 17. Aufl., Berlin 1994

OPPENLÄNDER, K.H.: Zum Konjunkturphänomen, in: OPPENLÄNDER, K.H. (Hrsg.), Konjunkturindikatoren, München Wien 1996, S. 4-22

OTT, A.E.: Preistheorie – eine Einführung, Darmstadt 1978

PFEIFFER, W./METZE, G./SCHNEIDER, W./AMLER, R.: Technologie-Portfolio zum Management strategischer Zukunftsgeschäftsfelder, Göttingen 1991

PFOHL, H.-C./LARGE, R.: Gestaltung interorganisatorischer Logistiksysteme auf der Grundlage der Transaktionskostentheorie; in: Zeitschrift für Verkehrswissenschaft, 63 (1992) 1, S. 15-51

PICOT, A.: Contingencies for the Emerge of Efficient Symbiotic Arrangements; in: Journal of Institutional and Theoretical Economics/Zeitschr. f.d.ges. Staatswissenschaft, 149/4 (1993), S. 731-740

PICOT, A./ DIETL, H.: Transaktionskostentheorie; in: WiSt Wirtschaftswissenschaftliches Studium, 19. Jg. 1990

PLINKE, W.: Grundlagen des Marktprozesses; in: Kleinaltenkamp, M./Plinke, W. (Hrsg.): Technischer Vertrieb, Berlin et al. 1995, S. 3-95

PLINKE, W.: Grundlagen des Geschäftsbeziehungsmanagements; in: KLEINALTENKAMP, M./PLINKE, W. (Hrsg.): Geschäftsbeziehungsmanagement, Berlin et al. 1997, S. 1-62

PURI, S.J./KORGAONKAR, P.: Couple the Buying and Selling Teams; in: IMM 20, 311-317 (1991)

RANGAN, V.K./SHAPIRO, B.P./MORIARTY, R.T.: Business Marketing Strategy, Chicago et al. 1995

REMY, W.: Risiko-Management als Instrument des internationalen Anlagen-Marketing; in: DBW 54 (1994) 11, S. 25-40

RICHTER, R.: Sichtweise und Fragestellungen der Neuen Institutionenökonomik; in: Zeitschrift für Wirtschafts- und Sozialwissenschaften (ZWS) 110 (1990), S. 571-591

RICHTER, R./FURUBOTN, E.G.: Neue Institutionenökonomik, 2. Aufl., Tübingen 1999

ROBERTSON, T.S./BARICH, H.: A Successful Approach to Segmenting Industrial Markets; in: Planning Review, 1992, Vol. 20, No. 6

ROBINSON, P.J./FARIS, C.W./WIND, Y.: Industrial Buying and Creative Marketing, Boston 1967

SCHEUCH, F.: Investitionsgüter-Marketing, Opladen 1975

SHAPIRO, B.P./BONOMA, T.V.: How to Segment Industrial Markets; in: RANGAN, V.K./ SHAPIRO, B.P./MORIARTY, R.T.: Business Marketing Strategy, Chicago et al. 1995, S. 35-45

SIMON, H.: Investitionsrechnung und Marketingentscheidung; in: BROCKHOFF, K./KRELLE, W. (Hrsg.): Unternehmensplanung, Berlin et al. 1981, S. 297-314

SIMON, H.: Preismanagement, 2. Aufl., Wiesbaden 1992

SIMON, H/KUCHER, E.: Die Bestimmung empirischer Preisabsatzfunktionen; in: ZfB 58. Jg. (1988), H.1, S. 171-183

SPIEGEL-DOKUMENTATION: Der Entscheidungsprozess bei Investitionsgütern – Beschaffung, Entscheidungskompetenzen, Informationsverhalten; Hamburg 1982

SPREMANN, K.: Reputation, Garantie, Information; in: ZfB, 58. Jg. (1988), H. 5/6, S. 613-629

SPREMANN, K.: Asymmetrische Information; in: ZfB, 60. Jg. (1990), S. 561-586

v. STACKELBERG, H.: Grundlagen der theoretischenVolkswirtschaftslehre, Bern Tübingen 1951

STROTHMANN, K.-H.: Investitionsgütermarketing, München 1979

STROTHMANN, K.-H./KLICHE, M.: Innovationsmarketing – Markterschliessung für Systeme der Bürokommunikation und Fertigungsautomation, Wiesbaden 1989

STROTHMANN, K.-H./KLICHE, M.: Integrationspolitik im Innovationsmarketing; in: KLEINALTENKAMP, M./SCHUBERT, K. (Hrsg.): Entscheidungsverhalten bei der Beschaffung Neuer Technologien, Berlin 1990, S. 139-155

STROTHMANN, K.-H./PRÜSER, S./GINTER, T.: Kommunikative Netzwerke, Würzburg 1994

STUMP, R.L./HEIDE, J.B.: Controlling Supplier Opportunism in Industrial Relationships; in: JoMR, Vol. XXXIII (1996), S. 431-441

STUMP, R.L./JOSHI, A.W.: To Be or Not to Be [Locked in]: An Investigation of Dedicated Investments to Support New Transactions; in: JBBM, Vol. 5(3) 1998, S. 33-61

THIBAUT, J.W./KELLEY, H.H.: The Social Psychology of Groups, 8. Aufl., New York et al. 1969

TIME INTERNATIONAL: Simply the Best at Staying Ahead of the Competition (by BRUCE VAN VOORST); in : TIME, Vol. 146, No. 13 (1995), S. 36/37

VARIAN, H.R.: Microeconomic Analysis, 3. Aufl., New York London 1992

VDI: Der Vertriebsingenieur, Düsseldorf 1989

VENKATESH, R./KOHLI, A.K./ZALTMAN, G.: Influence Strategies in Buying Centers; in: JoM, Vol. 59 (1995), S. 71-82)

WEBSTER, F.E./WIND, Y.: Organizational Buying Behavior, Englewood Cliffs 1972

WEIBER, R./ADLER, J.: Informationsökonomisch begründete Typologisierung von Kaufprozessen; in Zfbf, Heft 1/1995, S. 43-65

WEIBER, R./JACOB, F.: Kundenbezogene Informationsgewinnung; in: KLEINALTENKAMP, M./PLINKE, W. (Hrsg.): Technischer Vertrieb, Berlin et al. 1995, S. 509-596

WEISS, P.A.: Die Kompetenz von Systemanbietern – Ein neuer Ansatz im Marketing für Systemtechnologien, Berlin 1992

WHEELWRIGHT, S.C./CLARK, K.B.: Revolution der Produktentwicklung – Spitzenleistungen in Schnelligkeit, Effizienz und Qualität durch dynamische Teams, Frankfurt/New York 1994

WILLÉE, C.: Integrierte Leistungssysteme für Zulieferunternehmen, St. Gallen 1990

WILLIAMSON, O.E.: Transaction-Cost Economics: The Governance of Contractual Relations; in: The Journal of Law and Economics, Vol. XXII (2), Okt. 1979, 233-261

WILLIAMSON, O.E.: Die ökonomischen Institutionen des Kapitalismus, Tübingen 1990

WILLIAMSON, O.E.: Comparative Economic Organization: The Analysis of Discrete Structural Alternatives; in: Administrative Science Quarterly, Vol. 36, No. 2, 1991, S. 269-296

WIND, Y./CARDOZO, R.: Industrial Market Segmentation; in: IMM, No. 3 (1974), S. 153-166

WITTE, E.: Organisation von Innovationsprozessen; in: WITTE, E., HAUSCHILDT, J., GRÜN, O. (Hrsg.): Innovative Entscheidungsprozesse, Tübingen 1988, S. 150-157

WITTE, E.: Kraft und Gegenkraft im Entscheidungsprozess; in: WITTE, E., HAUSCHILDT, J., GRÜN, O. (Hrsg.): Innovative Entscheidungsprozesse, Tübingen 1988, S.162-169

WITTE, E.: Organisation für Innovationsentscheidungen - Das Promotorenmodell, Göttingen 1973

ZANDER, C.: Notwendigkeit und Möglichkeiten des Einsatzes spezieller Instrumentarien und Methoden zur Gewährleistung der besonderen Anforderungen innerhalb der Submix-Bereiche des Technologiemarketing im Investitionsgüterbereich; Diplomarbeit Fachhochschule Anhalt, Bernburg 1998

Stichwortverzeichnis